길 위에 핀 이야기

유권식 수필집

길 위에 핀 이야기

유권식 수필집

해암

'24.11.10
골든 브릿지

문득 돌아보니, 글을 써온 지도 어느덧 10년이라는 시간이 흘렀습니다. 처음 펜을 들었을 때는 그저 하루를 기억하기 위한 가벼운 기록이었습니다. 의미를 붙이지 않아도 좋았고, 다듬지 않아도 충분했습니다. 2015년, 조용한 오후 햇살 속에서 한 줄, 두 줄 적어내려가기 시작한 그 기록들이 어느새 제 삶의 발자취가 되어 길고도 넓은 여정으로 펼쳐지고 있음을 느낍니다.

그 시간 동안 저는 참 많이도 걸었습니다. 이름 모를 들판과 숲길, 돌부리에 걸려 넘어질 뻔한 산길을 지나, 고요한 계곡과 바다 내음 가득한 해안도로를 걸었으며, 가끔은 바쁜 도시의 인파 속에서, 또 어떤 날은 혼자만의 사색 속에서 오롯이 저 자신을 마주하며 천천히 한 걸음씩 나아갔습니다. 길 위에는 늘 이야기가 있었습니다. 낯선 도시의 골목길에서 만난 따스한 눈빛, 지친 저녁 무렵 마주 앉아 나눈 가족의 소소한 대화, 계절이 선물한 꽃향기와 바람결, 그 속에서 스쳐 지나간 수많은 순간들이 마음에 고요한 물결을 일으켰습니다. 처음에는 단지 잊고 싶지 않다는 마음이 전부였습니다.

흩어질까 두려웠던 기억의 조각들, 언젠가 흐릿해질지도 모를 얼굴들, 그 시절의 온도와 빛, 마음속에 가만히 머물던 감정들. 그 모든 것이 너무 소중하게 느껴져 나는 그것들을 놓치지 않기 위해 조심스럽게 글로 옮기기 시작했습니다. 여행지에서 받은 짧은 감동, 사람들 사이에서 건네받은 따뜻한 말 한마디, 산행 중 들려오던 바람 소리와 새들의 울음, 비 오는 날 창문 너머로 바라보던 풍경조차도 제게는 모두 소중한 이야깃거리였고, 살아 있다는 실감이었습니다.

그렇게 시간이 쌓이고, 기억이 글로 정리되고, 마음이 한 문장씩 제자리를 찾아가면서 저는 제 삶을 조금 더 사랑하게 되었습니다. 글을 쓰는 일은 때로 나 자신을 마주하는 용기가 되었고, 때로는 고단한 하루를 따뜻하게 덮어주는 담요가 되어주었습니다. 이제 그 조각조각의 기록들을 한 권의 책으로 묶어 세상 밖으로 나아가려 합니다.

이 책은 특별한 사건을 담은 것도 아니고, 거창한 가르침을 전하려는 것도 아닙니다. 다만, 내가 살아 있는 동안 내 두 발로 걸어온 시간들을, 그 안에 담긴 숨결과 감정들을 솔직하게, 그리고 따뜻하게 기록하고 싶었습니다. 언젠가 이 글들을 다시 펼쳐보는 날이 오겠지요. 그때 나는 아마도 조용히 웃으며 이렇게 말할 수 있기를 바랍니다. '참 잘 걸어왔구나, 고맙다'고.

지금 이 글을 읽고 있는 당신도 분명 당신만의 여정을 걷고 있으리라 믿습니다. 때로는 숨이 차도록 힘든 오르막길이 있고, 또 어떤 날은 사방이 열려 있는 평온한 들판을 걷는 날도 있겠지요. 그 모든 길 위에서 당신 역시 자신만의 이야기를 써내려가고 있을 것입니다. 이 책이 당신의 기억을 조용히 건드리고, 마음 한 켠 깊이 묻어두었던 오래된 미소를 떠올리게 하며, 하루의 끝에 따뜻한 위로가 되어주기를 진심으로 바랍니다.

돌아보면, 모든 순간이 다 선물이었습니다. 그 선물들은 때론 눈물로, 때론 웃음으로 다가왔지만 하나하나의 감정들이 결국 저를 더 단단하게, 더 따뜻하게 만들어 주었습니다. 이제 또 새로운 길이 저 앞에 놓여 있습니다. 저는 이 책을 덮고, 다시 그 길 위를 걸어갈 준비를 합니다. 낯선 길이 두렵지 않은 건, 이미 많은 길을 걸어왔기 때문이겠지요. 그 길마다 당신의 이야기와 마주칠 수 있기를, 이 책이 당신의 곁에 조용히 머물며 함께 걷기를 소망합니다. 끝은 언제나 새로운 시작입니다. 그리고 이 책이 그 시작에 작은 등불처럼 함께하길 바랍니다.

2025년 가을의 길목에서
유권식

| 차 례 |

제1부_ 여행기旅行記

| 차 례 |

제2부_ 산행기山行記

제3부_ 동호회同好會

| 차 례 |

제4부_ 가족家族

제1부

여행기旅行記

신라의 숨결 위에 머문 사랑

바람소리에 물끄러미 창밖을 바라보며 아침을 맞는다. 거칠고도 자유로운 바람 소리가 산발적으로 창틈 사이를 비집고 들어오며, 어스름한 새벽의 적막을 흔든다. 바람은 제멋대로였지만, 그 소리에는 묘한 위로가 담겨 있었다. 오늘은 아내의 휴일. 한 주의 분주함을 잠시 내려놓고, 우리는 늦은 아침을 함께 마주했다. 식탁 위에 놓인 콩나물 비빔밥을 한 숟갈씩 나누어 먹고, 따뜻한 커피 한 잔을 마시며 느긋한 시간을 보낸다. 베란다에 비치된 찻잔 테이블 위에서 커피향이 공기 속에 스며들며 평온한 여유를 안긴다.

"우리 오늘 어디 갈까?" 그 말에 우리는 동시에 빙그레 웃었다. 우리는 바깥나들이를 결정하고 마음이 설렌다. 창밖의 바람은 여전히 거세었지만, 바람을 맞으며 걷는 것도 나쁘지 않겠다는 생각이 들었다.

아내는 작은 딸이 선물해준 화사한 원피스를 꺼내 입고 거울 앞에 섰다. 원피스는 그녀의 미소만큼이나 환하고 사랑스러웠지만, 왠지 모르게 허전한 느낌이 스쳐 지나갔다. 원피스와 어울리는 볼레로나 카디건이 없었기 때문이다. 나는 아내에게 옷을 사러 시내로 나가자고 말했다.

도심의 여성복 매장에 들어서니, 옷걸이마다 계절의 색감이 흐드러지게 걸려 있다. 직원이 추천해주는 옷들을 하나하나 걸쳐 보며, 그녀는 거울 앞에 선다. 살며시 웃는 얼굴, 조심스레 옷을 바라보는 눈빛. 그러다 결국 마음에 쏙 드는 옷을 발견한 듯, 그녀의 눈가에 환한 미소가 번졌다. 그 미소 하나로 모든 선택이 끝났다. 그리고 내가 옷값을 계산하려던 순간, 아뿔싸 지갑을 차에 두고 온 사실을 깨달았다. 순간 당황한 내 모습에 아내는 "괜찮아"라고 말하며 아내가 결제하는 모습을 보며 나는 미안한 마음이 가득했지만 어쩔 수 없었다.

새 옷을 품에 안고 매장을 나설 때, 바람은 여전히 차가웠지만 아내의 발걸음은 한층 가벼워 보였다. 오늘 하루가 더욱 특별해지는 순간이었다. 우리는 곧 차에 올라 양산 IC를 지나 경주로 향했다. 차창 너머로 스치는 풍경은 계절의 숨결을 머금고 부드럽게 흘러갔다. 내비게이션에 '주렁주렁 동물원 경주점'을 입력했지만, 목적지에 다다르니 눈앞에 펼쳐진 '경주엑스포대공원'의 광경이 먼저 우리를 사로잡았다. 잠시 서로의 눈을 마주보고는 조용히 고개를 끄덕였다. 동물원 대신 대공원을 선택하자며. 그렇게 우리의 하루는 또 다른 방향으로 펼쳐졌고, 그 선택이 전해주는 잔잔한 기쁨은 바람마저도 따뜻하게 감싸 안는 듯했다. 우리는 경주엑스포대공원 입구 매표소에서 표를 끊고, 친절한 직원에게 관람 코스에 대한 설명을 들었다. 직원은 대공원의 구조와 추천 동선을 조곤조곤 설명해주었고, 우리는 고개를 끄덕이며 귀 기울였다. 그렇게 안내받은 코스를 따라 발걸음을 옮기기 시작했다. 낯선 공간을 천천히 탐색해 나가는 설렘 속에, 어느새 우리는 자연과 예술, 역사와 문화가 어우러진 대공원의 품으로 스며들었다. 하루가 조금씩 깊어가는 길목에서, 발걸음은 가벼웠고 마음은 따뜻했다. 우리는 먼저 천마의 궁전 앞 장미정원에 들렀다. 벨벳빛 붉은 장미, 열정이 담긴 분홍빛, 순수한 흰색, 매혹적인 노란 장미들이 어우러져 그야말로 한 폭의 그림 같은 풍경을 만들어내고 있었다. 특히 장미 아치와 다채로운 조형물이 어우러진 포토존에서는, 마치 동화 속 한 장면처럼 로맨틱한 순간이 펼쳐졌고, 우리는 그 풍경 속에 잠시 머물며 인증사진을 남겼다. 이어 첫 번째 관람 코스는 살롱헤리티지였다.

살롱헤리티지(Salon Heritage)는 세계적인 건축가 쿠마 켄고(Kuma Kengo)의 손끝에서 태어난 독특한 건축물로, 경주의 대릉원과 해안의 주상절리에서 영감을 얻어 설계되었다고 한다. 유려한 곡선과 자연을 품은 듯한 외관이 인상적이었고, 그 안은 18세기 유럽의 살롱 분위기를 현대적으로 재해석한 전시 공간이었다. 이곳에서는 세계의 다양한 유산을 미디어 아트로 구현한 전시가 진행 중이었다. '세계의 문'이라는 주제로 펼쳐진 환상적인 공간 속에는 상상 속 동물들과 상징적 상상력이 가득 담겨 있었고, 직접 참여할 수 있는 체험 콘텐츠도 마련되어 있어 더욱 흥미로웠다. 다음으로 향한 곳은 천마의 궁전. 이곳은 찬란했던 신라의 역사와 문화를 현대적인 미디어 아트로 재구성한 전시 공간으로, 빛과 소리, 움직임이 어우러져 깊은 몰입감을 주었다. 특히 벽면에 투사된 옥빛 귀면와 그리고 다양한 형태로 꿈틀대는 장면은, 마치 시간의 장막을 걷고 고대 신라의 세계 속으로 들어가는 듯한 착각에 빠졌다. 우린 이곳을 나와 주변 벤치에 앉아 한 모금의 커피와 함께 포근한 간식 시간을 가졌다. 햇살은 따사로웠고, 나뭇잎은 살랑이는 바람에 가볍게 몸을 흔들고 있었다. 잠시 숨을 고른 우리는 다음 코스인 경주타워로 향했다.

입구에 들어서자마자 거센 바람이 우리를 맞이했다. 그 바람은 단순한 자연의 움직임이라기보다, 어딘가 신비로운 기운이 깃든 듯, 천년 고도 신라의 숨결이 우리를 스치고 지나가는 것 같았다. 머리카락이 바람결에 흩날리며 우리는 타워 위로 올랐고, 그곳에서 바라보는 세상은 한층 더 넓고 깊게 다가왔다. 경주타워는 황룡사 9층 목탑을 형상화한 높이 82미터에 이르는 웅장한 전망대로 경주의 대표적인 상징물 중 하나였다. 타워 꼭대기에서 스카이 워크를 통해 내려다보는 아찔한 쾌감과 함께, 가까이 보이는 공연장, 솔거 미술관, 정원, 그리고 멀리 펼쳐진 경주 시내 전경이 시야 가득 담겼다. 우리는 타워 62미터 지점에 위치한 '카페 선덕'에 들렀다. 통유리창 너머로 드넓게 펼쳐진 자연 풍광을 감상하며, 시원한 아이스 아메리카노 한 잔의 향기로움 속에서 잠시 쉼을 누렸다. 그곳에서의 풍경은 마치 시간마저도 느릿하게 흘러가는 듯했고, 그 고요하고도 특별한 순간은 우리 둘의 기억 속에 오래도록 따뜻하게 남을 듯했다. 잠시 여유를 즐긴 후, 다음 코스인 솔거미술관으로 향했다. 가는 길목엔 양갈래 연두빛 나무들이 길을 감싸듯 우거져 있었고, 그 나무들 사이로 스며드는 햇살은 마치 숲의 숨결처럼 부드럽게 가슴속에 스며들었다. 미술관에 도착하자, 직원은 친절히 전시 일정에 대해 설명해 주었다. 내일 새로운 전시를 준비 중이라 기획 전실 1관 일부 공간은 작품설치 준비 중이었고, 다른 공간은 한국화의 거장, 박대성 화백의 수묵화 작품이 전시되어 있었다. 농담(濃淡)이 살아 숨 쉬는 듯한 그 수묵화들 앞에서, 우리는 말없이 한참을 머물렀다. 붓 끝에서 흘러나온 감정의 결이 그대로 화면 위에 살아 숨 쉬는 듯한 순간이었다.

이곳 감성을 이어 기획 전시실 2관으로 향했다. 이곳에서는 장개원 작가가 유년 시절의 기억과 감정을 '사발'이라는 오브제로 표현한 회화 작품을 전시하고 있었다. 작품들은 고즈넉한 색감과 절제된 여백의 미를 통해, 아련한 감성과 일상의 단면을 섬세하게 담아내고 있었다. 그 속엔 말로 다 담기지 않는 시간의 결과 깊은 사유가 녹아 있었고, 나는 문득 이토록 정제된 표현이야말로 참으로 훌륭하고도 대단한 예술이 아닐까 하는 생각이 들었다. 솔거미술관의 여운을 가슴 깊이 간직한 채 우리는 미술관 맞은편에 자리한 12간지 조형물과 넓게 펼쳐진 잔디밭 정원을 천천히 거닐었다. 정원의 푸른 숨결 속에서 자연과 예술이 어우러지는 조화로움을 느낄 수 있었다. 정원 아래로 내려가자 국화 주위에는 아름답게 형상화된 대형 한반도 지도가 펼쳐졌다. 국화들 주위에는 다양한 조형물들이 함께 어우러져 있어 동화 같은 풍경을 자아냈다. 우리는 그 속에서 계절의 깊이를, 조형의 의미를 천천히 음미하며 또 하나의 감동을 마음에 새겼다. 물씬 풍겨나는 자연의 신비로움과 감동을 가슴에 담고, 우리는 다음 코스인 자연사박물관으로 발걸음을 옮겼다.

박물관 내부는 고생대, 중생대, 신생대의 시간 속으로 이어진 통로처럼 구성되어 있었고, 시대별 다양한 화석과 광물들이 전시되어 있었다. 특히 오래된 나무 화석인 규화목 앞에서는, 마치 수천만 년 전의 숨결이 우리 곁을 스쳐 지나가는 듯한 경이로움에 잠시 말을 잃었다. 각 시대의 특징적인 생물과 지질학적 변화를 하나하나 살펴보며, 우리는 지구의 오랜 시간을 두 눈으로 체험하는 귀한 시간을 가졌다. 손으로 만져보며 자연을 느끼는 체험 공간에서는 아이처럼 호기심을 품으며, 자연과학의 신비를 새삼스럽게 되새겼다. 이렇듯 오랜 시간을 품은 전시들을 따라 걷다 보니 어느덧 해가 기울고 있었다. 조금은 허기진 듯한 기운이 우리 곁을 감싸 안고, 우리는 박물관을 나서며 바로 앞에 있는 버거킹 매장으로 향했다. 간단한 식사였지만, 하루의 여정을 정리하는 따뜻한 쉼표가 되어주었다. 창 너머로 노을이 번져가는 하늘과 나지막한 산자락을 바라보며, 우리는 다시 차에 올라 집으로 향했다. 흘러가는 창밖 풍경 속엔 오늘 하루, 경주엑스포대공원에서 만난 장미의 향기, 신라의 숨결, 예술의 감동, 그리고 지구의 시간을 따라 걸었던 우리만의 여운이 조용히 스며들고 있었다. 그 하루는 그렇게, 마음 깊은 곳에 잔잔하게 머물렀다.

합천, 의령, 그날의 아련한 정취

5월의 끝자락, 바람은 점점 짙어지는 초록의 향기를 품고 불어온다. 봄이 마지막 인사를 건네고, 여름은 조용히 그 자리를 채운다. 하늘은 한층 높고 투명해지며, 나뭇잎 사이로 쏟아지는 햇살은 어느새 따스함을 넘어 부드러운 온기를 머금고 있다. 꽃들은 이제 마지막 자태를 뽐낸다. 철 지난 라일락 향기마저 은은하게 퍼져 나와 지나가는 이의 발걸음을 멈추게 한다. 사람들의 옷차림도 가벼워지고, 마음 또한 한결 너그러워진다. 긴 겨울과 바쁜 봄을 지나, 이제는 한 템포 느린 여유를 허락받는 시간이다. 이 계절은 지나간 계절을 보내는 아쉬움과 다가올 계절에 대한 설렘이 공존하는 때. 그래서 5월 하순은, 자연도 사람도 가장 아름다운 숨결을 품고 있는 시기인지도 모른다.

며칠 전, 아내 쉬는 날을 맞춰 나는 조용히 계획을 세웠다. 그리고 오늘, 그 약속처럼 우리는 합천으로 향했다. 우리의 발길이 닿은 곳은 시간의 흐름을 되돌린 듯한 곳, 합천영상테마파크. 일상에서 잠시 벗어나, 오래된 영화 속 한 장면처럼 아련한 풍경 속으로 들어가기 위해, 아내와 나는 오전 9시 50분, 산책에 어울릴 가벼운 복장을 갖추고 길을 나섰다. 목적지는 합천영상테마파크. 내비게이션에 목적지를 입력하며, 마음속엔 설렘이 잔잔히 번져갔다. 양산에서 출발한 우리는 대동을 지나 창원 방면으로 향했다. 동마산을 스쳐 지나 산인 출구를 빠져나온 뒤, 남해고속도로로 접어들었다. 창 너머로 흘러가는 초록빛 산야와 들판의 풍경이 길동무가 되어 주었다. 함안 휴게소에서 잠시 숨을 고르며 여유를 즐겼다.

다시 길을 나서고 약 2킬로미터쯤 지나 우측 의령 방면으로 방향을 틀자, 풍경은 점점 깊어지고, 목적지가 가까워짐을 느낄 수 있었다. 여정을 이어 도착한 시간은 정오, 12시. 봄과 여름(현재 온도 31℃)이 맞닿은 5월의 하늘 아래, 아내와 나는 마치 시간 여행자처럼 옛 정취 가득한 테마파크의 문 앞에 다다랐다. 주차장에 차를 세운 뒤, 우리는 탐방에 앞서 먼저 허기를 달래기로 했다. 주변을 둘러보니 소박한 한식 뷔페가 눈에 들어왔다. 정갈하게 차려진 여러 가지 반찬들을 접시에 담아 넉넉히 즐겼고, 식사를 마친 후엔 아래층에 자리한 베이커리 카페에 들러 아이스 아메리카노 한 잔씩을 손에 쥐었다. 진한 커피 향을 따라 발걸음을 옮겨, 테마파크 입구에서 입장권을 끊었다. 그리고 마침내, 시간의 결을 따라가는 듯한 탐방로에 들어섰다. 영화와 추억이 뒤섞인 길 위에서, 우리는 천천히 풍경을 감상하며 걷기 시작했다.

테마파크는 1920년대부터 1980년대까지의 시대를 재현한 국내 최대 규모의 오픈 세트장으로, 다양한 드라마와 영화 촬영지로도 유명했다. 입구에 들어서자 먼저 안내표지판 앞에 섰다. 테마파크의 전체 구조와 주요 촬영지를 살펴보며, 걸어갈 여정을 마음속에 그려보았다. 가장 먼저 향한 곳은 1920~30년대 경성의 모습을 재현한 '근대 거리'. 석조 건물과 적산가옥이 나란히 늘어서 있어, 마치 과거로 시간 여행을 떠난 듯한 착각에 빠졌다. 조선총독부와 상해임시정부 건물 앞에서는 역사적 배경을 되새기며, 그 시대의 무거운 공기와 분위기를 잠시나마 느껴보았다.

이어서 서민촌과 고즈넉한 교회를 지나며, 드라마 속 세트장을 걷는 듯한 감정에 젖었다. 낡은 담벼락, 좁은 골목길, 그 모든 것이 시간의 층을 차곡차곡 쌓아 놓은 듯했다. 다음으로 발걸음이 향한 곳은 영화 마이웨이의 세트장. 일본 저택의 정원처럼 꾸며진 공간엔 형형색색 꽃들이 만개해 있었고, 그 사이를 거닐며 사진을 남기기에도 더없이 좋은 장소였다. 마지막 코스는 청와대 세트장이었다. 대부분의 방문객들이 모노레일을 타고 오르는 길을 우리는 산세를 감상하기 위해 걸어서 오르기로 했다. 600미터의 오르막 목조 데크길, 처음엔 가벼운 발걸음이었지만 영상 31도의 날씨 속에 걷는 길은 점차 힘겹게 느껴졌고, 오르는 내내 온몸은 땀으로 젖어갔다. 순간, 왜 걸어서 오르자 했을까

하는 후회도 스쳤다. 그러나 그 길 끝에서 마주한 청와대 세트장은 땀 흘린 만큼 각별한 의미로 다가왔다. 시원한 실내에 들어서자 에어컨 바람에 긴 숨을 돌릴 수 있었고, 복원된 집무실 안 책상에 앉아 인증사진을 남기며 이 여정의 또 하나의 기억을 덧붙였다.

테마파크에서의 감흥이 채 가시기 전, 우리는 그 여운을 품은 채 차를 달려 의령으로 향했다. 이곳은 삼성 창업주 이병철 회장의 생가가 자리한 곳으로, 테마파크에서 약 한 시간 거리였다. 1851년에 지어진 전통 한옥은 고요한 풍경 속에 조용히 숨 쉬고 있었다. 사랑채와 안채, 곳간까지 잘 보존된 건물들은 이병철 회장 어린 시절을 보냈던 그 시절의 시간들을 고스란히 간직하고 있었다. 마당 한쪽에는 오래된 우물이 있고, 장독대가 늘어서 있어 옛 가정의 소박하고도 정겨운 풍경이 눈앞에 펼쳐졌다.

무엇보다 생가는 주변의 부드러운 산세와 남강의 물줄기가 어우러져, 오래전부터 풍수지리 명당으로 불려온 자리였다. 그 터에 깃든 평온함과 따뜻한 기운을 조용히 마음에 새기며, 부자의 기운이란 결국 삶을 아끼고 가족을 사랑하는 마음에서 비롯된 것이 아닐까 하는 생각도 스쳐 지나갔다. 탐방을 마친 시간은 오후 4시 30분. 햇살이 조금은 누그러든 시각, 인근의 작은 카페에 들러 시원한 팥빙수를 주문해 더위에 지친 몸과 마음을 식혔다. 오후 5시, 다시 양산으로 돌아가는 길. 차창 너머로 스치는 마늘밭, 산야, 시골 풍경이 어쩐지 더 아름답게 느껴졌다.

오늘 하루, 땀 흘리며 걷고 감탄하며 바라보았던 모든 순간들이 오롯이 가슴에 남아 있었다. 그렇게 우리는 이 하루를 아름다운 5월의 여행이라 부르고 싶었다.

그 봄, 어머니의 미소를 닮은 여행

새싹이 돋고 꽃이 피어나는 3월! 꽃향기처럼 우리의 마음도 환하게 피어나길 바라며, 오늘은 그 어느 때보다 의미 있는 여행이 될 것 같아 후기를 작성해 본다. 올해 90세를 맞이하는 어머니를 모시고 동생 부부와 함께 소중한 추억을 만들며, 어머니의 사랑과 헌신에 감사를 전하는 기회이기도 했다.

전날, 사전 예약한 렌터카 업체에서 12인승 스타렉스를 대여하고 계약서를 작성했다. 차량의 외관과 내부는 물론 계기판의 눈금까지 점검한 뒤, 사진으로 기록을 남겼다. 번거롭지만 여행의 첫 단추를 제대로 끼우기 위한 절차였다. 인수 후에는 근처 주유소에서 절반쯤 남은 경유를 가득 채웠다. 그 후 목적지인 공영 주차장에 주차해 두었다. 모든 준비를 마친 순간, 비로소 여행이 시작됨을 실감했다. 우리는 동생들 부부와 오전 10시에 이곳에서 만나기로 약속했고, 모두가 정시에 도착했다. 필요한 물품을 렌터카에 옮겨 싣고 상쾌한 기분으로 전라도 관광지로 떠날 준비를 마쳤다. 마음속엔 설렘과 기대가 가득했다. 드디어 우리를 기나리는 추억 여행이 시작되었고, 오전 10시 10분에 출발했다. 남원으로 가는 길! 달리는 고속도로 밖으로 펼쳐지는 봄날의 경치는 끊임없이 그림처럼 이어졌고, 산과 들을 바라보는 동안 마음이 한결 여유로워졌다. 오랜 시간을 달리다 보니 출출해져서 함안 휴게소에 들렀다. 여동생들이 가져온 삶은 계란과 원두커피를 마시며 잠시 몸과 마음의 휴식을 취한 뒤 다시 출발했다. 따스한 햇살은 차창 너머로 부드럽게 스며들어 나른한 평화를 선물했고, 싱그러운 봄바람은 이따금 창틈을 타고 들어와 지친 숨결을 달래주었다. 작은 멈춤이 있었기에 다시 길 위로 나아가는 발걸음은 한층 가벼웠고, 창밖으로 흐르는 풍경은 어느새 한 편의 시가 되어 마음 깊숙이 내려앉았다.

남원의 맛집에 도착할 즈음, 어느새 내비게이션에서 목적지 도착을 알리는 부드러운 안내음이 들려왔고, 우리는 천천히 식당 근처에 차를 세웠다. 찾아간 곳은 남원의 맛집으로 이름난 식당. 늦은 점심시간임에도 불구하고 식당 안은 사람들의 웃음과 음식 냄새로 가득했다. 잠시 기다린 끝에 자리가 나 앉게 되었고, 우리는 망설임 없이 오징어볶음을 주문했다. 불판 위에서 타오르는 불꽃을 머금고 지글거리는 오징어는 매콤한 소스와 어우러져 황홀한 향기를 뿜어냈다. 한 점 한 점 입 안에 넣을 때마다 불향과 감칠맛이 퍼지며 온몸에 따스한 에너지를 불어넣는 듯했다. 오랜 시간 달려온 피로도, 잔잔히 스며드는 봄빛처럼 사르르 녹아내렸다. 식사를 마치고 발걸음을 옮기던 중, 막내 동생이 투명한 유리문을 미처 알아채지 못하고 이마를 부딪치는 작은 해프닝이 벌어졌다. 순간의 놀람에 굳어버린 동생의 얼굴을 보고 우리는 웃음을 참지 못했고, 이내 식당 앞은 소란스러운 웃음꽃으로 가득 피어났다. 아픔조차 웃음으로 승화된 순간, 우리는 깨달았다. 완벽하지 않아도, 실수투성이여도 함께라면 그것이 가장 빛나는 시간이 된다는 것을. 오늘 작은 해프닝과 소소한 행복들은, 시간이 흘러도 마음 깊은 곳에서 오래도록 따뜻하게 살아 숨쉴 것이다. 오늘의 남원, 그리고 이 순간은 아마도 우리 인생의 한 페이지에 조용히, 그러나 반짝이며 기록될 것이다. 다음 코스인 광한루원으로 이동하는 동안에도 우리는 출입문 충돌 사건을 두고 웃음꽃을 피웠다. 가벼운 농담과 함께 차 안 가득 퍼진 웃음 덕분에, 긴 이동 시간마저 짧게 느껴졌고, 어느새 목적지에 도착해 있었다. 광한루는 조선 세종 때인 1419년, 명재상 황희 정승에 의해 세워진 고졸한 건물이다. 처음에는 광통루라 불렸으나, 훗날 관찰사 정인지가 월궁 속 광한청허부처럼 아름다운 경치에 감탄하여 광한루라는 이름을 붙였다고 한다. 그 이름처럼, 광한루는 세월의 풍파를 견뎌내며 고고한 자태로 우리를 맞이했다.

우리는 광한루원에 입장해, 고운 기와지붕 아래를 거닐며 광한루의 정취를 온몸으로 느꼈다. 오작교를 건너고, 완월정과 월

매집을 둘러보며, 춘향과 이몽룡의 이야기가 서린 옛 정원의 숨결을 따라 천천히 발걸음을 옮겼다. 춘향이가 탔던 그네도 놓치지 않고 체험했는데, 힘껏 발을 뻗어도 생각만큼 멀리 나아가지 못해, 허공에 머뭇거리는 모습이 오히려 주변에 웃음꽃을 피워냈다. 그네는 높이 날아오르지 못했지만, 가벼운 웃음소리와 함께 우리의 마음만큼은 한없이 높이, 자유롭게 흩날렸다. 하늘과 가까워졌다가 이내 땅으로 부드럽게 내려앉는 그네의 리듬 속에, 우리는 잠시 시간을 잊고 순수했던 마음을 되찾았다. 전통문화의 깊은 숨결과 아름다운 자연경관이 어우러진 광한루원에서, 우리는 오랜 시간을 머문 듯한 충만함을 느꼈다. 따스한 햇살을 머금은 채, 다시 다음 목적지를 향해 길을 나섰다. 봄날의 여행은 그렇게, 조용히 그러나 깊게 우리 마음속에 작은 물결을 일으키며 흘러가고 있었다.

다음 코스는 만복사지였다. 이곳은 정유재란 때 일본군의 공격으로 불타 소실된 옛 절터로, 한때는 법당의 종소리와 스님의 독경 소리가 가득했을 곳이다. 또한 조선시대 문인 김시습이 지은 한문소설집『금오신화』에 실린〈만복사저포기〉의 배경으로도 널리 알려져 있다. 그러나 지금은 오랜 세월의 풍화 속에 절터만 덩그러니 남아 있을 뿐, 찬란했던 옛 영광의 흔적은 희미한 바람결에 실려 떠도는 듯했다. 고요히 터를 거닐다 보니, 이름 모를 들꽃 사이로 불현듯 스미는 쓸쓸함에 마음 한 켠이 저릿해졌다.

사라진 것은 건물뿐이었으나, 그 자리에 남은 시간의 깊이와 허망함이 오히려 더 크고 묵직하게 다가왔다. 우리는 아무 말 없이 잠시 서 있었다. 무너진 기단과 부서진 돌조각들이 전하는 침묵 속에서, 사라져간 것들에 대한 아쉬움과 경외를 조용히 가슴에 새겼다.

오늘의 마지막 일정은 춘향 테마파크 방문이었으나, 생각보다 시간이 늦어져 입구 근처에 자리한 카페에 들러 조용히 차 한 잔 하며 하루의 피로를 풀었다. 창 너머로 스며드는 노을빛을 바라보며 마신 따뜻한 음료 한 잔은, 긴 하루를 부드럽게 감싸주는 작은 위로가 되었다. 이후 우리는 숙소인 펜션으로 이동해 체크인을 마쳤다. 지리산 자락에 아늑하게 자리한 펜션은, 창을 열면 바로 푸른 숲과 하늘이 손에 닿을 듯 펼쳐져 있었다. 산자락을 타고 내려오는 서늘한 공기 속에서, 우리는 준비해 온 장어를 프라이팬에 정성껏 구워 소스에 찍어 먹었다. 도톰하게 오른 장어살은 부드럽고 고소했으며, 입 안 가득 퍼지는 풍미에 절로 감탄이 흘러나왔다. 장어구이는 훌륭한 술안주가 되어주었고, 와인과 소주를 주거니 받거니 하며 우리는 다시금 웃음꽃을 피웠다. 깊어가는 밤, 잔잔한 숲소리와 함께 올려다본 하늘에는 별빛이 소리 없이 깃들어 있었다. 그 별빛 아래에서 우리는 오늘 하루를 조용히 되새기며, 저마다의 마음속에 작은 평화를 채워 넣었다.

단체실로 마련된 온돌방에서 아홉 명이 한데 모여 잠을 청했지만, 많은 인원이 뒤엉킨 탓에 깊은 잠을 이루기는 쉽지 않았다. 늦은 밤까지 이어진 윷놀이와 관광의 여운에 더해, 사방팔방에서 터져 나오는 코 고는 소리가 밤새 이어졌다. 어찌 보면 조금은 버거웠던 이 소란도, 시간이 흐른 뒤에는 분명 웃으며 떠올릴 소중한 추억이 되어 있을 것이다. 이른 아침, 간단한 식사로 전날의 숙취를 달래기로 했다. 해장국 대신 김치밥국을 끓였는데, 생각보다 많은 양이 완성되어 모두 함께 나누어 먹었다. 칼칼하게 익은 김치의 깊은 맛을 기본으로, 다진 마늘과 송송 썬 파를 더해 국물 맛이 한층 진해졌다. 뜨끈한 밥국을 한 숟갈 떠먹을 때마다 몸속까지 포근해지는 기분이었다. 그 많던 밥국은 남김없이 비워졌고, 특히 넉 그릇을 뚝딱 비운 막내 동생이 설거지를 자청해 흐뭇한 웃음을 자아냈다.

우리는 펜션 곳곳을 깨끗이 정리한 후, 짐을 차에 싣고 다시 길을 나섰다. 맑은 봄바람을 맞으며 40여 분을 달려 도착한 곳은 실상사 주차장. 그곳에는 먼저 도착한 산악인들이 단단히 여민 배낭을 메고, 저 멀리 지리산을 향해 천천히 발걸음을 옮기고 있었다. 넓게 펼쳐진 하늘 아래, 산으로 향하는 사람들의 뒷모습이 왠지 모르게 단정하고 아름다워 보였다. 어제보다 오늘은 기온이 더욱 떨어져 있었다. 차가운 바람이 옷깃 사이로 스며들었고, 하늘은 잔뜩 구름을 머금은 채 음울하게 드리워져 있었다.

우리는 두 손을 주머니에 넣은 채 몸을 웅크리며 사찰로 향했다. 사찰 입구, 출입문의 양쪽에는 사천왕상이 무겁고도 위엄 있는 표정으로 우리를 맞이하고 있었다. 동쪽을 지키는 지국천왕, 서쪽을 수호하는 증장천왕, 남쪽을 맡은 광목천왕, 북쪽을 보호하는 다문천왕이 각각의 자리를 지키고 있었고, 그 눈빛과 표정은 마치 이곳을 찾는 모든 이들에게 경건한 마음가짐을 요구하는 듯했다. 우리는 얼른 두 손을 모아 합장하고 경내로 발걸음을 옮겼다.

사찰 내부는 생각보다 훨씬 넓고 깊었다. 고요한 경내 곳곳에는 세월을 이겨낸 불교 건축물과 조형물들이 단정히 자리를 지키고 있었고, 그 풍경은 보는 이로 하여금 자연스레 마음을 가라앉히게 했다. 통일신라 흥덕왕 때, 홍척 스님이 창건한 것으로 전해지는 실상사는 오랜 시간 속에서도 많은 문화재와 유적을 간직하고 있었다. 그곳에는 역사와 신앙, 그리고 시간이 쌓아 올린 깊은 아름다움이 스며 있었다. 춥고 흐린 날씨에 금세라도 빗방울이 떨어질 것 같은 하늘을 올려다보며, 우리는 발걸음을 재촉했다. 지리산 자락에 포근히 안긴 실상사의 고즈넉한 풍경을 마음에 담으며, 오늘의 짧은 탐방을 조용히 마무리했다.

순천 낙안읍성으로 향하는 길! 다시 고속도로를 타고 1시간 50분을 달려야 하는 긴 여정이었지만, 여행의 끝자락을 향해 가는 설렘 속에서 우리는 고요히 도로 위를 달렸다. 중간에 춘향휴게소에 잠시 들러 휴식을 취하며, 긴 운행을 위해 편의점에서 산 땅콩과자와 오징어포를 꺼냈다. 간식의 고소하고 짭조름한 맛이 짧은 시간 동안 우리의 무료함을 달래주었다. 시간이 흐르고, 어느새 낙안읍성 주차장에 도착했다.

입장권을 구입한 후, 조심스럽게 들어갔다. 세계문화유산으로 등재된 낙안읍성은 조선 시대 읍성 중 가장 잘 보존된 곳으로, 그 고즈넉하고 품격 있는 모습이 마음을 사로잡았다. 읍성 주변으로 펼쳐진 드넓은 들판과 산의 절경이 우리의 눈을 편안히 했고, 특히 성곽 위에서 내려다본 민속마을의 경치는 숨을 멎게 할 만큼 아름다웠다. 고요한 풍경 속에서 우리는 시간이 멈춘 듯한 느낌을 받았다. 막내 동생 부부가 상점에 들러 엿을 사 왔다. 그 엿은 지금껏 먹어본 것 중 가장 맛있었다. 단맛과 쫀득한 식감, 그리고 감칠맛이 어우러져 입 안에서 부드럽게 녹아들며, 마치 중독된 듯한 기분을 자아냈다.

그리고 옛 추억 배어 있는 번데기도 사서 맛보았다. 엿의 달콤함과는 또 다른, 깊고 진한 맛의 세계가 펼쳐졌다.

첫 입에 느껴지는 고소한 맛과 독특한 식감은 오히려 그 낯섦이 여행의 풍미를 더해주었다. 번데기는 그 자체로도 맛있었지만, 뭔가 아련한 향수를 불러일으키는 맛이었다. 추억의 한 조각처럼, 우리가 걸어온 길 위에서 만난 또 다른 즐거움이었다. 우리는 다시 민속마을의 다양한 문화체험장을 둘러보며 탐방을 즐겼다.

조선 시대의 역사와 전통이 고스란히 살아 숨 쉬는 듯한 이곳에서, 우리는 내내 즐겁고 행복한 시간을 보냈으며, 소중한 추억들을 마음 속에 차곡차곡 담았다. 그 어떤 명소보다 마음이 편안해지고, 힐링을 온전히 느낄 수 있었던 시간이었다.

여수 게장 맛집을 찾아서…

앞서 이어진 관광 일정으로 인해 점심시간은 이미 훌쩍 지나버렸다. 우리는 도착한 식당에서 두 개의 테이블로 나뉘어 앉아, 그곳의 자랑인 간장게장과 양념게장을 주문했다. 테이블 위에 놓인 두 접시의 게장은 그 자체로 군침이 돌았다. 간장게장은 그야말로 짭조름한 맛에 단맛이 은은하게 어우러져, 입 안에서 살살 녹았다. 게살을 한 입 베어물 때마다, 그 맛의 조화는 미각을 자극하며 깊은 여운을 남겼다. 반면 양념게장은 다양한 향신료와 양념이 어우러져 매콤달콤한 풍미를 자랑했다. 그 양념이 게살과 만나니, 입 안에서 풍성한 맛의 향연이 펼쳐졌다. 특히, 김치의 감칠맛과 깊은 풍미가 더해져 더욱 풍성한 맛을 만들어냈다. 우리는 밥그릇을 깨끗이 비운 후, 그 맛에 만족하며 일어섰다.

배를 든든히 채운 후, 우리는 다음 코스로 발걸음을 옮겼다. 그 어느 때보다도 기분 좋은 만족감과 함께, 오늘의 마지막 목적지를 향해 다시 길을 나섰다. 차창 너머로 스쳐 지나가는 풍경은 이제 더 이상 낯설지 않았다. 우리는 조용히 앉아 각자의 생각에 잠기기도 하고, 가끔씩 웃음을 터뜨리며 대화를 이어갔다. 이번 여행은 단순한 관광이 아니었다. 우리는 그 순간순간을 서로 나누며, 일상에서 느끼지 못했던 소소한 행복을 발견했다. 한 끼의 식사가 단순히 배를 채우는 것 이상의 의미를 가질 수 있다는 사실을 다시금 깨닫게 된 시간이었다. 그리고 이제, 여행이 끝날 무렵, 우리는 서로의 마음 속에 작은 추억들을 하나씩 쌓아가며 마무리했다. 다시 돌아온 일상 속에서도, 이 모든 순간들이 우리의 마음을 따뜻하게 채워줄 것이다.

여수 해상 케이블카 한 바퀴 풍경

어머니께서 많은 걸음을 걸으시다 보니 피로가 쌓이신 듯, 더 이상의 도보 관광지 대신 해상 케이블카를 선택하기로 했다. 여수 해상 케이블카(돌산정류장) 주차장에 차를 세운 후, 탑승장 매표소에서 표를 구매했다. 우리는 일반 캐빈을 예매해 탑승했다. 케이블카는 여수 돌산공원과 자산공원을 연결하며, 탁 트인 전망 속에서 한눈에 펼쳐지는 해상의 아름다움을 감상할 수 있었다. 푸른 바다가 끝없이 이어지고, 바람에 흔들리는 섬들이 마치 그림처럼 펼쳐져 있었다. 그 색다른 시각적 경험에 모두가 만족하며 감탄을 금치 못했다. 탑승을 마친 후, 우리는 탑승장 내

동백카페에 들렀다. 카페는 넓고 아늑한 분위기를 자아내며, 창가에 앉아 멋진 풍경을 감상할 수 있었다. 커피 한 잔과 디저트를 곁들여 여유로운 시간을 보냈고, 특히 높은 곳에서 바라본 오동도의 모습은 잊을 수 없는 장면이었다. 여수의 풍경을 한껏 즐긴 후, 우리는 여수 C펜션 호텔에 체크인하여 객실로 들어가 짐을 풀었다. 그러나 주방에 4인용 식탁만 놓여 있어 9명이 사용하기에는 조금 부족했다.

상황을 펜션 주인에게 설명하자, 그는 친절하게 다른 객실에서 식탁을 가져와 사용해도 된다고 허락해 주었다. 우리는 기꺼이 그 제안을 받아들여, 식탁과 의자를 가져와 완벽하게 세팅했다. 세팅한 테이블에서 전날 준비해 온 장어와 삼겹살을 구우며, 한쪽에서는 국수를 삶았다. 맛있게 익어가는 고기와 뜨겁게 삶아진 국수를 앞에 두고, 술이 부족해 인근 가게에서 사 왔다. 여수 밤바다가 보이는 펜션의 창가에 앉아, 국수와 장어, 삼겹살을 안주 삼아 술잔을 기울였다. 은은하게 빛나는 달빛과 함께 물결이 일렁이는 바다는, 마치 세상 모든 고요함을 담고 있는 듯했다.

그 순간, 우리는 여수의 밤에 물들어, 모든 피로와 걱정이 사라지는 듯한 기분을 만끽했다. 말없이 서로를 바라보며, 우리는 이 아름다운 순간을 마음속 깊이 새기며, 여행의 여운에 몸을 맡겼다. 식사를 마친 후, 우리는 여유로운 마음으로 창밖을 바라보며 여수의 고요한 밤을 만끽했다. 조용한 바다의 물결이 밤하늘을 비추는 별빛과 함께 일렁이는 모습은 마치 세상 모든 것이 평화롭고 아름다워 보였다. 다음 날의 여정을 떠올리며, 여행의 여운을 깊이 느끼며 잠이 들었다. 여수에서의 밤은 그렇게, 그 어떤 여행지보다도 더 마음 속에 오래도록 남을 따뜻한 기억으로 자리를 잡았다.

여행 3일차(마지막 날)

여수의 아침 여명은 찬란히 빛나며 하루의 시작을 알렸다. 여수에서 맞이하는 일출은 붉게 타오르는 태양이 황홀한 광경을 선사하며 감탄을 자아냈다. 오늘 아침 메뉴는 미리 준비해 온 떡국이었다. 여행지에서 직접 끓여 먹는 떡국의 맛은 더욱 특별했다. 여수의 차가운 아침 공기는 뜨거운 떡국의 향기로 가득 채워졌고, 우리는 그 따뜻한 향기를 음미하며 맛있게 식사를 마쳤다. 펜션을 떠나기 전, 깔끔하게 정리를 마무리하고 마지막 관광지로 향했다. 마지막 코스, 향일암으로 향하는 길은 약 33분 정도의 소요 시간이었고, 휴일이라 그런지 입구부터 주차장까지 많은 차량으로 붐볐다. 향일암 주차장은 차량 정체로 우린 한참을 기다려야 했다. 그때, 근처 갓김치 가게에서 물품을 구매하면 주차가 가능하다는 가게 직원이 도로변에서 우리를 인내했다.

우리는 그곳에 차를 세운 후, 하산할 때 갓김치와 젓갈을 사기로 했다. 이 작은 상점에서의 계획은, 나중에 여행의 끝자락에서 기분 좋은 보상을 주는 듯했다. 향일암으로 올라가는 길은 계단길과 평길 두 가지 경로가 있었다. 어무이께서 거동이 불편하셔서 평길을 택했지만, 예상보다 길어 어무이께서 숨이 차 쉬어가며 천천히 걸었다. 그럼에도 불구하고, 힘겹게 도달한 향일암 경내는 그 자체로 경이로웠다.

넓은 바다를 품고 있는 이 사찰은 원효대사가 선덕여왕 때 창건하였고, 조선 숙종 때 인묵대사가 '향일암'으로 개칭했다고 전해진다. 향일암의 경내에는 대웅전, 천수관음전, 해수관음전, 용왕전, 삼성각 등 다양한 전각들이 독특한 매력을 뽐내고 있었다. 각각의 전각이 품고 있는 신성한 기운과 고요한 분위기는, 마치 시간마저 멈춘 듯한 착각을 불러일으켰다. 우리는 대웅전에 들러 여행의 안전과 무탈을 기원한 후, 아름다운 바다 경관을 감상하며 하산했다. 그 순간, 바다와 하늘이 맞닿아 하나가 되는 풍경 속에서, 우리는 또 한 번 여행의 의미를 되새겼다. 마치 모든 것이 고요하게 흐르는 이 아름다운 곳에서, 시간이 멈춘 듯한 평화로운 기분을 느낄 수 있었다. 향일암을 떠나기 전, 우리는 그곳에서 머무는 동안 우리의 마음이 얼마나 치유되었는지 새삼 깨달았다. 이곳에서 느낀 평화와 고요함은 그 어떤 번잡한 일상에서도 쉽게 찾아볼 수 없는, 소중한 순간이었다.

우리는 향일암 탐방을 마무리하고, 귀갓길에 갓김치 상점에 들러 다양한 물품을 구입했다. 차에 물품을 싣고 나서, 내년에는 또 어디로 떠날지 상상하며 작은 기대를 해본다. 형제들과 어무이와 함께한 3박 4일의 여행은 따뜻한 추억으로 가득 채워졌다. 어무이께서 웃으며 행복해하시는 모습을 보며, 그 어떤 여행보다 보람 있고 소중한 시간이었음을 깨달았다.

이 여행의 모든 순간이, 우리의 마음 속에 오래도록 살아 숨쉬는 소중한 기억이 될 것이다. 그 기억들은 시간이 지나도 언제나 우리의 마음을 따뜻하게 해줄 것이다.

골굴사에서, 한 해의 끝자락을 걷다

어느덧 달력의 마지막 장이 남았다. 12월, 한 해의 끝자락에서 마음 한켠이 묘하게 허전해지는 건 늘 같은 일이다. 그저 흘러가는 시간을 가만히 흘려보내기엔 아쉬움이 컸다. 그래서 오늘, 무엇이라도 특별한 기억을 하나 남기고 싶었다. 며칠 전 우연히 TV에서 본 프로그램 속 장면이 문득 떠올랐다. 경주의 고찰 '골굴사'. 템플스테이에 참여한 연예인들이 고요한 산사에서 수행과 명상으로 마음을 가다듬는 모습이 인상 깊었다.

그때 느꼈던 잔잔한 울림이 마음에 남아 있었다. 마침 오늘은 아내와 함께 휴일을 맞이한 날. 좋은 기회였다. 검색해보니 집에서 골굴사까지는 차로 1시간 10분 정도 걸리는 거리였다. 차가운 겨울바람이 옷깃 틈으로 스며들었지만, 우리는 따뜻하게 채비를 마치고 오후 1시 20분에 집을 나섰다. 울산을 지나 포항 방면 고속도로를 타고 가는 길, 외동휴게소에 잠시 들렀다. 그곳에서 아내가 문득 공연 시간을 물었다. 알고 보니 골굴사 대적광전 앞 공연장에서 오후 3시부터 선무도 시범이 예정되어 있었다. 시계를 보니 14시 5분이었다. 아직 여유가 있었다. 잠시지만 휴게소 뒤편 숲길을 걸었다. 짧은 코스였지만, 운전 뒤에 걸으니 몸이 한결 가벼워졌다. 은은한 솔향이 겨울 공기와 섞여 코끝을 스쳤고, 그 향기가 온몸을 감쌌을 무렵, 우리는 다시 길을 나섰다.

오후 2시 35분, 경주시 양북면 용당리에 위치한 골굴사 주차장에 도착했다. 진입로를 따라 걸으며 눈에 띈 '사찰상점'에 잠시 들렀다. 다양한 기념품과 공양물들이 정갈하게 진열되어 있었고, 우리는 부처님께 드릴 공양미를 준비했다. 산길을 따라 걸음을 옮기자, 가을의 끝자락이 아직 머물고 있었다. 낙엽을 떨어뜨린 단풍나무 가지 사이로, 형형색색 남아 있는 단풍잎이 계절의 아름다움을 말없이 전해주었다. 사찰 특유의 고요한 공기 속에서 발걸음도, 말소리도 저절로 차분해졌다. 눈앞에 웅장하게 나타난 석굴과 높다란 계단. 그 위편으로 골굴사 대적광전이 자리하고 있었다. 이미 도착한 보살님들과 불자들이 예불 중이었고, 우리는 잠시 기다렸다가 준비해온 공양미를 부처님께 올렸다. 그리고 마음속으로 한 해를 돌아보며 고요히 예불을 드렸다. 잠시 뒤, 대적광전 앞 공연장에서는 오후 3시 정각에 선무도 공연이 시작되었다. 스님의 간단한 사찰 소개가 끝난 뒤, 초청 국악인의 청아한 소리로 공연의 문이 열렸다. 기공, 무술, 명상과 호흡. 수행자들의 동작 하나하나에서 단련된 기운이 느껴졌고,

그 장엄한 흐름에 관람객 모두 숨을 죽이고 집중했다. 우리는 박수와 함성으로 무대를 응원했고, 어느새 마음은 평온함과 환희로 가득 찼다.

절도 있는 동작과 흐르는 음악, 수행자의 고요한 눈빛에서 우리가 잊고 지낸 '마음챙김'을 잠시나마 되찾을 수 있었다. 공연이 끝난 후, 우리는 골굴사의 명소인 석굴암을 향해 걸음을 옮겼다. 자연 암벽에 새겨진 마애여래좌상이 우리를 맞이했다. 천 년의 세월을 품은 그 자태는 말로 표현할 수 없는 위엄 그 자체였다. 보물 제514호로 지정된 이 불상 앞에서, 우리는 말없이 그 앞에 서서 오래도록 머물렀다. 골굴사는 단순한 관광지가 아니었다. 이곳은 마음을 내려놓고 스스로를 돌아볼 수 있는 수행의 공간이자, 아름다운 자연과 역사가 어우러진 치유의 장소였다. 비록 찬 바람이 옷깃을 스쳤지만, 그 안에서 마음은 오히려 따뜻하고 평화로웠다. 많은 관광객들이 이날도 이곳을 찾았고, 모두가 제각각의 이유로 이 산사를 찾았을 것이다.

돌아오는 길, 우리는 아무 말 없이 창밖을 바라보았다. 고요한 산사의 풍경과 울림이 마음에 잔잔하게 남았다. 갑진년 청룡의 해를 마무리하며, 오늘 하루를 아름다운 기억으로 남긴 것만으로도 충분했다. 한 해의 끝자락에 찾아온, 깊은 평온과 감사의 시간이었다.

가을빛 가족, 다낭에 물들다

추석 연휴, 작은딸 내외는 사정상 함께하지 못했지만, 대신 가족 외식 날을 따로 정해 한자리에 모였다. 식사를 마친 후, 카페에서 차 한 잔을 나누던 그 소박한 순간, 작은딸이 한마디를 꺼냈다.

"가족여행, 가자!" 그 말 한마디가 우리의 마음을 하나로 묶어주었고, 그렇게 자연스럽게 베트남 여행이 시작되었다. 각자의 일상에서 잠시 벗어나, 가족이 함께하는 특별한 시간이 우리를 기다리고 있었다.

새벽 4시, 알람 소리에 잠에서 깨어났다. 나는 짐을 챙기며 빠진 물건은 없는지 다시 한 번 더 점검하고, 여권과 항공권까지 확인했다.

베트남 항공기의 출발 시간은 오전 8시 30분. 탑승 완료는 출발 15분 전까지여야 하므로, 수하물 체크와 보안 검색, 탑승까지의 이동 시간을 고려해 최소 두 시간 전에는 공항에 도착해야 했다.

우리는 그 시간을 정확히 맞추기 위해 서둘러 준비했고, 공항에 도착한 후에도 모든 절차를 순조롭게 진행하며 여행의 첫 순간을 차근차근 준비했다. 새벽 5시, 캐리어 세 개를 챙겨 집을 나섰다. 김해공항에 도착한 그 순간, 드디어 여행이 시작된다는 실감이 나며 설렘이 가득했다. 공항은 이미 여행객들로 북적였으며, 작은딸에게 도착 여부를 확인하니 5분 뒤에 도착한다는 연락이 왔다.

우리는 딸이 알려준 대로 셀프 바이오 여권 등록기에 가서 처음으로 바이오 인증 등록을 진행했다. 손바닥을 대고 바코드를 스캔하면 게이트가 자동으로 열리는 시스템의 간편함에 놀랐다. 빠르고 편리한 인증 덕분에 시간도 절약되고, 여행이 한층 더 편리하게 느껴졌다. '세상이 이렇게 빠르게 변했구나!' 새삼 실감했다.

비행기를 탄 지 4시간 50분 뒤, 드디어 베트남의 공항에 발을 내딛었다. 시차는 두 시간 늦어졌지만 우리 마음은 이미 베트남의 햇살 아래 있었다. 입국 절차를 마치고 공항 출입구로 나오니, 손피켓을 들고 있는 현지 호텔 직원이 우리를 기다리고 있었다. 눈인사를 나눈 후, 딸과 사위는 공항 주변 환전소에서 환전을 마쳤다. 이후 호텔 셔틀버스를 타고 약 40분을 달려 호이안 안방해변 근처에 위치한 '시타딘 펄 호이안 호텔'에 도착했다. 호텔에 도착하자마자 발코니 너머로 펼쳐지는 수영장과 야자수, 그리고 넓게 펼쳐진 백사장이 한눈에 들어왔다. 마치 꿈속 리조트처럼 아름다운 풍경이었다. 설렘을 안고, 짐을 풀고 나니, 베트남에서의 여행이 본격적으로 시작된다는 기분이 들었다. 여름 복장으로 갈아입은 후, 우리는 호이안의 유명 맛집 '니한 키친'으로 향했다. 현지인과 여행자 모두에게 사랑받는 이곳에서 완탄, 모닝 글로리, 화이트로즈 등 다양한 메뉴를 주문해 맛보았다. 고수 향신료는 한 번쯤 도전해 볼 만했지만, 여러 번 먹기에는 조금 부담스러웠다. 물론 이는 개인적인 취향이지만, 여행 중 다양한 음식을 시도하는 재미도 쏠쏠했다.

식당 안은 대부분 한국인들로 가득 차 있었고, 우리는 한국에 있는 듯한 친근한 분위기 속에서 편안하게 식사를 즐길 수 있었다. 현지 음식과 한국 음식의 조화를 느끼며 또 하나의 여행의 재미를 만끽했다. 식사 후 우리는 '올드타운'으로 향하며 거리 풍경을 천천히 감상했다. 그곳에서 발견한 '페페 로스터리 카페' 2층의 멋진 뷰를 즐기기 위해 발걸음을 옮겼다. 1941년에 설립된 이 카페는 고풍스러운 분위기와 아름다운 인테리어가 인상적이었다. 벽에 걸린 예술 작품과 책꽂이에 꽂힌 책들이 공간을 더욱 아름답게 꾸며주었다.

시간이 멈춘 듯한 그곳에서 차 한 잔을 마시며 우리는 다양한 포즈로 인증샷을 남겼다. 친절한 점원이 직접 와서 주문을 받았고, 나는 상큼하고 달콤한 망고 주스를 주문했다. 고즈넉한 분위기 속에서 망고 주스를 마시며 호이안의 여유로운 오후를 더욱 특별하게 느꼈다. 카페를 나서며 올드타운 거리를 천천히 걸었다. 주변의 풍경을 감상하는 사이, 거리의 어둠이 짙어지며 화려한 야경이 서서히 펼쳐졌다. 그 불빛 속에서 투본강이 눈앞에 나타났고, 여행의 매력이 한층 더 깊어지는 느낌이었다.

우리는 소원 배를 타고 강 위에 소원등을 띄우며, 불빛이 강물에 반사되는 아름다움을 감상했다. 약 20분간 강을 따라 유유히 떠가며 투본강의 야경에 빠져들었다. 다채로운 볼거리와 낭만적인 분위기에 마음이 설렘으로 가득 찼다. 투본강의 여운을 뒤로하고, 또 하나의 매력은 바로 마사지 체험이었다. 1시간 동안 전신 마사지를 받으며 하루 동안 쌓인 피로와 뭉친 근육을 부드럽게 풀어냈다. 몸이 점차 가벼워지고 긴장이 풀리면서 마음까지 차분해졌다. 여행의 첫날을 이렇게 편안하게 마무리하며, 진정한 휴식의 시간이 시작된다는 느낌이 들었다. 마사지가 끝난 후, 몸과 마음 모두 치유된 느낌이었다. 다가오는 하루가 더 기대되는 순간, 여행의 새로운 장이 열리는 듯한 느낌이었다.

베트남 투어 2일 차

전날 저녁, 우리는 한국 음식이 그리워 올드타운 근처의 입구정 식당을 찾았다. 이곳은 현지에서 한국의 맛을 느낄 수 있는 장소로 유명하다. 두툼한 삼겹살을 능숙하게 구워주는 직원 덕분에 고기의 앞뒤가 노릇노릇 익었고, 고소한 기름 냄새와 함께 입안에 퍼지는 풍미는 그야말로 일품이었다. 우리는 호텔로 돌아와 휴식을 취하면서 다음 날 투어를 준비하고 일찍 잠자리에 들었다. 일찍 잠든 덕분인지 새벽 5시 30분, 자연스럽게 눈을 떴다. 발코니 쪽 커튼을 살짝 걷자 창밖으로 펼쳐진 풍경은 감동적이었다. 수영장이 한눈에 들어왔고, 사방으로 잘 가꾸어진 푸른 야자수들이 시원한 바람에 흔들리며 자태를 뽐냈다. 멀리 펼쳐진 오션뷰는 끝없이 이어졌고, 그 순간 나는 자연의 웅장함과 평화로움에 깊이 빠져들었다.

설렘 가득한 마음으로 아내와 함께 편안한 복장을 갖추고 호텔 옆문을 통해 바깥으로 나섰다. 새벽의 고요한 공기 속에서 수영장 관리인은 청소 도구를 들고 분주히 움직이고 있었고, 그 모습은 여행의 시작을 알리는 듯한 상쾌함을 더해주었다. 바람에 살짝 흔들리는 야자수 열매, 거센 파도에 부서지는 물결 소리, 그리고 그에 맞춰 바다로 실려 가는 모래알갱이들. 모든 것이 마치 자연이 빚어낸 예술작품 같았다. 우리는 백사장을 걸으며 일출을 바라보았다. 새벽의 차가운 공기와 따스한 햇살이 어우러져 마치 세상 모든 것이 우리를 위한 순간처럼 느껴졌다. 그렇게 행복한 아침을 맞이한 우리는 호텔 직원의 안내를 받아 2층 뷔페식 레스토랑으로 향했다. 넓고 깔끔한 공간, 다양한 레시피가 제공되는 식사 공간에서 김밥, 쌀국수, 오믈렛으로 간단히 아침을 먹고 본격적인 탐방을 준비했다.

우리는 짐을 챙겨 이동 차량을 타고 약 30분 거리의 르섄즈 호텔로 향했다. 프론트에서 예약을 확인하고 캐리어를 로비에 맡긴 뒤, 다시 7인승 그랩을 타고 '아이 러브 반미' 레스토랑으로 이동했다. 관광 명소 중 하나인 이곳은 한국 관광객들로 북적였고, 우리는 베트남식 샌드위치인 반미를 주문해 그 맛을 경험해 보았다.

반미는 프랑스 식민지 시절 바게트가 베트남에 전해지며 탄생한 음식으로, 바게트 안에 돼지고기, 닭고기, 새우, 야채, 피클, 고추, 고수, 칠리소스 등이 들어간다. 지역에 따라 재료와 소스가 다양하게 사용되며, 햄버거와는 또 다른 매력을 지닌 독특한 맛이었다. 새로운 맛과 향을 만끽한 후, 우리는 다음 목적지로 향했다.

핑크성당 탐방

1923년에 지어진 핑크성당은 프랑스 식민지 시대 건축 양식을 고스란히 담고 있다. 핑크색 외벽 덕분에 '핑크성당'이라는 별명이 붙었고, 그 독특한 색감만으로 사람들의 시선을 사로잡는다. 아름다운 건축미와 고요한 분위기 속에서 많은 여행자들에게 사랑받는 장소다. 특히 성당 내부의 은은한 조명과 어우러진 야경이 유명하지만, 우리는 일정상 그 야경을 직접 보지 못해 아쉬움이 진하게 남았다. 그럼에도 성당 특유의 고요함과 웅장함 속에서 마음이 잔잔해지는 특별한 순간을 느낄 수 있었다.

한시장

다낭 한강 근처에 자리한 한시장은 잡화, 패션 아이템, 건망고, 신선한 과일까지 다양한 선물용품으로 가득한 쇼핑 명소다. 한국 관광객이 많아 상점마다 한국어로 손님을 부르는 모습이 자주 보였다. 우리는 시장 곳곳을 천천히 둘러보며 구경했으며 아들은 친구에게 줄 선물을 신중히 골랐다. 상인들과 나눈 짧은 대화 속에서 이곳 특유의 정겨운 분위기를 느낄 수 있었으며 다낭의 전통적인 시장 풍경과 활기찬 에너지를 고스란히 담아온 소중한 시간이었다.

콩카페

한시장을 빠져나와 베트남 여행에서 꼭 들러야 할 명소 중 하나인 콩카페에 들렀다. 베트남어로 Công Cà Phê라고 불리는 이곳은 '아홉 마리 수탉'이라는 전설에 따라 이름을 따왔다고 한다. 그 전설처럼, 콩카페의 커피는 깊고 풍부한 맛으로 유명하며, 현지인과 여행자 모두에게 사랑받는다. 우리는 따뜻한 차 한 잔을 앞에 두고 그동안의 여정을 되돌아보았다. 카페 내부는 깔끔하면서도 전통적인 베트남의 멋을 담고 있었고, 창밖으로 보이는 거리 풍경은 아늑한 분위기와 묘하게 어우러지며 색다른 정취를 더했다. 커피와 차의 향을 느끼며, 다음 여행지에 대한 기대가 서서히 피어올랐다. 이 순간이 오래도록 기억되기를 바라며, 콩카페에서의 시간을 마음 깊이 간직했다.

린응사 사찰

그랩을 호출해 미케비치 북부, 선짜반도에 위치한 린응사 사찰로 향했다. 1970년에 건립된 이 사찰은 베트남 불교 신자들에게 중요한 순례지로 알려져 있다. 특히 높이 67m에 달하는 해수관음상은 세계 최대 규모의 관음상 중 하나로, 그 위엄에 감탄하지 않을 수 없었다. 사찰 내 다양한 건축물과 정교한 조각상들, 그리고 고요한 주변 풍경은 마치 시간이 멈춘 듯한 착각을 일으켰다. 베트남의 문화와 역사, 그리고 신성한 분위기를 가슴 깊이 새길 수 있는 순간이었다.

린응사 탐방 후, 사전 약속된 그랩 기사와 함께 다낭 시내의 마사지샵으로 향했다. 예약된 관광객들로 인해 자리가 없어 주변 다른 마사지샵을 찾아갔고, 원하는 부위와 강도를 확인한 후 1시간 동안 마사지를 받았다. 발목, 종아리, 허벅지에 다양한 기술과 압력을 사용한 마사지는 혈액순환을 촉진하고 근육을 이완시켜 피로가 회복되는 듯했다. 아내의 말에 따르면, 나는 코까지 골며 깊은 휴식을 취했다고 한다.

마사지 후, 베트남 현지 음식으로 저녁을 해결하고 오늘 투어의 마지막 코스를 위해 한강변으로 향했다. 그랩을 호출해 4인승 차량 두 대로 나뉘어 이동했고, 사위와 아들은 먼저 출발했다. 우리가 도착했을 때, 그들은 보이지 않았다. 잠시 후, 뒤늦게 도착한 사위의 손에는 작은딸의 생일을 축하하는 케이크가 들려 있었다. 그제야 우리는 오늘이 작은딸의 생일이라는 사실을 알게 되었고, 여행 중 그 사실을 몰랐던 것이 미안하게 느껴졌다. 그러나 사위의 따뜻한 배려 덕분에 우리는 모두 함께 케이크를 나누며 작은딸의 생일을 축하하는 특별한 순간을 보낼 수 있었다.

한강변을 따라 펼쳐진 야시장은 활기차고, 다양한 베트남 음식을 판매하는 노점들로 가득했다. 우리는 코코넛 음료와 꼬치, 오징어볶음, 새우구이 등을 주문한 뒤, 용다리 불쇼와 물쇼가 시작되기를 기다리며 그 맛을 음미했다. 밤 9시에 시작될 불쇼를 기다리며 음식을 즐기는 순간은, 오직 베트남 야시장에서만 느낄 수 있는 특별한 경험이었다. 불꽃과 물줄기가 어우러지는 다리 쇼를 앞두고, 우리는 뜨겁고 생동감 넘치는 현지 분위기에 푹 빠져들었다. 하루를 마무리할 준비를 하며, 밤 9시 정각 다낭의 밤, 그 화려한 순간이 시작되었다. 매일 저녁 펼쳐지는 용다리의 불쇼는 여행의 하이라이트로 손꼽히며, 한강 해안가에 우뚝 선 이 다리는 밤이 되면 아름다운 조명에 물든 모습으로 마치 꿈결처럼 펼쳐진다.

그리고 그 순간, 다리 위에 세워진 거대한 용 조형물이 입을 열며 불꽃과 물줄기를 뿜어낸다. 불쇼와 물쇼가 어우러져 다리, 하늘, 강물이 하나로 어우러지는 장관은 그야말로 압도적이다. 불꽃은 어두운 밤을 환하게 밝히고, 물은 그 속에서 춤을 추듯 반짝인다. 이 모든 퍼포먼스는 베트남의 정수를 오롯이 느끼게 해주는 특별한 체험이었다. 눈앞에서 펼쳐지는 환상적인 쇼에 우리는 잠시 말을 잊고 그 광경에 빠져들었다. 시간이 흐르고, 멋진 밤이 지나가며 다시 숙소로 돌아갈 시간이 되었다. 오늘의 여행은 머릿속에 선명히 새겨졌고, 다낭의 밤은 우리의 기억 속에서 별처럼 빛났다.

베트남 투어 3일 차

전날, 르샌즈 호텔 18층에 체크인한 순간부터 모든 것이 특별하게 느껴졌다. 욕실 외벽은 투명한 강화유리로 되어 있어, 외부 풍경이 그대로 펼쳐지며 몰입감 넘치는 공간을 만들어주었다. 고급스러운 타원형 욕조에 몸을 담그고 반신욕을 즐기며 바라본 미케비치의 야경은 그야말로 황홀했다. 넓게 펼쳐진 백사장과 푸른 망망대해까지 시야에 담기며, 이곳이 바로 내가 꿈꾸던 완벽한 숙소임을 실감했다.

르샌즈 호텔은 단순한 편안함을 넘어, 최고의 휴식을 선사하는 공간이었다. 아름다운 경치와 우아한 인테리어, 그리고 따뜻한 서비스는 마음 깊이 스며들었다. 일상에서 벗어나 이곳에서만 누릴 수 있는 고요함과 여유는 나를 온전히 쉬게 해주었고, 파도 소리와 함께 펼쳐지는 오션뷰는 침대에 누워서도 감상할 수 있어 더욱 인상 깊었다. 이보다 더 완벽할 수 있을까, 하는 생각이 절로 들었다.

아침이 되어, 객실에서 맞이한 일출은 설렘으로 다가왔다. 침대에 편안히 누운 채 턱을 괴고, 붉게 타오르는 해가 망망대해 위로 떠오르는 순간을 멍하니 기다렸다. 그 기다림도 잠시뿐이었다. 해가 솟아오르자 가슴 깊은 곳에서 벅찬 감동과 희열이 밀려왔다. 발코니 아래 해변에는 일출을 보기 위해 모여든 관광객들이 군데군데 자리 잡고 있었고, 그들을 바라보며 이 순간의 소중함을 더욱 실감했다.

오늘은 바나힐 투어가 예정되어 있었다. 편한 복장을 갖춰 입고 호텔을 나서, 롯데마트 2층 식당에 들렀다. 따스한 아침 분위기 속에서 또 다른 하루가 시작된다는 생각에 마음이 설렜다. 다양한 메뉴가 가득한 식탁에서 우리는 각자의 취향에 맞는 음식을 주문했다. 갈비탕과 된장찌개 등, 진한 국물과 따뜻한 밥 한 공기가 아침의 피로를 말끔히 씻어주었다.

아침 식사 후, 롯데마트 1층 우측에 위치한 환전소에서 남은 일정에 필요한 경비를 보충하며 마지막 준비를 마쳤다. 아들은 다음날 출근 관계로 먼저 귀국해야 했다. 잠시 뒤 떠날 아들을 생각하니 마음이 조금 씁쓸했지만, 함께한 즐거운 추억은 여전히 가슴 속에 남을 거라 믿으며 그를 배웅했다. 이후 아들은 그랩을 타고 다낭 공항으로 향했고, 우리는 바나힐로 향하는 여정을 이어갔다.

바나힐까지는 약 40~50분이 소요된다고 들었는데, 그 시간은 우리에게 특별한 추억을 만들 기회가 될 것 같았다. 차창 밖으로 펼쳐지는 다낭의 풍경을 바라보며, 나는 남은 여행의 시간을 더욱 여유롭게 즐기기로 마음먹었다. 그동안 함께했던 순간들을 되새기며, 여행의 마지막 코스인 바나힐에서 어떤 감동을 만날 수 있을지 기대가 커졌다.

시내를 벗어나 외곽으로 진입하자 도로 확장 공사로 인해 차량 정체가 발생했고, 약 30분가량 지체되었다. 도로는 혼잡했지만, 차창의 풍경은 여전히 아름다웠다. 도로 확장 교차점 사거리에서 바나힐 방향으로 10여 분을 더 달린 끝에, 드디어 목적지에 도착했다.

바나힐(Ba Na Hills)은 다낭을 대표하는 관광지 중 하나로, 해발 1,487m에 위치한 베트남의 고산지대다. 이곳은 자연과 인공의 조화가 이루어진 하나의 작은 세계처럼 느껴졌고, 관광지로서의 가치가 매우 높았다. 흥미로운 점은 바나힐이 1919년 프랑스 식민지 시절에 발견되었고, 1923년부터 프랑스인들이 휴양지로 개발하기 시작했다는 사실이다. 그 이후로 바나힐은 단순한 산이 아닌, 역사와 문화가 녹아든 특별한 장소가 되었다. 특히 이곳의 케이블카는 세계에서 가장 긴 케이블카 중 하나로, 총 길이 5,042m에 달하며 기네스북에도 등재되어 있다. 케이블카를 타고 올라가는 여정은 그 자체로 묘한 감동과 흥분을 안겨주었다. 우리는 사전 예약한 썬월드 입구에서 QR코드를 스캔한 후 케이블카에 탑승했는데, 운 좋게도 그날 우리 가족만 탑승했다. 정상으로 올라가는 동안, 산세의 아름다운 풍경과 다낭 시내의 전경이 한눈에 들어왔고, 바람에 실려오는 신선한 공기와 함께 자연의 아름다움을 온전히 느낄 수 있었다.

바나힐에서 빠질 수 없는 필수 코스는 바로 골든 브릿지(Golden Bridge)였다. 2018년에 개장된 이 다리는 독특한 디자인과 아름다운 경치로 전 세계 관광객들에게 사랑받는 명소다. 길이 150m, 높이 14m의 규모를 자랑하며, 손 모양을 형상화한 다리 디자인은 바나힐 국립공원의 풍성한 자연 경관과 완벽하게 조화를 이루고 있었다.

다리 위에서 바라본 풍경은 그야말로 장관이었다. 나는 그 순간을 놓치고 싶지 않아 사진을 찍느라 정신이 없었다. 처음엔 단순한 인증샷 정도로 생각했지만, 막상 직접 경험해보니 그 감동은 말로 표현할 수 없을 정도였다. 눈앞에 펼쳐진 경치와 다리의 독특한 모습은 모든 것이 완벽하게 맞아떨어졌고, 우리는 다양한 포즈로 소중한 순간을 사진에 담았다.

그 사진 속에서 웃고 있는 우리 가족의 모습은, 바나힐에서 경험한 특별한 순간을 고스란히 담고 있었다. 골든 브릿지 외에도 바나힐에는 다양한 볼거리가 많았다. 특히 프랑스 마을은 그 자체로 또 다른 매력을 발산하고 있었다. 프랑스 식민지 시대의 건축물과 문화가 잘 보존되어 있어, 그곳을 걷는 것만으로도 마치 역사 속으로 빠져드는 듯한 느낌을 받았다. 아름다운 건물과 정원은 한 폭의 그림 같았고, 레스토랑, 카페, 상점 등 다양한 시설이 잘 갖추어져 있어 관광객들이 편안하게 시간을 보낼 수 있었다.

각기 다른 매력을 지닌 공간에서 다양한 즐길 거리가 제공되어, 이곳은 정말로 관광객들을 위한 완벽한 장소였다. 프랑스 마을은 바나힐 국립공원의 일부로, 아름다운 자연 경관과 함께 프랑스 문화를 체험할 수 있는 곳이다. 마치 유럽의 작은 마을에 와 있는 듯한 느낌을 주는 이곳에서 우리는 멋진 프랑스 전통 건축물을 배경으로 사진을 찍었고, 다양한 프로그램으로 구성된 공연도 관람했다. 공연에서는 화려한 의상과 멋진 무대가 펼쳐졌고, 우리 가족 모두가 흥미진진하게 몰입할 수 있었다.

특히 아내는 공연 출연자와 함께 기념사진을 찍으며 매우 행복해하는 모습을 보였다. 그 미소는 참 아름다웠다. 아내에게는 정말 좋은 추억이 되었을 것이다. 아마도 언제나 잊지 못할 순간으로 남을 것 같다. 프랑스 마을을 탐방하며 시대의 역사와 문화를 경험한 것은 매우 의미 있는 일이었다. 이곳은 단순히 아름다운 장소 이상의 의미를 지닌 곳이었고, 그 모든 순간이 소중한 추억으로 남았다. 나는 이곳을 모든 이에게 적극 추천하고 싶다.

해가 저물자 우리는 썬월드 출입구로 나와 그랩(택시)을 타고 다낭 시내의 발 마사지 샵으로 향했다. 전날의 과한 마사지로 인해 이날은 좀 더 가볍게, 발과 종아리, 등을 체크 항목에 표시하고 1시간가량 마사지를 받았다. 오랜 여행 동안 쌓인 피로가 조금씩 풀리는 기분이었다. 마사지 샵의 고요한 분위기와 잔잔한 음악은 여행의 여운을 더해주었고, 몸과 마음이 모두 치유되는 느낌이었다.

마사지 후, 우리는 근처의 '복짬뽕' 중식당에 들러 짜장면, 짬뽕, 탕수육을 시켜 먹었다. 고량주도 한 잔씩 곁들이며 중화요리의 맛과 향을 즐겼고, 음식은 물론 고량주가 주는 따뜻한 느낌이 이 여행의 마무리로 딱 맞는 듯했다. 소박한 메뉴였지만, 함께 나누는 맛있는 음식이 여행의 마지막 밤을 더욱 특별하게 만들어주었다.

귀국을 앞두고 여유가 없을 것 같아 우리는 롯데마트에 들렀다. 마트의 모든 코너를 둘러보며 진열된 상품들을 구경하고, 마음에 드는 기념품을 몇 가지 구입했다. 다양한 지역 특산물과 기념품을 보며 이곳에서의 시간을 되새겼고, 기념품을 고르며 한 번 더 이곳에서의 추억을 떠올릴 수 있어 기분이 좋았다. 돌아오는 길에 다낭 시내의 야경을 감상하며, 밤의 고요함 속에서 하루를 마무리했다. 네온사인에 물든 도시의 불빛이 멀리서 보일 때, 다낭이 얼마나 특별한 곳이었는지 다시 한 번 느낄 수 있었다.

늦은 시간에 호텔로 돌아와 하루의 피로를 풀며, 다음 날 일정을 준비하며 소중한 시간을 보냈다. 여행이 끝나는 아쉬움이 마음속에 맴돌았지만, 이 여행은 곧 새로운 기억으로, 또 다른 여행의 시작이 될 것임을 느끼며 편안한 밤을 맞이했다.

베트남 투어 4일 차

오늘은 한국으로 돌아가는 마지막 날, 11월 11일 월요일. 귀국이라는 말은 반가움보다 아쉬움이 더 크게 다가왔다. 여행이 끝난다는 사실이 실감 나지 않아, 그동안의 추억을 떠올리니 마음이 더욱 허전해졌다. 새벽 5시 40분, 아내와 함께 일어났다. 아내는 마지막 날을 어떻게 보내야 할지 고민하다가, 미케비치 해변 바닷물에 발을 한 번 담그고 가자고 제안했다. 그 말에 나는 마지막 아침을 특별하게 보내기로 마음먹었다.

산책하기 편한 옷차림으로 호텔을 나섰다. 해변의 여유로운 아침 풍경은 마음을 차분하게 가라앉혔다. 바닷바람에 실려 오는 파도 소리, 발끝에서 느껴지는 차가운 물결, 그리고 미케비치의 넓은 백사장이 마치 우리를 맞이하는 듯했다. 이 소박한 시간이, 이 여행의 가장 큰 선물처럼 느껴졌다.

우리는 백사장을 사뿐사뿐 걸으며 파도치는 해변을 따라 걸었다. 넘실거리는 파도에 발을 담그고, 행복한 감정에 휩싸인 채 걸었다. 저 멀리에서는 현지인들이 그물망을 끌어올리는 장면이 보였다. 우리는 그쪽으로 발걸음을 옮겨 이곳에서만 볼 수 있는 이색적인 모습을 가까이서 지켜보았다. 여러 명이 힘을 합쳐 허리로 매듭을 연결하고 힘을 모아 그물을 끌어올리는 모습은 마치 하나의 예술처럼 정교하게 맞아떨어졌다.

그물망 옆에는 코코넛을 엮어 만든 독특한 구조의 바구니 배가 놓여 있었고, 현지인들은 이를 '코코넛 배'라고 불렀다. 배 앞에서 인증샷을 남기려던 순간, 현지인이 다가와 배에 올라타 보라고 권했다. 노를 잡고 사진을 찍어보라는 그의 따뜻한 권유에 감동이 밀려왔다. 그들의 진심 어린 배려는 나의 여행을 더욱 특별하게 만들어주었다.

그 순간 나는 단순한 여행객이 아니라 이곳 사람들과 함께 나누는 경험 속에서 하나가 된 듯한 느낌을 받았다. 그래서 많은 관광객들이 이곳을 찾는 것이 아닐까. 또 다른 베트남 현지인의 친절한 인성을 경험하며 우리는 호텔로 돌아왔다.

호텔 옥상 수영장이 궁금해서 엘리베이터를 타고 23층으로 올라갔다. 그곳에서 마주한 인피니티 풀장은 미케비치의 수평선과 이어지는 풍경으로 황홀함 그 자체였다. 선베드에 누워 바다를 감상하며 인증 사진을 남겼고, 하늘과 바다의 경계가 어우러지는 풍경은 그 자체로 예술 같았다.

숙소로 돌아와 자식들과 함께 오전 8시 50분에 그랩(택시)을 타고, 베트남 현지인이 추천한 로컬 쌀국수 맛집 '냐벱 한시장 베트남 가정식'으로 향했다. 그곳에서도 한국인들이 드문드문 자리를 차지하고 있었고, 익숙한 한국어가 들려오자 외국에 있다는 사실이 신기하면서도 편안하게 느껴졌다.

우리는 소고기 쌀국수와 해물 쌀국수를 주문했고, 국물의 깊은 맛과 쫄깃한 면발이 어우러져 한국에서 먹는 것과는 또 다른 매력을 느낄 수 있었다. 식사를 마친 후, 전날 마사지 샵에서 받은 과일 쿠폰을 챙겨, 우리는 냐벱식당 근처의 과일 가게로 향했다. 쿠폰을 건네자 예쁘게 포장된 신선한 과일을 받았고, 그 싱그러움에 마음까지 상쾌해졌다. 그리고 과일 가게 옆에 있는 콩카페에 들러 각자의 취향에 맞는 커피를 테이크아웃으로 주문했다. 커피를 손에 들고 나올 때쯤, 이미 호출해둔 택시가 우리를 기다리고 있었다. 기사님께 5분 정도 기다리게 한 것에 대해 미안한 마음으로 사과를 전하고, 우리는 르샌즈 호텔로 향했다.

택시 안에서 창밖을 바라보며 짧았던 여행의 마무리를 준비하는 동안, 귀국이 가까워질수록 아쉬움이 밀려왔다. 호텔에 도착한 후 짐을 정리하며, 다낭에서의 소중한 추억들이 하나둘 떠올랐다. 가족과 함께한 따뜻한 순간들, 현지인들의 친절한 미소, 그리고 여행지에서 마주한 특별한 경험들 모두가 마음 깊이 새겨졌다. 2박 동안 우리와 함께했던 객실을 떠나며, 그 공간에 남겨진 여운이 오래도록 마음에 남았다. 마지막으로 미케비치 해변을 바라보며 받은 과일과 커피를 나눠 마시며 잠시 숨을 고른 뒤, 빠짐없이 짐을 챙긴 뒤 호텔 로비로 향했다. 직원은 우리가 묵었던 두 객실을 꼼꼼히 점검한 후, 최종 체크아웃을 했다. 그리고 우리는 오전 11시, 다시 택시에 올라 다낭 공항으로 향했다. 이번 베트남 여행은 단순한 휴식 이상의 의미를 지녔다. 베트남의 깊고 다양한 역사와 문화는 나에게 깊은 인상을 남겼고, 그 속에서 배운 것들이 참으로 소중한 경험이었다.

베트남은 4,000년 이상의 역사를 지닌 나라로, 오랜 세월 동안 중국의 영향을 받으며 여러 왕조와 제국의 지배를 받아왔다. 10세기에는 독립을 선언했고, 13세기에는 몽골의 침략을 물리치며 자주성을 지켜냈다. 19세기에는 프랑스의 식민지가 되었고, 20세기 중반에는 베트남 전쟁을 겪었다. 1975년 전쟁이 끝난 후, 베트남은 사회주의 국가로 전환되었다. 전통가옥은 높은 지붕 구조로 되어 있는것이 특징이며, '아오자이'는 우아한 실루엣의 전통 의상으로 널리 알려져 있다. '단트란'이라 불리는 전통 악기와 베트남을 대표하는 모자인 논을 사용해 추는 '논춤'이라는 춤은 베트남의 예술적 정체성을 보여준다. 불교는 국교로 자리 잡고 있으며, 도교, 유교, 기독교, 이슬람교 등 다양한 종교가 공존한다. 베트남의 음식, 예술, 건축은 풍부한 역사와 문화의 흔적을 고스란히 담고 있으며, 여행을 통해 베트남을 조금 더 이해할 수 있었던 점이 특히 뜻깊었다.

함께라는 온기, 문경의 겨울 산책

올 한 해도 어느새 마지막 한 장 남은 달력처럼, 시간은 손가락 사이로 모래알처럼 흘러가 버렸다. 차가운 바람이 기세를 떨치며 겨울의 문을 열며, 새벽녘의 흰 서리가 아직 풀리지 않은 아침, 세상은 고요히 잠든 듯, 차가운 공기 속에서 모든 것이 잠시 멈춘 듯한 느낌이 들었다. 하지만 그런 겨울의 품속에서도, 우리는 하루의 여행을 시작하기 위해 따뜻한 온기 속으로 떠났다. 바람은 여전히 차가웠지만, 그 속에 감춰진 겨울의 아름다움을 느끼며, 문경새재와 상주, 그리고 경천대의 절경을 향한 여행! 더 매서운 바람이 불기 전에, 우리 곁에 겹겹이 쌓인 먼지와 무거운 일상도 잠시 내려놓고자 했다. 그래서 1박 2일 동안, 경북 문경새재와 상주 지역 관광지를 찾아 아내와 함께 고요한 겨울 풍경 속으로 힐링 여행을 떠나기로 했다.

일요일 오후 1시 40분, 겨울의 차가운 공기 속에서도 마음은 따뜻하게 준비를 마친 후, 집을 나섰다. 주유소에 들러 차에 기름을 가득 채우고, 양산 IC 출구를 지나 고속도로를 탔다. 차창

밖으로 펼쳐지는 풍경은 겨울의 끝자락을 알려주듯, 낙엽이 바람에 흩날리며 고요한 겨울의 아름다움을 더하고 있었다. 건천을 지나, 영천 · 상주 방향 고속도로로 접어든다. 끝없이 이어지는 대로大路 위에 겨울 하늘은 투명하고 높았다.

한참을 달리다 보니 삼국유사 군위 휴게소 표지판이 눈에 들어왔다. 우리는 잠시 이곳에 들러 숨을 고르기로 했다. 요즘은 휴게소도 마치 작은 테마파크처럼 다채롭게 꾸며져 있어 놀라울 정도였다. 각종 먹거리, 향긋한 커피향, 산뜻한 기념품 매장들까지, 잠시 머무르는 곳조차 하나의 작은 여행지 같았다.차 한 잔을 손에 쥐고, 잠시 겨울 하늘을 올려다본다. 바람에 흔들리는 나뭇가지들, 그리고 떨어진 낙엽들 위로 부드럽게 번지는 햇살이 아름다웠다.

이곳은 복고풍으로 60~70년대 그 시절을 시각화한 다양한 전시물과 조형물로 꾸며져 있어 잠시 과거로 시간 여행을 떠난 듯한 기분이 들었다.세월이 머문 듯한 골목길 조형물 사이로 추억이 배어 있었다. 우리는 커피 한 잔의 여유 속에 잠시 숨을 돌리며 피로를 풀었다. 따스한 커피 향이 몸속 깊이 스며들 때쯤, 다시 차에 올라 여정을 이어갔다. 달리는 고속도로 주변으로는 초겨울 고엽이 바람에 쓸리며 쓸쓸하게 흩날렸다. 그 잎새 하나하나가 마치 우리 삶의 조각 같아 가슴 한켠에 사무치는 감정이 번져왔다.

어느새, 오후 4시 30분. 우리는 경북 문경새재 오미자테마터널 앞 주차장에 도착했다. 차에서 내리니 산세 깊은 이 지역은 이미 서산 너머로 해가 뉘엿뉘엿 지고 있었다. 서둘러 발걸음을 옮겨, 터널 위쪽 오정산 자락에 위치한 고모산성으로 먼저 산책에 나섰다. 삼국시대, 신라의 숨결이 서린 고모산성. 굽이굽이 이어진 석성은 오랜 세월을 견디며 선조들의 지혜와 혼을 고스란히 간직하고 있었다. 아내와 함께 성벽을 따라 걸으며 우리는 말없이 역사의 소중함을 가슴으로 새겼다. 바람 한 자락에도 옛 선비들의 숨결이 실려오는 듯했다.

진남교반을 굽어보는 절벽 너머, 과거를 향한 선비들의 치열한 소망과 집념이 바위마다 서려 있는 것 같아 걸음을 멈추고 한참을 바라보았다. 고모산성으로 오르는 길은 해가 저물어가는 겨울빛 속에 더욱 고요했다. 한 걸음 오를 때마다 바람은 잔잔한 옛이야기를 들려주는 듯했다. 깊어진 초겨울 산자락은 붉게 물든 노을과 맞닿아 한 폭의 수채화처럼 눈앞에 다가왔다. 여기서 꿈을 품고 먼 길을 떠났을 그들의 마음은 오늘을 사는 우리에게도 조용한 울림으로 다가왔다. 고모산성의 성벽을 따라 1시간 남짓 산책하니 하늘은 붉은빛으로 물들어 있었다. 우리는 아쉬움을 뒤로 한 채 천천히 하산했다.

터널 입구 앞, 우리는 먼저 인증샷을 남기고 설렘을 안고 내부로 천천히 발을 들여놓았다. 터널은 과거 점촌과 문경을 오가며 석탄을 실어 나르던 산업의 흔적이 고스란히 남은 곳이다. 이제는 그 역할을 마치고 관광 터널로 새롭게 태어나 540m 길이의 공간을 오미자의 향기와 색으로 아름답게 물들이고 있었다. 오미자 열매의 선홍빛을 닮은 조명과 오미자를 주제로 한 다양한 그림과 소품, 장식품들로 꾸며져 있었다. 터널을 걷는 내내 은은한 오미자 향기가 가슴 깊숙이 번져오는 듯했다. 길을 따라 걷다 보니, 특산품 코너에서 '오미자 와인'을 판매하고 있어 우리는 어떤 맛일지 궁금해하며 와인 한 병을 구입했다. 빨갛게 빛나는 병을 들고 있는 것만으로도 오늘 하루의 기념이자 작은 설렘이 되었다. 터널을 나와 주차장 앞으로 향했다.

어둠이 내려앉은 시간, 진남교 위를 감싸는 화려한 조명이 밤하늘을 수놓듯이 반짝이며 우리를 맞아주었다. 찬 바람을 맞으며 서서히 물드는 조명빛 아래, 오늘 하루의 여운을 가슴 깊이 새기며 문득 이 순간도 지나고 나면 아름다운 추억이 되겠구나 생각했다. 문경새재도립공원 앞, 따스한 불빛이 새어 나오는 자연밥상 식당에 들어갔다. 오랜 산책으로 고단해진 몸과 마음을 다독이기 위해 우리는 '자연밥상' 기본 메뉴에 보쌈을 추가해 푸짐한 한 상을 주문했다. 갓 지은 따뜻한 밥과 구수한 찬거리, 정성껏 삶아낸 보쌈 고기 위로 겨자 소스와 쌈 채소가 곁들여져 한 상 가득 풍성한 자연의 맛이 펼쳐졌다. 식탁 위에 오른 모든 음식에는 이 고장 특유의 투박하지만 깊은 정이 담겨 있는 듯했다.

한입, 또 한입. 입 안에 퍼지는 소박하고 따뜻한 맛에 오늘 하루의 피로가 스르르 녹아내리는 기분이었다. 아내와 서로 마주 앉아 오붓하게 식사를 하며 문경의 초겨울 밤, 잔잔한 행복을 느꼈다. 식사를 마치고 식당 밖으로 나오니 문경새재의 밤공기는 한층 더 차가워져 있었다. 차가운 공기 속 별빛을 머금은 산등성이를 바라보며 우리는 예약해둔 숙소로 천천히 이동했다.

숙소로 가는 길, 창밖으로 스치는 겨울 들판과 외딴 가로등 불빛들이 마치 조용한 노래처럼 마음을 울렸다. 하루를 온전히 자연과 함께 보낸 여운을 안고 이제는 따뜻한 방 안에서 오늘의 기억을 천천히 정리하려 한다. 숙소에 도착해 짐을 풀고 나니, 오늘 하루의 긴 여정이 몸 곳곳에 잔잔한 피로로 스며들었다.

우리는 잠시 숨을 고른 뒤, 오미자테마터널에서 구입한 오미자 와인을 꺼내어 작은 잔에 따라 마주 앉아서 은은한 조명 아래, 와인 잔을 부딪치며 오늘 하루를 함께 걸어온 발자국들을 하나하나 되짚어보는 시간을 가졌다. 고모산성의 굽이굽이 이어진 성벽, 오미자터널의 아기자기한 장식들, 진남교를 밝히던 찬란한 조명 빛… 그 모든 풍경이 마치 와인 속에 녹아든 듯 아련하게 퍼져 나왔다.

잔잔한 대화 속에서, 우리는 피곤함도 잊고 따뜻한 미소로 서로를 바라보았다. 밖은 초겨울의 냉기가 짙어가지만, 방 안은 오롯이 두 사람의 온기로 가득 채워졌다. 그렇게 아내와 함께 와인

한 잔 기울이며 행복했던 하루를 가슴에 고이 간직하고 서서히 눈을 감으며 평화로운 잠자리에 들었다.

아침 기온은 영하 5도, 숨을 내쉴 때마다 하얀 입김이 피어오르는 쌀쌀한 아침이었다. 숙소를 나와 문경새재도립공원 주차장에 도착한 시각은 오전 08시 50분. 차가운 겨울 공기에 옷깃을 단단히 여미고, 움츠린 몸을 펴며 우리는 천천히 걸음을 옮겼다. 얼어붙은 공기 속에서도 문경새재의 자연은 여전히 고요한 품격을 간직하고 있었다. 맑은 하늘 아래 고요히 펼쳐진 산자락과, 말없이 서 있는 바위들은 오랜 세월을 묵묵히 견뎌온 듯 우리를 맞이했다. 무료로 개방된 문경새재도립공원 입구를 지나, 먼저 제1관문인 주흘관에 닿았다. 묵직한 돌기둥과 위엄 있는 성문을 지나며, 우리는 옛 선비들이 과거길에 오르던 그날을 상상해보았다. 주흘관을 지나면 눈앞에 펼쳐지는 풍경이 있었다. 공원 내에 조성된 생태미로공원과 드라마 오픈 세트장. 이 두 곳은 유료 입장이지만, 차가운 아침 공기 속에서도 은은히 스며드는 옛 정취와 함께 하루를 여는 설렘이 우리 발걸음을 가볍게 해주었다.

오늘은 운이 좋은 날이었다. 마침 KBS에서 현재 방영 중인 드라마 '거란 고려전쟁' 촬영이 한창이라며, 매표소 직원이 귀띔해주었다. 최수종 배우도 이곳에 와 있다고 하니, 마음속 기대감이 살짝 피어올랐다. 우리는 망설임 없이 매표를 하고, 촬영 중인 세트장으로 조심스레 발걸음을 옮겼다. 입구를 지나 처음 마주한 것은 고풍스러운 용사교. 흐르는 물길 위에 놓인 다리를 건너니, 마치 시간의 강을 건너 과거로 들어서는 듯한 착각에 빠졌다. 곧장 직진하면 웅장하게 서 있는 백제궁이 눈앞에 펼쳐졌고, 왼편에는 선비들의 기품이 느껴지는 양반촌과 저잣거리, 오른편으로는 단아한 양반 가옥과 관아, 그리고 육조 거리가 차례로 펼쳐졌다. 세트장은 마치 옛 시절을 그대로 옮겨놓은 듯, 고즈넉한 풍경 속에 숨결을 머금고 있었다.

멀리 웅장한 모습으로 우뚝 선 광화문이 눈에 들어오니, 문득 조선시대 한복을 차려입은 선비나 궁녀가 골목 저편에서 걸어올 것 같은 착각마저 들었다. 차가운 겨울바람에 세트장의 깃발이 펄럭이는 소리, 어딘가에서 들려오는 촬영팀의 분주한 외침이 오히려 고요한 시간여행의 풍경을 더욱 실감나게 만들었다. 우리는 세트장 주변을 천천히 거닐며 곳곳에서 진행 중인 사극 드라마 촬영 장면을 직접 눈에 담았다. 특히 보부상 행렬과 행인들이 오가는 장면에서는, 가끔 NG가 나올 때마다 촬영팀이 웃으며 다시 촬영을 준비하는 모습이 무척 인상적이었나. 신지한 배우들의 연기와 분주히 움직이는 스태프들, 그리고 사이에서 뿜어져 나오는 열정은 한 편의 예술이 탄생하는 과정을 고스란히 느끼게 해주었다. 차가운 겨울 공기 속에서도 이들은 따뜻한 에너지로 현장을 가득 채우고 있었고, 아내와 그 모습을 지켜보며 과거와 현재가 교차하는 특별한 순간에 함께 있는 듯한 기분 좋은 울림을 느꼈다. 탐방하는 내내 마음 한 켠이 뿌듯하고 흡족했다. 어쩌면 이 순간의 감동은 오래도록 우리 기억 속에 고스란히 남게 될 것만 같았다.

문경 조령산은 고려의 수도였던 개성의 송악산과 지형이 닮았다고 한다. 이 때문인지, 이곳에 한국방송공사(KBS)가 2000년에 오픈세트장을 조성해 수많은 사극 드라마의 무대가 되었다고 한다. 험준한 산세와 부드럽게 흐르는 능선이 마치 오래전 고려의 숨결을 담은 듯했고, 우리는 그 역사와 이야기가 살아 숨 쉬는 공간 속을 한 걸음 한 걸음 천천히 걸었다. 세월을 거슬러 과거로 들어간 듯한 이 풍경 속에서 우리는 드라마 속 장면들만이 아니라 오랜 시간 쌓여온 조령산의 숨결과 그 안에 깃든 선조들의 삶까지 고요히 느낄 수 있었다. 우리는 문경새재 오픈 세트장 관람을 마치고, 도립공원 입구에 있는 '자연밥상' 식당으로 향했다. 따뜻한 국밥 한 그릇으로 얼어붙은 몸을 녹이며 소박하지만 든든한 점심을 함께했다.

식사를 마친 뒤, 다음 목적지인 경북 상주시 '경천대 관광지'를 향해 차에 올라 내비게이션을 설정하고 길을 나섰다. 겨울 햇살이 부드럽게 내리쬐는 가운데 고속도로를 달려 오후 12시 30분경, 경천대 관광지 주차장에 도착했다. 차창 밖으로 펼쳐진 상주의 풍경은 겨울의 고즈넉한 정취를 가득 품고 있었고, 우리는 또 다른 추억을 쌓기 위해 설레는 마음으로 주차장을 나섰다. 경천대 관광지는 넓은 주차장과 함께 광활한 공간을 자랑한다. 이곳은 낙동강의 흐름이 한눈에 내려다보이는 천혜의 절경을 품고 있으며, 원래는 '자천대'라 불렸던 이곳은, 우담 채득기 선생이 이곳에서 은거생활을 하면서 하늘을 떠받들다는 뜻을 담아 '경천대'로 이름이 바뀌었다.

경천대는 마치 하늘과 땅이 만나는 그 지점처럼, 고요한 강의 물결과 푸른 산들이 어우러져 여유로운 아름다움을 선사하는 곳이다. 바람에 실려 오는 낙동강의 향기와 자연의 속삭임 속에서 우리는 잠시 일상의 무게를 내려놓고, 이 순간을 온전히 느끼며 걸었다. 출렁다리를 건너며, 발밑에서 출렁이는 물결의 소리를 들었다. 그 소리는 마치 내 마음속 깊은 곳까지 울려 퍼지는 듯, 하나하나가 내 기억 속에 소중히 새겨지는 순간이었다. 무우정의 고요함 속에서 자연의 품에 안겨 잠시 숨을 고르고, 세 개의 돌그릇을 지나 경천대 전망대에서 내려다본 풍경은 멀리 낙동강을 따라 흐르는 시간의 흐름이 그 자체로 하나의 이야기가 되어 펼쳐졌다. 무우정 전망대에서 바라본 또 다른 풍경은 마치 세상의 끝자락에 서 있는 듯한 기분을 들었다. 상도 드라마 촬영지의 세트를 지나며, 그곳에 스며든 시간의 흔적들이 마치 살아 숨 쉬는 듯 느껴졌다. 각기 다른 인물들이 이곳에서 펼친 이야기는 지금도 그 세트 속에서 살아 있는 듯, 우리의 상상 속에서 더욱 선명해졌다. 이번 1박 2일 여행을 끝내고 귀가하는 길, 서서히 해가 지고, 저녁이 다가오는 그 순간, 우리는 오늘 하루의 여정을 돌아보며 그 모든 풍경과 감정을 마음속 깊이 새겼다. 자연과 역사, 그리고 그 속에서 만난 순간들이 우리의 일상 속에 작은 기쁨으로 스며들어, 오늘 하루가 특별했던 이유를 말없이 알려주는 듯했다.

이 여행의 끝자락에서 느낀 평화로운 마음은 이 순간이 다시 돌아오지 않음을 알기에 더욱 소중하고 아련한 기억으로 남을 것이다.

은행나무 아래 멈춘 시간, 그날의 기억

형형색색 단풍으로 깊어지는 가을, 나뭇잎들이 찬란한 색을 뽐내며 춤추는 이 계절은 자연이 준 가장 고귀한 선물처럼 느껴졌다. 가을 바람은 차갑지만, 그 안에는 따뜻한 기억과 추억을 불러일으키는 은은한 향기가 담겨 있었다. 온 세상이 황금빛으로 물들고, 길을 걷는 내내 발밑에 쌓인 낙엽이 속삭이며, 자연의 노래가 내 마음에 깊이 스며드는 듯했다. 걷지 않으면 모든 걸 잃어버린다는 와사보생의 의미처럼, 나는 아내와 함께 경주의 도리마을로 향했다. 오늘은 이 가을의 고요함 속에서 우리만의 소중한 순간을 만들어가기로 했다.

찾아간 도리마을의 초입에 도착한 시각은 오후 1시 50분. 이곳에 도착하니, 마치 시간이 멈춘 듯한 순간을 맞이한 기분이었다. 모든 것이 차분히 잠자고 있는 듯한 고요함 속에서, 우리는 이 아름다운 자연을 온전히 느끼며, 서로의 발걸음에 맞춰 걸어갔다. 이곳은 입소문을 통해 은행나무숲으로 핫 플레이스로 알려져 있었다. 경주 서쪽 끝자락에 자리한 도리마을은 처음에는 묘목 판매를 목적으로 은행나무를 심었지만, 이제는 판매는 하지 않고, 마을 자체에서 관리하며 관광 명소로 변모했다. 그곳의 은행나무들은 그 풍경 자체가 마치 자연이 선물한 예술작품처럼 아름다웠다. 시간이 흐르며, 은행나무숲은 많은 사람들의 발길을 끌어들였고, 그 특유의 고요함과 자연의 향기 속에서 우리는 마음의 여유를 찾을 수 있었다. 단풍이 물들 때쯤, 도리마을은 마치 작은 시골 장터처럼 활기를 띠기 시작한다고 한다. 그 풍경은 한편의 고요한 가을 축제처럼 펼쳐진다.

은행나무의 황금빛과 어우러진 이곳은, 마치 자연이 주는 선물처럼 고요하면서도 풍성한 정취를 자아낸다. 주변에 자리한 카페는 가을의 정수를 만끽하며 따뜻한 차 한 잔을 즐길 수 있는 완벽한 장소로, 이곳에서 느낄 수 있는 여유는 그 어떤 곳과도 비교할 수 없다. 그래서 그런지 오늘 같은 휴일, 도리마을은 많은 사람들과 차량들로 가득 찼다. 교차로마다 밀리는 교통 체증에 가슴이 답답해지고, 차창 밖으로 보이는 지친 모습의 관광객들이 발길을 돌리는 모습도 보였다.

잠시 마음속에서 화가 치밀었지만, 깊게 숨을 쉬며 감정을 다스리기로 했다. 차가 조금씩 나아가는 동안, 결국 10여 분을 기다린 후, 주차 관리인의 친절한 안내를 따라 농협 주차장에 주차할 수 있었다. 조금 불편했지만, 그만큼 이곳의 아름다움이 기다린 보람을 느끼게 해주었다. 은행나무는 마치 자작나무처럼 하늘을 향해 쭉쭉 뻗어 있어 그 이색적인 자태가 더욱 돋보인다. 가을바람에 흔들리며 금빛으로 물든 나뭇잎들이 떨어져 땅에 고운 단풍잎을 수놓으며, 그 풍경은 마치 자연이 그린 한 폭의 그림처럼 아름다움을 자아낸다. 이곳에서 발걸음을 멈추고, 숨을 고르며 자연의 품에 안겨보는 것만으로도 마음이 편안해지고, 잔잔한 행복을 느낄 수 있었다.

은행나무숲에는 많은 관광객들이 모여들어 각자 소중한 순간을 담아내고 있었다. 카메라와 스마트폰을 들고 인증샷을 남기며, 그 아름다운 풍경 속에서 행복한 시간을 즐기고 있었다. 고요한 숲속에 울려 퍼지는 웃음소리와 함께, 가을 향기가 가득한 공기로 모두의 마음을 따뜻하게 했다. 그 모습은 마치 가을의 한 장면처럼, 서로에게 선물처럼 남아 있었다. 일엽지추에서 시작되어 감홍난자로 변하는 그 과정은, 마치 시간이 흘러가는 이치처럼 자연이 주는 섬세한 선물이다. 가을의 바람에 실려 떨어지는 낙엽은 어느새 한 계절의 끝자락을 알리고, 그 순간을 맞이하는 나의 마음속엔 감동과 황홀함이 가득 스며들었다. 낙엽 하나 하나가 바람에 춤을 추며 떨어지는 모습을 바라보며, 나는 그저 그 순간을 온전히 느끼고 있었다. 가을은 언제나 이렇게, 말없이 다가와 나를 이끌어 그 아름다움을 만끽하게 만든다.

이곳의 탐방을 마친 후, 여유 있는 시간을 보내기 위해 경주시 강동면 왕신리의 운곡서원으로 향했다. 이곳에서 거대하고 웅장한 은행나무의 단풍을 감상할 수 있다는 기대에 차서 내비게이션을 설정하고 출발했다. 경주 강동면 왕신리의 운곡서원에 도착하자마자, 그곳의 풍경과 고요한 분위기 속에 숨겨진 아름다움이 나를 맞이했다. 입구부터 이어지는 긴 차들의 행렬을 보며, 이곳 또한 그만큼 유명한 장소임을 실감할 수 있었다. 하지만 주차 공간이 하나씩 비워지며 차례로 진입해, 마침내 관리인의 인도에 따라 주차를 마쳤다.

서원 안으로 들어서자, 유연정 옆에 우뚝 솟은 은행나무가 나를 반겼다. 그 크기와 웅장함에 잠시 숨이 멎는 듯한 기분이 들었다. 수령 330년, 높이 30m에 달하는 은행나무는 마치 시간의 흐름을 견디며 여기 서 있는 듯, 나를 그 시절로 데려가는 듯했다. 그 나무는 단순한 나무가 아니었고, 역사와 세월이 함께 얽힌 생명체처럼 느껴졌다. 하지만 아직 완전히 노랗게 물들지 않아 아쉬움이 남았다. 그 노란 물감이 퍼지는 순간, 이 은행나무의 진정한 아름다움을 느낄 수 있을 것 같았다. 아마 11월 중순쯤이면 이곳이 황금빛으로 물들어 경주의 가을의 정수를 완성할 것이다.

운곡서원은 그 자체로도 깊은 역사와 의미를 지니고 있었다. 안동권씨 시조인 고려공신 권행과 조선시대 참판인 권산해, 군수 권덕린을 배향하기 위해 건립된 곳으로, 그들의 숭고한 뜻이 서원과 자연 속에서 한데 어우러져 있었다. 서원 안을 거닐며 그 고즈넉한 분위기 속에서 마음의 여유를 찾고, 그곳에서 흘러내리는 시간의 흐름을 느끼며 이곳을 떠나기 아쉬운 마음을 품고 귀가길에 나섰다.

숲과 함께한 가을, 그리고 너와 나

가을의 색이 하나둘씩 나뭇잎에 물들어가며, 자연의 순리처럼 우리의 모습도 서서히 그 아름다움에 물들어가고 있는 듯하다. 살랑이는 바람 속에서 가을의 정취가 점차 내 마음을 감싸며, 시간은 서서히 흐르고, 자연은 그저 아름답게 변화해간다. 따뜻한 햇살 아래에서 느껴지는 가을의 공기는 나를 더욱 깊은 여유로 이끈다. 깊어가는 가을, 집에만 있기엔 마치 자연이 주는 선물에 대한 예의가 아닌 것 같은 느낌이 들어, 아내와 함께 가을의 풍경을 만끽하기 위해 집을 나섰다.

오늘은 경주에 있는 경북 천년 숲 정원으로 가기로 했다. 준비물을 챙기고 12시 50분에 내비게이션을 설정하고 출발. 양산 IC를 지나면서 차창 밖으로 펼쳐지는 황금빛 들녘의 풍경을 감상했다. 햇살에 영글어 가는 곡식들의 모습은 가을의 풍요로움과 다가오는 결실을 느끼게 해주었다. 바쁜 일상 속에서도 이렇게 잠시 멈춰 서서 자연을 감상하니, 내 마음은 온전히 행복이 가득한 느낌이다. 차창 밖으로 펼쳐진 들녘 풍경을 만끽하다 보니, 어느새 경주 톨게이트를 지나 있었다. 배반네거리를 지나 울산, 불국사 방면으로 향하던 중, 내비게이션을 잘못 인식한 나는 한 블록을 더 가게 되었고, 통일전과 화랑교육원 방면으로 우회해서 가는 길을 택했다.

조금 돌아왔지만, 덕분에 낯선 길목의 가을 풍경도 덤으로 감상할 수 있었다. 그렇게 오후 2시가 넘은 시각, 경북 천년 숲 정원 입구에 도착했다. 주중임에도 불구하고 주차장과 도로변에는 이미 많은 차량들이 빼곡히 들어서 있었다. 우리는 주차할 곳을 찾던 중에, 도로변의 빈자리가 하나 눈에 들어왔다. 그곳에 차를 세우고 발걸음을 옮겼다. 경북 천년 숲 정원은 입장료 없이 누구나 자유롭게 이용할 수 있었고, 관람 가능 시간은 오전 10시부터 오후 5시까지였다. 가을 햇살 아래 부드럽게 일렁이는 나뭇잎과 바람에 흔들리는 풀잎들이 일렁이며 이곳이 따뜻한 공간임을 느끼게 해주었다. 우리는 산책 코스를 따라 걸으며, 따가운 가을 햇살을 피하고자 웅장하게 뻗어 있는 칠엽수와 메타세콰이어 가로수 길을 찾았다. 그늘진 길을 걸으며, 시원스레 뻗은 나무들 사이에서 아내와 함께 인증샷도 남겨보았다.

바람이 잔잔히 스쳐 지나갈 때마다 나뭇잎들이 부드럽게 흔들리며, 가을의 고요한 선율을 들려주는 듯했다.

이곳, 경북 천년 숲 정원은 경상북도 제1호 지방 정원으로 지정된 곳으로, 축구장 46개 규모에 이르는 넓은 면적을 자랑한다.

다양한 테마 정원과 식물 학습장 등이 조성되어 있어, 걷는 내내 지루할 틈 없이 잘 꾸며진 자연의 품속을 거니는 기분을 만끽할 수 있었다.

우리는 테마 정원을 따라 천천히 걸으며, 곳곳에 펼쳐진 아름다운 풍경에 심취했다. 가끔은 숲속에 마련된 작은 테이블에 앉아, 보냉병에 담아온 커피를 꺼내어 마시며 아내와 소소한 대화를 나누었다.

잔잔히 흐르는 시간 속에서, 커피 향과 숲의 내음이 어우러져 둘만의 행복한 순간을 더욱 깊게 물들였다. 이곳에는 연인, 가족, 학생 등 남녀노소를 막론하고 다양한 사람들이 삼삼오오 산책을 즐기고 있었다.

푸른 숲속을 거닐며 피톤치드 가득한 공기를 마시는 모습은 마치 자연이 선사하는 치유의 시간을 만끽하는 듯했고, 모두가 저마다의 방식으로 충전하고 있었다. 가을 햇살은 나뭇잎 사이로 부드럽게 스며들어, 숲길 위로 따스한 금빛을 뿌려주었다. 우리는 그 빛 아래 천천히 걸으며, 마치 시간이 멈춘 듯한 고요함 속에서 자연이 들려주는 속삭임에 귀를 기울였다. 어느새 숲의 깊은 곳으로 들어서니, 햇살도 한층 부드러워지고, 바람결에 실린 은은한 풀 내음이 마음을 더 정화해 주었다. 멀리서 아이들의 웃음소리, 연인의 다정한 속삭임, 가족의 밝은 대화가 어우러져 그 풍경은 가을 한가운데를 그대로 담은 그림처럼 느껴졌다. 우리는 그렇게, 숲과 사람과 계절이 어우러진 그 순간 속에서 가을의 속살을 깊이 들여다보며 오롯이 '함께 있음'의 소중함을 다시금 되새겼다. 특히 이곳의 핫플레이스, 외나무다리는 가을 햇살에 반짝이는 물 위로 놓여 있어, 마치 영화 속 한 장면처럼 운치를 자아냈다. 많은 젊은이들이 이 아름다운 순간을 남기기 위해 줄지어 서서 인증샷을 남기고 있었고, 우리는 북적이는 인파를 피해 조용한 상류 쪽 외나무다리로 향해 은은하게 포즈를 취하며 우리만의 조용한 가을을 카메라에 담았다.

산책을 하던 중, 담 너머로 고즈넉한 전통 한옥 형태의 카페가 눈에 띄었다. 따스한 햇살이 스며드는 한옥 마당을 바라보며, 우리는 자연스럽게 그곳으로 걸음을 옮겼고, 잔잔한 음악과 함께 차 한 잔의 여유를 즐기며 가을날 오후의 평화로운 행복을 다시 한 번 마음에 가득 담아보았다. 그리고 카페 주변으로 나가니, 노랗게 빛나는 수세미 열매와 환한 미소를 머금은 듯 활짝 핀 해바라기들이 우리를 반기고 있었다. 그 풍경이 어찌나 사랑스럽던지, 자연스레 인증샷을 남기며 또 하나의 소중한 추억을 마음속에 새겼다. 누군가가 인생은 하얀 백지와 같다고 했다. 어떤 색으로, 어떤 그림을 그리느냐에 따라 우리의 인생 풍경도 달라진다고 한다. 오늘 우리는 그 도화지 위에 '힐링'이라는 따스한 색채를 입히고, 가을 햇살 아래서 마음껏 웃으며 멋진 하루라는 그림을 정성껏 그려 넣은 셈이다.

이렇게 가을빛으로 물든 숲길을 걸으며, 잠시 일상에서 벗어나 자연 속에서 진짜 나를 만나고, 소중한 사람과 함께하는 시간의 귀함을 다시금 느낄 수 있었다. 계절이 주는 선물 같은 하루, 흘러가는 시간 속에서도 잊지 못할 따뜻한 기억 하나를 가슴 깊이 소중히 간직하게 된다. 오늘을 살아내는 것, 그것만으로도 충분히 아름답다. 그런 생각이 절로 드는, 고마운 하루였다.

당신과 마주한 가을, 산청에서

갈색빛으로 천천히 물들어가는 계절, 아내와 나는 경남 산청 세계전통의학 항노화 엑스포 축제장으로 향했다. 엑스포 축제장으로 향하는 길목, 우리는 함안 휴게소에 잠시 발을 멈추었다. 가을바람이 스쳐 가는 함안 휴게소에서 얼큰한 유부우동 한 그릇으로 속을 달래고, 따뜻한 차 한 잔으로 마음을 데우는 여유 그 짧은 멈춤 마저 여행의 한 장면처럼 포근하게 스며들었다. 35일간 열리는 세계전통의학 항노화 엑스포 축제가 펼쳐지고 있는 동의보감촌. 지리산 자락을 배경으로 수천 년의 한의학 지혜가 스며 있는 그곳은 가을의 풍경과 어우러져 마치 한 폭의 수묵화처럼 고즈넉한 기운을 품고 있었다.

축제장 주차장에는 벌써 많은 인파로 붐비고 있었고, 우리는 따가운 햇살을 피해가며 동의문을 지나 매표소에 도착했다. 입장료가 다소 비싸게 느껴졌지만, 그 속에 담긴 전통과 자연, 그리고 건강의 가치를 곧 실감하게 되었다. 동의보감촌은 그 이름처럼 한방의 정수가 살아 있는 공간이었다. 엑스포 주제관과 한

의학 박물관을 둘러보고, 211m 길이의 무릉교를 천천히 건너며 깊어가는 숲의 기운을 온몸으로 느꼈다. 55 헥타르에 이르는 넓은 숲이 뿜어내는 초록의 숨결은 단순한 나들이가 아닌, 치유와 회복의 시간이 되어주었다. 산청은 지리산의 너른 품에 안겨, 천여 종이 넘는 약초가 자생하는 고장이라고 한다. 자연이 빚어낸 치유의 땅, 그래서 이곳을 사람들은 '동의보감촌'이라 부르나 보다.

바람결에도 약초 향기가 실려오는 듯한 이곳엔, 시간이 천천히 흐르고, 마음까지 편안해지는 묘한 기운이 감돈다. 한참을 거닐다 허기진 배를 채우기 위해 찾은 축제장 내. 흑돼지 수제버거 식당을 들렀다. 도심에서 흔히 맛보던 버거와는 사뭇 다른, 어디선가 약초 향이 은은히 스며든 듯한 그 맛은 이곳만의 특별함이었다. 아내와 함께 운치 가득한 야외 테이블에 자리를 잡고, 흑돼지 수제버거를 주문하고 마주 앉았다. 은은한 가을 볕 아래, 살랑이는 바람이 뺨을 스치고, 주변에서 들려오는 사람들의 웃음소리가 잔잔하게 퍼져왔다. 그 웃음소리에는 계절을 닮은 여유와 기쁨이 담겨 있었고, 우리도 그 따뜻한 울림 속에 스며들듯, 마음이 절로 부드러워졌다.

이렇듯 평범한 하루 속에도 계절은 선물처럼 스며들고, 함께 웃을 수 있는 순간은 오래도록 기억에 남는 풍경이 되었다. 따끈한 버거를 한 입 베어 물자, 풍성한 고기와 고소한 빵 향이 어우러져 입안 가득 행복이 퍼졌다. 평범한 음식이 이토록 특별하게 느껴지는 건, 함께하는 사람이 곁에 있어서일지도 모르겠다. 버거를 먹으며 도란도란 나누는 이야기, 눈빛 속에 담긴 미소… 그 모든 순간이 가을 햇살처럼 포근했고, 시간은 어느새 우리 곁을 조용히 지나가고 있었다. 식사를 마치고 엑스포장을 빠져나와 돌아오는 길, 우리는 아쉬움 섞인 미소로 다시 한번 산청의 푸르른 산자락을 눈에 담았다. 가을빛으로 물든 들녘과 하늘, 붉게 익어가는 석양까지 하루의 여운은 차창 밖 풍경처럼 길게 이어졌다.

언제나 그렇듯, 여행의 끝은 일상의 시작. 그러나 오늘 하루는 오래도록 기억 속에서 가을 향기와 함께 은은히 피어날 것 같았다.

봄날, 어머니와 함께 걷는 제주

겨울의 끝자락에서 봄으로 넘어가는 어느 날, 우리는 오래도록 기다려온 여행을 떠났다. 어머니를 모시고, 동생 내외와 함께 제주도로 향하는 2박 3일의 여정. 네 달 전부터 차곡차곡 계획을 세워온 여행이기에, 어느 때보다 설렘이 컸고, 무엇보다 가족과 함께한다는 사실이 더없이 따뜻했다. 봄바람이 살며시 귓가를 스치고, 들녘마다 새싹이 돋아나는 계절. 이 계절, 제주에서 우리 가족은 웃음꽃을 피우고 추억이라는 이름의 열매를 하나씩 마음에 담았다.

새벽, 짐을 하나 둘 챙기며 분주한 시간 속에서도 설렘은 감출 수 없었다. 전날 내린 비의 여운 때문인지 하늘은 잔뜩 흐려 있었고, 비라도 다시 내릴까 걱정스러웠다. 김해주차장을 향해 차를 몰며 마음속으로는 비가 멈춰주길 간절히 바랐다. 아쉽게도 주차장에 도착하기 직전, 이슬비가 조용히 창문을 적셨다. 그러나 그쯤은 우리의 발길을 막기엔 부족했다. 우리는 주차장에 차를 맡긴 뒤 셔틀 봉고차를 타고 공항으로 이동했다. 공항에 도착하니 울산에서 온 동생이 이미 먼저 도착해 대합실에서 조용히 우리를 기다리고 있었다.

그보다 조금 늦게, 황령터널 부근에서 차량 정체로 지연된다는 소식을 전해온 용호동 사시는 모친과 여동생들 내외가 탄 차량은 이내 조심스럽게 도착했고, 08시가 조금 지나 우리 가족은 오랜만에 한자리에 모였다. 각자의 일상에서 벗어나, 이른 봄날 제주라는 이름 아래 다시 만난 순간이었다. 티켓을 발급받고 수하물을 맡긴 뒤, 김해공항에서 제주행 비행기에 몸을 실었다. 09시 10분, 드디어 이륙. 회색빛 하늘을 뚫고 비행기가 구름 사이로 솟아오를 때, 마음속에도 해가 뜨는 듯한 기분이었다. 1시간 후, 제주공항에 도착했을 땐 다행히 비가 멈춰 있었다. 구름 낀 하늘 아래였지만, 그조차도 반가운 햇살처럼 느껴졌다. 렌터카 회사 셔틀버스를 타고 본사에 도착, 차량을 인수하고 점심시간에 맞춰 예약해둔 식당으로 향했다. 제주의 첫 식사는 '제주마음'이라는 이름만큼이나 따뜻한 식당에서였다. 소박하면서도 정갈하게 차려진 밥상 앞에서 우리는 자연스럽게 고개를 끄덕였다. 철판 위에서 지글지글 익어가는 통갈치와 전복, 문어가 내는 소리마저도 이방인의 마음을 설레게 했다. 한 접시, 한 접시마다 제주의 바다를 담은 듯한 갈치조림은 단순한 음식 그 이상이었다. 바다의 향을 품은 그 맛은 여행의 시작을 기분 좋게 채워주었고, 모두가 연신 "맛있다"를 외치며 밥그릇을 비웠다.

식사를 마치고 찾은 첫 코스는 도두봉. 작은 기생화산이지만, 응회암과 현무암으로 형성된 지형은 특별한 느낌을 주었다. 먼저 인근에 있는 '라이프워크' 카페에 잠시 들러 따뜻한 차 한 잔을 마신 후, 산책을 나섰다. 정상에 분화구는 없지만, 완만한 경사로 이뤄진 산자락을 걷는 길은 마치 우리의 삶을 닮은 듯 부드럽고 평온했다. 험하지도, 그렇다고 밋밋하지도 않은 그 길 위에서 우리는 각자의 인생 곡선을 떠올렸다. 조용히 스치는 바람은 무겁던 마음을 덜어주는 듯 가볍게 어깨를 스쳤고, 잔잔히 흔들리는 나뭇잎 그리고 들풀은 우리를 향해 고개를 끄덕이며 말없는 인사를 건네는 듯했다. 산책길 내내 나눈 소소한 대화, 멀리 내려다보이는 푸른 바다와 하늘, 그리고 발아래로 펼쳐진 제주의 풍경은 우리의 시간에 한 폭의 풍경화를 그려주었다.

평범하지만 그래서 더 아름다웠던 그 길은, 잠시나마 삶의 속도를 늦추고 서로를 바라보게 해주는 고요한 쉼표가 되어주었다. 용연 구름다리는 용이 승천해 비를 내리게 했다는 전설이 깃든 곳. 민물과 바닷물이 만나 어우러지는 그곳, 구름다리 위로 이어진 길은 협곡과 해안을 품으며 장대한 풍경을 펼쳐 보였다. 바람은 부드럽게 머리카락을 스치고, 물소리는 속삭이듯 마음을 적셨다. 다리 위에서 찍은 가족 사진 한 장. 그 한 장의 사진 속에는 제주의 바람과 물소리, 그리고 우리 가족의 웃음이 고스란히 스며 있었다. 시간은 흐르지만, 그 순간의 따뜻함은 사진 속에

영원히 머물러 있는 듯했다.

늦은 오후, 한라수목원에 도착했다. 연초록의 잎사귀들이 바람에 흔들리며 인사를 건네는 듯했고, 벚꽃은 마치 우리를 반기듯 화사하게 피어 있었다. 바쁜 일상에 지친 가슴을 환하게 열어주는 자연의 선물 같은 공간. 수목원 속을 걷는 동안, 삶의 무게는 잠시 내려놓고 봄의 생명력 속으로 몸과 마음을 맡길 수 있었다. 걷는 걸음마다, 자연은 따뜻한 위로가 되어 다가왔다. 가지마다 맺힌 새순은 작지만 강한 의지로 피어났고, 그 안에 숨겨진 계절의 비밀을 속삭이듯 살랑이는 바람은 우리 귓가에 봄의 노래를 들려주었다. 가끔은 멈춰 서서 벤치에 앉아 지나가는 바람을 느끼고, 햇살에 반짝이는 나뭇잎 그림자 속에서 잊고 있던 여유를 발견하기도 했다. 도심에서 잃어버린 감각들이 하나둘 되살아났고, 자연이 건네는 조용한 손길은 말없이도 깊은 공감을 안겨주었다. 수목원을 나설 무렵, 노을빛이 나뭇가지 사이로 스며들며 풍경을 한층 더 따뜻하게 물들였다. 그 빛 아래에서 우리는 서로를 바라보며, 오늘 하루가 얼마나 소중했는지를 다시금 느꼈다.

마지막 코스는 '신비의 도로'. 오르막처럼 보이지만 실제로는 내리막이라는 착시 현상이 일어나는 곳이다. 그 앞의 카페에 들러 진한 커피 향에 취하며 하루를 정리했다. 야외 정원은 한 폭의 그림 같았고, 그 정원 속에서 어머니와 나, 동생들 모두가 웃음으로 하루를 마무리했다. 그렇게 여행의 첫날은 저물었다. 비로 시작했지만, 웃음으로 마무리한 하루. 봄의 기운을 가득 머금은 제주에서, 가족과 함께 나눈 시간은 그 어떤 선물보다 소중했다. 그리고 아직 우리에겐 이틀이라는 여행이 더 남아 있다. 제주에서의 내일이, 우리의 추억으로 더 아름답게 채워지길 기대하며.

여행 둘째 날

고즈넉한 전통 한옥 펜션에서 아침이 밝아왔다. 안개가 자욱하게 숙소를 감싸고 있어 마치 꿈결처럼 몽환적인 분위기였다. 태양은 구름 뒤로 숨은 채, 주변은 여전히 안개의 장막 속에 잠겨 있었다. 여행길에 아침은 필수라는 듯, 우리는 간단히 된장국에 밥을 말아 속을 든든하게 채운 뒤, 편안한 복장으로 길을 나섰다.

짙은 안개가 도로를 감싸 조심스레 속도를 늦추고 운전했지만, 그마저도 이국적인 풍경처럼 느껴져 마음은 오히려 설렘으로 가득 찼다. 어느덧 상효원 수목원에 도착했다. 8만 평 너머로 펼쳐진 사립 수목원은 서귀포의 품에 안겨 봄의 문을 활짝 열고 있었다. 매표소에는 '3~4월 튤립 축제'라는 현수막이 나부끼고 있었고, 관람 지도를 손에 든 채 우리는 천천히 발걸음을 옮겼다. 다이너스티, 퍼플플래그, 골든아펠돈 등 20여 종에 이르는 튤립들은 형형색색 자태를 뽐냈고, 곳곳의 조형물과 포토존은 연인과 가족, 친구들의 웃음을 담고 있었다. 우리도 그 순간을 놓치지 않고 인생샷을 남기며, 기억 속에 오래 남을 하루의 색을 덧칠했다. 계절 따라 꽃의 주인이 바뀌는 이곳은 봄에는 튤립, 여름엔 수국, 가을엔 핑크뮬리와 메리골드, 겨울엔 동백꽃으로 사계절을 수놓는다. 상효원을 떠나는 발걸음에 질긴 여운이 길게 남았다.

11시 35분, 주차장에 도착해 해안 쪽으로 향했다. 절벽으로 둘러싸인 백사장, 검고, 붉고, 희고, 회색이 섞인 '진모살' 모래는 오늘의 날씨처럼 은은히 모습을 감췄지만, 해변의 좌판에서 만난 해산물과 소주 한 잔은 그 아쉬움을 충분히 달래 주었다.

점심은 해변 근처의 음식점에서. 우연히 들어간 이곳은 알고 보니 갈치구이 맛집. 식탁 위에는 광어회, 갈치회, 간장게장, 우럭탕수 등 정갈한 반찬들이 먼저 올랐고, 메인인 통갈치구이는 서빙해주시는 직원의 손질로 더욱 먹기 편했다. 도톰한 갈치 한 점이 입안에서 퍼지는 순간, 여행의 행복은 미각으로 번졌다. 바삭하게 구워진 겉면과 속살의 부드러움이 설묘하게 어우러져, 고소함이 입안 가득 번지고, 곁들여 나온 밥과 된장찌개가 갈치의 풍미를 한층 끌어올렸다. 바다의 향과 정성이 녹아든 이 한 끼가, 단순한 식사가 아닌 제주에서의 수중한 한 장면으로 기억될 듯했다.

포만감을 안고 도착한 약천사. 동양 최대 규모라는 이 절집은 높이 29미터의 대적광전이 압도적이다. 부처님 앞에서 두 손 모아 무탈한 여행을 기원했고, 웅장한 범종과 고요한 경내는 우리 마음을 깊게 가라앉혔다. 약천사란 이름은 예로부터 병을 낫게 한 도약샘에서 비롯되었다 하니, 그 영험함을 믿어보게 되었다. 대적광전 앞마당엔 무려 18톤에 달하는 거대한 범종이 위용을 드러내고 있었다. 그 압도적인 존재감 앞에서 우리는 잠시 말을 잊었고, 찬란한 햇살을 등에 업은 대적광전을 배경으로 단체 기념사진 한 장을 남겼다. 그 순간, 웃음과 기도가 나란히 사진 속에 담겨 있는 듯했다.

깎아지른 절벽 끝, 해안선을 따라 걷다 보면 문득 마주하게 되는 외돌개. 이 돌기둥은 수천 년 전 화산 폭발로 쏟아진 용암이 굳어지고, 오랜 세월 거센 파도와 해풍에 깎이며 지금의 모습을 갖추게 되었다고 한다. 마치 세월의 손끝으로 조각된 하나의 거대한 예술품 같았다. 고려 말기, 원나라의 잔여 세력이 범섬으로 도망쳤을 때, 최영 장군은 외돌개를 병사들 앞에 장군처럼 세워 적을 제압했다고 전해진다. 그 전설 덕분에 외돌개는 '장군바위'라는 이름으로도 불리며, 제주의 역사와 설화를 품은 또 하나의 상징이 되었다고 한다. 범섬 너머에서 바라본 외돌개는 말 그대로 장엄했다. 고요한 수면 위에 우뚝 솟은 그 자태는, 마치 묵묵히 바다를 지키는 수호신 같기도, 전장을 굽어보는 장군 같기도 했다. 잠시 그 앞에 멈춰 서서 자연이 빚어낸 위대한 형상 앞에

숙연한 마음으로 고개를 숙였다.

천만다행이랄까! 여행의 마지막 코스에 이르러서야 봄비가 내리기 시작했다. 촉촉하게 젖어드는 대지는 마치 숨결을 머금은 듯, 초록의 잎사귀들이 생동하는 기운으로 깨어나고 있었다. 봄을 재촉하는 비. 그 빗줄기 사이로 제주 자연은 더욱 깊이 숨 쉬고 있었다. 그 순간, 마음 한켠을 간질이는 그리움이 문득 커피 향처럼 은은히 스며들었다. 비와 커피는 마치 실과 바늘처럼, 언제나 함께여야 하는 존재처럼 느껴졌다. 그리하여 우리는 이내 근처의 한 카페로 발걸음을 옮겼다. 잔잔한 빗소리와 어우러진 그곳은, 말없이 분위기를 전하는 공간이었다. 창밖으로 떨어지는 빗방울을 바라보며 마신 따뜻한 커피 한 모금은, 이 여행의 끝자락에서 우리에게 조용한 위로가 되어주었다. 창밖으로 들리는 빗방울 소리에 귀 기울이며, 키피 한 잔을 손에 쥔 채 앉아 잠시 여행의 여운을 되새겼다. 비와 커피, 그리고 봄의 제주가 어우러진 그 순간, 일상에서 잊고 지냈던 진짜 쉼이 내 안으로 고요히 스며들었다.

잠시 여유를 가진 뒤, 예약해둔 산방산 탄산온천으로 향했다. 제주도에서도 유일한 이 탄산온천은 유리탄산과 중탄산이온, 나트륨 성분이 가득해 지친 몸을 말끔히 풀 수 있을 것 같았다. 이틀 동안 부지런히 걸으며, 보고 느낀 것들을 가슴에 담아왔지만, 몸은 어느새 몹시 지쳐 있었다. 그 피로를 우리는 이곳 산방산 탄산온천에 맡기듯 조용히 담갔다. 따뜻한 온천수에 몸을 담그는 순간, 마치 자연의 품에 안겨 위로받는 듯한 편안함이 밀려왔고, 하루하루의 기억들이 물결처럼 부드럽게 정리되어 갔다.

숙소로 돌아오는 길엔 중문회 어시장에 들러 멍게와 산낙지를 사서, 저녁은 볶음밥과 물국수로 간단히 마무리했다. 소주 한 잔을 곁들이며 문득 떠오른 한 구절, '화향백리 인향만리花香百里 人香萬里' 꽃의 향기는 백 리를 가지만, 사람의 향기는 만 리를 간다. 여행지에서 마주친 사람들, 함께한 가족의 미소, 따뜻한 말 한마디, 그리고 소중한 인연들이 그 어떤 꽃향기보다 오래도록 마음에 스며들고 있었다. 짧은 여행이었지만, 사람 냄새 나는 순간들이 이 여행을 더욱 깊고 아름답게 만들어 주었다.

고즈넉한 전통 한옥 숙소에서의 마지막 밤. 어머니와 동생들 내외와 나누는 소박한 웃음과 따뜻한 술 한 잔. 그것은 단순한 여행의 끝이 아니라, 마음에 길게 남을 '인향만리'의 시간이었다. 이렇게, 2박 3일의 제주 여행은 깊은 여운을 안은 채 마무리되었다.

가을의 결이 묻어나는 여행

가을이 깊어가며 산천은 저마다의 색으로 물들고, 바람은 제법 선선하게 살갗을 스친다. 붉고 노랗게 익은 단풍잎이 길가에 수북이 쌓이는 계절, 아내와 나는 올가을의 마지막 정취를 붙잡고자 여행길에 올랐다.

목적지는 충청남도 서산과 태안, 그리고 더 먼 남도로 이어지는 일정을 잡았다. 늦은 시간에 아침 식사를 마친 우리는 여행 준비물을 캐리어에 차곡차곡 챙겨 넣고, 오전 11시 40분경 집을 나섰다. 남양산 IC를 지나 신대구고속도로를 타고 북쪽으로 향하면서, 점점 짙어지는 가을빛을 따라 달렸다. 오후 2시, 추풍령 휴게소에 도착해 잠시 숨을 고른다. 편의점에서 고구마 쌀과자와 캔커피를 사서 차에 오르니, 차창 밖으로 펼쳐지는 오색단풍이 더없이 반가워진다. 붉은빛 단풍이 불꽃처럼 일렁이고, 노란 은행잎은 햇살을 받아 반짝였다. 그 아름다운 풍경은 지루함을 잊게 만들었고, 설렘을 안은 우리는 간월암으로 향했다.

오후 4시, 충남 서산 부석면 간월도에 도착했다. 바닷바람이 가슴속을 시원하게 휘돌고, 눈앞에 펼쳐진 풍경은 마치 한 폭의 동양화처럼 고요하고 단아했다. 간월암은 조선 태조 이성계의 왕사였던 무학대사가 창건한 암자로, 간조와 만조에 따라 육지와 섬이 되는 독특한 지형 덕에 더욱 신비롭게 느껴졌다. 마침 밀물 때에 도착한 우리는, 발밑에 출렁이는 물소리를 들으며 간월암으로 향하는 길을 천천히 걸어갔다. 경내에는 수령 150년이 넘는 팽나무가 우뚝 서서 세월의 흔적을 지켜보고 있었고, 바다를 향해 놓인 불상 앞에는 소원을 비는 사람들의 간절함이 모여 있는 듯했다. 파도 소리와 함께 마음속에도 조용한 물결이 이는 듯했다.

간월암을 떠나 해가 기울 무렵, 우리는 일몰 명소로 이름난 태안 안면도의 꽃지해수욕장에 도착했다. 바람결은 차가워졌지만, 바다 위로 떨어지는 해의 붉은 빛은 그 무엇보다 따뜻했다. 해변에는 할매바위와 할배바위가 나란히 서 있었다. 장보고의 해상기지 사령관이던 승언과 그의 아내 미도의 전설이 이 바위에 서려 있다고 한다. 전장에 나간 남편을 기다리다 끝내 돌아오지 않자, 미도는 바위가 되었고, 그녀를 지키려는 마음이 할배바위로 남았다는 이야기. 밀물 때면 둘은 하나처럼 보인다고 한다. 그 전설이 담긴 두 바위 사이로, 어느새 석양이 물들기 시작했다. 붉게 타오르던 태양이 바다의 수평선 너머로 사라지는 순간, 우리는 카메라로 그 장면들을 조용히 담았다. 어둠이 내려앉자 해변은 차가워졌고, 우리는 옷깃을 여미며 안면도 수산물 시장으로 발길을 돌렸다.

저녁 식사는 시장 인근의 식당에서 얼큰한 해물칼국수 한 그릇으로 간단히 해결했다. 허기진 속을 따뜻한 국물이 채워주고, 뺨에 닿는 바람은 점점 깊어지는 밤을 알려준다.

이윽고 찾아간 태안 '네이처월드' 테마공원. 이곳은 매년 열리는 태안 빛축제의 무대였다. 600만 개의 LED 조명이 가을밤을 수놓고 있었고, 그 속을 걷는 우리는 마치 다른 차원에 발을 디딘 듯한 기분이 들었다. 반짝이는 불빛 속을 아내와 팔짱을 끼고 사색하며 걸었다. 누군가의 손길로 정성껏 꾸며진 곳마다 작은 감동이 묻어 있었고, 빛은 그날 하루의 기억을 더 찬란하게 비추어 주었다. 형형색색의 조명 속을 거닐며 가을의 끝자락에 머문 듯한 감성을 품고, 공원의 출구를 나왔다. 공원 맞은편 편의점에서 소주와 맥주를 한 병씩 사 들고, 근처 숙소로 돌아왔다. 잔잔히 퍼지는 알코올의 따스함이 하루의 피로를 녹였고, 마음속엔 낯선 여행지에서만 마주할 수 있는 평온과 만족이 스며들었다. 서로의 잔을 기울이며 웃음 짓던 그 밤은, 황홀하고도 포근한 기억으로 오래도록 남을 것이다. 그리고 내일 펼쳐질 또 다른 가을의 풍경을 꿈꾸며, 조용히 눈을 감고 잠자리에 들었다.

아침에 숙소를 나서자, 맑고 선선한 공기가 폐부 깊숙이 스며들었다. 짙은 가을빛이 배어든 풍경을 따라, 우리는 청양 천장호로 향했다. 이른 시간에 출발한 덕분에 오전 9시경 텅 빈 주차장에 도착할 수 있었다. 주차비도, 입장료도 없는 넉넉한 마음의 환대가 이른 아침부터 기분을 좋게 한다. 가는 길, 출출한 속을 달래기 위해 들른 휴게소에서 콩나물국밥을 주문했지만, 짠맛이 진해 물을 부어 먹어야 했던 아쉬움도 여행의 작은 에피소드가 되어 웃음을 자아냈다. 천장호로 향하는 길목, 칠갑산 아낙네 동상이 옛 정취를 머금고 서 있었고, 양옆으로는 '에코워크 네트챌린지' 체험장이 펼쳐져 있었지만 문이 닫혀있어 발길을 멈출 수밖에 없었다. 그래도 아쉬움보다는 조용한 호수와 단풍, 그리고 이른 아침의 고요함이 더 크게 마음을 채워주었다. 황룡정을 지나 완만한 경사로를 따라 내려가자, 드디어 천장호 출렁다리가 모습을 드러낸다. 출입구 앞에는 청양의 상징인 거대한 고추 모형이 위풍당당하게 서 있었고, 붉고 노란 단풍이 양옆 산책로를 곱게 물들였다. 출렁다리 위에 서니, 물결처럼 출렁이는 다리 아래로 잔잔한 천장호와 멀리 병풍처럼 둘러진 칠갑산의 능선이 절묘한 조화를 이루며, 자연이 만들어낸 풍광에 탄성이 절로 나왔다. 다리 건너편에서 칠갑산 정상까지 이어지는 3.6km 등산로가 있었지만, 우리는 시간의 여유가 없어 정상까지 오르기를 뒤로 한 채 호숫가 산책길로 방향을 틀었다. 그러나 곧, 눈길을 끄는 '소원바위' 이정표를 따라 발길을 돌리게 되었다.

소원바위에는 오래된 전설이 깃들어 있었다. 시집보낸 딸이 오랫동안 자식을 얻지 못하자, 어미는 칠갑산 아래 이 바위 앞에서 무려 700일간 정성껏 기도를 올렸다고 한다. 그 기도에 감동한 산신령이 마침내 딸에게 아들을 내려주었고, 그 아이는 장성하여 거란족을 물리친 용호장군이 되었다고 전해진다. 이 전설은 옛이야기에 머물지 않았다. 최근에도 이 마을에 사는 유 모 씨가 아들을 낳지 못해 매일같이 소원바위를 찾아 기도를 올렸고, 마침내 7년 만인 2013년 10월 29일, 건강한 아들을 품에 안았다고 한다. 절실함과 간절함은 시대를 뛰어넘어 여전히 이 바위 앞에서 살아 숨 쉬고 있었다. 바람결에 실려온 이 이야기들은 나직한 전언처럼 마음을 울렸고, 우리는 조용히 두 손을 모아 소원을 빌었다.

소원바위를 뒤로하고, 우리는 전북 정읍 내장산으로 향했다. 오후 1시가 조금 넘어 도착한 내장산 제4주차장에는 평일임에도 관광객들로 붐비고 있었다. 품바 공연의 경쾌한 리듬, 길거리 음식에서 풍겨오는 고소한 냄새, 아이들의 웃음소리가 어우러져 산사 앞마당은 작은 축제처럼 북적였다. 무료 셔틀버스를 타고 내장산 초입에 도착하자, 산 입구부터 내장사까지 이어진 길목은 온통 단풍으로 붉게 물들어 있었다. 2017년 늦가을, 처음 이곳을 찾았던 기억이 아내와 나 사이에 조용히 떠올랐다. 그때와 같은 자리에서, 같은 모습으로 팔짱을 끼고 걷고 있다는 사실이 마음을 따뜻하게 했다. 한 걸음, 한 걸음 옮길 때마다 낙엽은 바스락거리며 지나간 계절의 이야기를 들려주었고, 산 안개 너머로 비치는 햇살은 마치 그 시절의 기억을 부드럽게 어루만지는 듯했다. 이번이 두 번째 방문이었지만, 마치 처음인 듯 감탄했고, 마치 오래된 친구를 만난 듯 편안했다. 아내와 함께 내장산을 걸으며 말없이 추억을 되짚고, 가을의 정취를 마음에 깊이 새겼다. 그 하루는 낙엽처럼 사박사박 마음속에 쌓여갔고, 우리는 그 속에서 오래도록 행복했다.

여행 마지막 날

전날, 전북 정읍의 내장산에서 형형색색으로 물든 단풍 길을 따라 걷고, 저녁 무렵에는 목포 신정동의 숙소로 자리를 옮겼다. 여행의 피로를 풀고자 숙소 근처의 삼계탕 식당을 찾았다. 뽀얗게 끓인 국물에 몸을 녹이고, 따뜻한 소주 한 잔 곁들여 그날 하루를 조용히 되짚어보았다. 가을의 낮과 밤이 조화롭게 겹쳐지며 마음엔 어느새 아름다운 추억이 고요히 스며들었다.

여명이 밝아올 무렵, 가방을 챙기며 하루를 시작했다. 작년 가을, 안경을 두고 온 일을 떠올리며 소지품 하나하나를 다시금 확인하는 손길엔 여행자의 세심한 마음이 담겨 있었다. 08시 20분, 숙소에서 10여 분 남짓한 거리의 유달산 공원 주차장에 도착하니, 이른 아침 공기가 산뜻하게 가슴속으로 파고든다.

높이 229.5m의 아담한 산이지만, 유달산은 기암괴석과 날카로운 절벽들로 오히려 더 웅장한 인상을 준다. 봉우리들이 하늘을 향해 솟구치는 그 형상은 마치 세월의 바람과 물이 빚은 예술 작품처럼 신비롭고 경이로웠다. 유달산에서 빼놓을 수 없는 즐거움, 바로 해상 케이블카인 것 같았다. 북항, 고하도, 유달산 승강장 세 곳 중 우리는 유달산 정상까지 산길을 걸어오른 뒤 케이블카에 올랐다. 3.23km의 긴 구간을 잇는 케이블카 안에서 바라보는 목포 다도해와 원도심, 유달산 경관은 늦가을 정취를 머금은 한 폭의 수채화처럼 눈과 마음에 스며들었다. 높이 155m, 총 55대의 캐빈이 바람을 가르며 떠다니는 모습은 마치 계절과 계절 사이를 유영하는 듯한 기분이 들게 했다.

산책을 끝내고 나니 허기가 슬며시 찾아왔다. 사전 조사해둔 '해남해장국'을 향해 지도 앱을 따라 이동해, 12시 10분에 도착했다. 식당 안 벽면에는 유명인의 사인과 사진이 가득 걸려 있었고, 이는 이 집의 명성을 말없이 증명해 주었다. 우리가 주문한 뼈해장국은 국물이 맑고 담백하며 고기의 풍미가 깊게 배어 있어 흔한 해장국과는 또 다른 인상을 주었다. 따뜻한 국물 한 숟갈마다 여운이 맴돌았고, 우리는 그 여운을 되새기며 다음 목적지로 향했다.

목포 갓바위

갓바위 주차장에는 오후 1시 10분경 도착했다. 하지만 그날따라 관람 해상 데크 다리가 수리 중이라, 우회 계단을 따라 올라가야 했고, 결국 갓바위의 뒷모습만 바라볼 수밖에 없었다. 비록 정면에서 마주하지 못한 아쉬움은 컸지만, 뒷모습 속에서도 수백 년을 품고 선 바위의 기품은 묵직한 울림을 주었다. 한 전설에 의하면 병든 아버지를 두고 돈을 벌기 위해 떠났던 아들이, 아버지를 끝내 돌보지 못한 채 뒤늦게 후회와 참회의 마음으로 삿갓을 쓰고 하늘을 보지 않고 참회한 끝에 돌이 되었다는 이야기. 그 전설은 바람결 따라 조용히 마음에 파고들며, 삶의 본질에 대해 되묻게 만들었다.

청양 천장호, 내장산, 유달산, 그리고 갓바위에 이르기까지, 곳곳마다 다른 색채와 향기로 기억에 물들었다.

황금빛 가을의 풍경과 아내와 함께한 소중한 시간들이 조용한 행복으로 남아, 긴 겨울을 준비하는 내 마음을 따뜻하게 감싸주었다. 또 하나의 가을, 또 하나의 이야기. 그 계절의 끝에서 나는 다시 삶을 사랑하게 되었다.

스페이스 워크와 장미원에서 만난 늦봄의 풍경

가정의 달 5월, 햇살이 어느덧 초여름을 향해 깊어가던 날, 우리는 가족 사랑을 실천하는 하루로 기억될 특별한 시간을 위해 포항으로 향했다. 이른 아침부터 투명하게 맑은 하늘과 싱그러운 초록빛 잎사귀들이 봄의 끝자락을 노래하고 있었다. 오후 3시 20분경, 큰딸과 아내와 함께 포항 환호공원에 도착했다. 한낮의 햇살은 따사롭게 우리 어깨를 감싸 안았고, 바닷바람은 부드러운 손길로 뺨을 어루만졌다. 평일 오후라 그런지 공원은 한적했다.

주차장에도 여유가 있어 어렵지 않게 주차를 마치고, 천천히 공원 산책로로 들어섰다. 안내도를 따라 걷다 보니, 곧 스페이스 워크 입구에 다다랐다. 마치 우주선의 궤도를 형상화한 거대한 철 구조물이 시야를 압도했다. 트랙의 총 길이는 333미터, 계단 수는 717개에 달한다는 설명을 읽으며, 그 규모와 아름다운 곡선미에 감탄이 절로 나왔다. 스페이스 워크는 단순한 전망대가 아니었다. 철과 빛의 도시 포항을 상징하는 조형물로, 철

강 산업의 도시 이미지와 예술이 어우러진 공간이었다. 한 걸음씩 철계단을 밟아 오를수록 발밑에 펼쳐지는 풍경은 점점 넓어지고, 높아졌다. 아래로는 푸르게 반짝이는 동해 바다가 잔잔히 출렁였고, 멀리 제철소의 장대한 시설들이 햇빛에 반사되어 반짝였다. 산업의 거친 풍경과 자연의 순수함이 한 화면 안에 조화롭게 공존하는 모습이었다.

걷는 내내 철재 구조물이 들려주는 바람 소리와, 아래에서 들려오는 관광객들의 목소리가 겹쳐지며 마치 다른 세계에 들어선 듯한 착각을 불러일으켰다. 고요한 가운데 무언의 감동이 마음을 채웠고, 우리 세 사람은 때때로 걸음을 멈추고 풍경을 오래도록 바라보았다. 그 순간, 아무 말이 없어도 마음은 충분히 통했다. 함께하는 시간이 얼마나 소중한지를 다시금 느끼게 해주는 귀한 시간이었기 때문이다.

스페이스 워크의 가장 높은 지점에 도달했을 때, 발 아래 펼쳐진 포항의 전경은 한 폭의 풍경화처럼 아름다웠다. 바닷빛은 하늘빛을 머금고 있었고, 그 사이로 불어오는 바람은 우리에게 늦봄의 향기를 실어주었다. 햇살에 물든 아내의 옆모습, 환하게 웃는 큰딸의 얼굴, 그리고 이 모든 풍경 속에 우리가 있었다는 사실만으로도 충분히 행복했다.

천천히 내려와 공원을 뒤로한 우리는 귀갓길에 올랐다. 하지만 포항을 그냥 떠나기엔 아쉬움이 컸다. 그래서 우리는 잠시 영일대 해수욕장 맞은편, 두호동에 위치한 '영일대 장미원'에 들르기로 했다. 장미는 제철을 맞아 활짝 피어 있었고, 그 향기는 바닷바람을 타고 은은히 퍼지고 있었다. 붉은 장미, 노란 장미, 분홍빛과 하얀 장미까지… 다양한 품종의 장미들이 저마다의 색과 향기로 5월의 정취를 더하고 있었다.

꽃길을 따라 천천히 걷는 동안, 장미꽃잎 사이로 스며든 햇살이 발밑을 물들였고, 장미 덤불 너머로 들려오는 아이들의 웃음소리에 마음이 한결 따뜻해졌다. 자연은 언제나 그 자리에 있었지만, 그 풍경을 바라보는 우리의 마음은 계절마다, 순간마다 다르게 물들어 갔다. 이 날, 포항에서 마주한 철의 곡선과 장미의 곡선은 전혀 다른 소재였지만, 모두가 우리에게 위로와 감동을 건넸다. 해가 지고, 저녁 노을이 붉게 번져갈 즈음, 우리는 조용히 집으로 돌아왔다. 스페이스 워크 위에서 마주한 하늘과, 장미꽃 사이에서 맡았던 향기, 그리고 함께 웃고 걸었던 그 순간들. 평범한 하루였지만, 그 속에 담긴 가족과의 시간은 무엇보다 빛나는 보석처럼 마음에 남았다. 언젠가 다시 이곳을 찾게 되더라도, 오늘 느꼈던 감정들은 결코 같지 않겠지. 바로 그 다름 속에서 여행은 더욱 의미 있게 빛나는 것이 아닐까.

벚꽃의 기억은 아직도 따뜻하다

햇살이 부드럽게 내리쬐던 3월의 어느 화요일, 우리는 진해의 봄을 만나기 위해 길을 나섰다. 아내와 큰딸, 그리고 나, 세 식구는 오랜만의 나들이에 들뜬 마음으로 차에 몸을 실었다. 내비게이션에 '경화역'을 입력하자 진해 시내로 들어가는 길은 이미 수많은 상춘객들의 차량으로 붐비고 있었다. 벚꽃이 만개한 날씨 덕분인지, 도심은 활기찬 기운과 흩날리는 꽃잎들로 가득했다. 하지만 문제는 주차였다. 경화역 입구에 가까워질수록 길가에는 차들이 빼곡히 줄지어 서 있었고, 도로 곳곳에서 주차단속이 진행되고 있었다. 이따금 경찰차가 지나가며 방송을 틀었고, 경찰관들이 거리마다 배치되어 시민들의 안전을 위해 분주히 움직이고 있었다. 우리는 부득이하게 경화역에서 한참 떨어진 도로변에 겨우 주차를 하고, 벚꽃 터널 아래를 걸어가기 시작했다. 차에서 내려 걷기 시작했을 때, 봄바람에 흩날리는 꽃잎들이 우리를 반겼다. 발밑엔 낙화한 꽃잎들이 하얗게 수를 놓고 있었고, 머리 위로는 분홍빛 벚꽃이 가늘게 햇살을 걸러주었다.

그렇게 우리는 벚꽃의 바다 속을 걷고 또 걸었다. 사람들의 얼굴은 하나같이 웃음으로 가득했고, 아이들은 꽃잎을 잡겠다며 팔을 허공에 휘젓고 있었다. 철길을 따라 흐드러지게 핀 벚꽃은 마치 하늘을 수놓은 듯, 물결처럼 부드럽게 흔들렸다.

연인들은 그 아래에서 서로를 향해 미소 짓고, 손을 맞잡은 채 사랑을 속삭였다. 핸드폰을 들고 다정한 포즈를 취하는 상춘객들의 모습은 마치 한 폭의 그림처럼 아름다웠다. 경화역 앞 철길은 그 모든 순간을 품고, 봄날의 찬란한 기억을 조용히 간직하는 듯했다. 양옆으로 늘어진 벚꽃 나무들이 마치 무대의 커튼처럼 열려 있었고, 오래된 철로 위를 따라 걸으며 사진을 찍는 사람들의 모습이 낭만적이었다. 철길 위를 따라 우리도 천천히 걸었다. 기차는 더 이상 오지 않지만, 그 자리에선 여전히 시간과 기억이 오가는 듯했다. 아내는 철길 옆에서 벚꽃과 함께 사진을 찍었고, 큰딸은 역시 핸드폰 카메라로 주변을 담았다. 그렇게 우리 가족은 벚꽃 아래에서 조용히, 그러나 행복하게 시간을 보냈다.

여좌천으로 발길을 돌렸을 때, 그곳은 또 다른 세상이었다. 물 흐르는 냇가를 따라 조성된 목재 데크 산책로 양옆으로 벚꽃이 만개해 있었고, 물 위로 떨어진 꽃잎들이 마치 꽃비처럼 흘러갔다. 다리 위에 서서 바라보는 풍경은 마치 한 편의 영화 같았다. 조용한 물소리와 벚꽃이 만들어내는 고요한 감동 속에서, 우리는 서로의 존재를 다시금 따뜻하게 느꼈다. 하루의 짧은 나들이

였지만, 진해에서 보낸 이 봄날의 기억은 오래도록 마음에 남을 것 같았다. 꽃잎처럼 흩날리는 시간 속에서도 우리 가족의 웃음과 따뜻한 시선은 변하지 않고 그 자리에 머물러 있었다. 계절이 바뀌고 해가 거듭되어도, 이날의 벚꽃처럼 눈부시게 피어났던 감정들은 마음 깊은 곳에 잔잔한 물결로 남아 흐를 것이다.

귀갓길에 접어들 즈음, 여운이 가시지 않은 벚꽃의 풍경을 아쉬워하며 천천히 발걸음을 옮겼다. 해는 저물고 있었고, 하늘은 연분홍빛에서 주황빛으로 물들어가며 하루의 끝을 알렸다. 산책로 옆, 구멍가게 앞에는 사람들로 길게 줄이 늘어서 있었다. 지나치는 순간 그곳에서 피어오르는 고소한 냄새가 우리의 발걸음을 멈추게 했다. 우리도 조용히 줄 끝에 섰다. 바람은 저녁 공기를 품고 부드럽게 스쳐갔고, 사람들의 얼굴에는 햇살에 물든 하루의 피곤함 대신 작은 설렘이 묻어 있었다. 줄을 서서 기다리는 그 시간마저도 하나의 풍경이 되어, 마치 봄날 오후의 마지막 장면처럼 느껴졌다. 한참을 기다린 끝에 손에 쥔 따끈한 구운 빵은 단순한 간식이 아니었다. 바삭한 겉면과 달콤하게 녹아드는 속살, 그 맛은 봄날의 기억처럼 따뜻하고 깊었다. 아내는 입안 가득 퍼지는 향에 조용히 미소 지었고, 큰딸은 "맛있다"는 한마디와 함께 다시 한 입 베어물었다. 그렇게 우리는 세 식구, 벚꽃 아래를 걸으며 함께한 하루를 다시 곱씹듯, 빵 한 조각에 담긴 봄의 풍경을 나누었다.

어느덧 주차해 두었던 차에 도착했을 땐, 하루의 끝자락에 다다른 진해의 거리는 조용했고, 봄바람 속에 꽃잎이 흩날리듯 우리의 마음에도 따뜻한 기억들이 살며시 내려앉았다. 오늘 하루, 짧지만 깊었던 여행은 이렇게 구운 빵의 온기처럼 마음속에 오래도록 남아 있을 것이다.

붉은 이별, 잎새 위에 머물던 시간

어느덧 바람에 쓸려 나뒹구는 낙엽 사이로 가을은 조용히 이별을 준비하고 있었다. 그 계절을 그냥 떠나보내기엔 너무 아쉬웠다. 마치 손을 흔들어 배웅이라도 해야 할 것 같은 마음에, 우리는 단풍의 마지막 불꽃이 타오르는 남녘, 전라남도로 향했다.

붉게 타오르는 단풍의 절정을 눈에 담기 위해, 새벽 5시, 여행의 필수품을 챙기고 조용히 집을 나섰다. 고요한 새벽, 전남 영암으로 향하는 SUV는 텅 빈 고속도로를 미끄러지듯 달렸다. 차창 밖으로는 산과 들을 감도는 옅은 안개와 스치는 바람이 어우러져, 마치 수묵화 속을 지나가는 듯한 기분이었다. 조심스럽게 안개를 가르며 달리다 보니, 어느새 월출산 천황주차장에 도착한 시간은 오전 8시 20분. 한산한 주차장에는 몇 대의 차량만이 조용히 머물고 있었고, 그 주변은 오색으로 물든 단풍이 마치 고운 옷을 차려입은 듯 정갈하게 가을을 품고 있었다. 그 사이사이, 애잔하게 바람에 흩날리던 낙엽들. 내 눈앞의 가을은 이제 뒷걸음질치듯, 조용히 멀어져 가는 느낌이었다. 산행에 앞서 간단하게 컵라면으로 아침을 해결하고, 따뜻한 커피 한 잔으로 짧은 여유를 누렸다. 주차장 위쪽의 '월출산' 표지석 앞에서 다정한 포즈로 기념사진을 남기고 오늘의 여정을 시작했다.

국립공원 탐방안내소와 천황야영장을 지나 단풍잎이 흩날리는 길을 따라 걸었다. 걷다 보니 대나무 숲 앞에서 길은 둘로 나뉘었다. 하나는 천황사로 향하는 길, 또 하나는 바람폭포 방향. 우리는 바람폭포 쪽을 택했다. 산길은 점점 가팔라졌고, 곳곳에 설치된 철계단이 숨을 몰아쉬게 했지만, 구름다리에 이르자 그 모든 고단함은 눈앞의 풍경에 녹아들 듯 사라졌다. 깎아지른 듯한 기암괴석들, 그리고 깊어가는 가을빛으로 물든 능선. 해발 809미터, 높지는 않지만, 그 절경만큼은 설악산에도 견줄 만한 풍경이었다. 한껏 가을빛을 마음속에 채우고, 다시 천천히 하산했다. 점심은 장성군 초동마을의 순두부 맛집을 찾았다. 식당 앞에는 긴 줄이 늘어서 있었다. 우리는 13번째 번호표를 받고 30여 분을 기다렸다. 깔끔하게 정리된 식당 내부에서 마주한 정식 순두부 한 상. 부드럽고 고소한 맛은 산행 뒤 찾아온 깊은 위로처럼 느껴졌다.

축령산 편백숲

주차장에 차를 세우고, 울창한 편백나무 사이로 이어진 숲길을 따라 천천히 걸었다. 피톤치드 가득한 공기 속을 걷는 그 시간, 조용한 대화 속에서 마음은 더욱 맑아졌다. 시간이 늦어 정상까지는 오르지 못했지만, 중턱에서 되돌아나오는 길마저 충분히 좋았다. 숲길 그 자체가 이미 하나의 쉼이자 힐링이었다. 해가 저물 무렵, 마지막 여정지인 장성호 수변길에 도착했다. 주말에는 유료 입장이지만 늦은 시간이었던 탓에, 무료 입장이 가능했다. 매표소에서부터 약 1.2km. 수변 데크를 따라 옐로우 출렁다리까지 어둠 속을 조심스럽게 걸었다. 나뭇잎 흔들리는 소리, 물가를 스치는 잔잔한 파도 소리. 숲과 호수가 어우러진 장성호의 경관은 어두운 밤마저도 수려했다. 그곳에서 또 하나의 계절을, 또 하나의 추억을 마음에 새겼다. 가을의 끝자락, 남도에서의 하루는 그렇게 깊고 따뜻했다.

장성 백양사 / 담양 메타세쿼이아 랜드

가슴속에 간직하고 싶은 가을의 마지막을 붙잡듯, 우리는 단풍의 명소를 찾아 다시 길을 나섰다. 오늘의 여정은 전남 장성 백양사와 담양 메타세쿼이아 랜드. 전날 월출산 산행의 여운이 남은 아침, 간단히 컵라면으로 끼니를 때운 우리는 내비게이션에 '백양사 주차장'을 입력하고 아침 9시 무렵 사찰 입구에 도착했다. 이른 시간 덕에 한산한 주차장에서 차에서 내린 순간, 앞을 가로막듯 치솟은 회백색 바위 백학봉과 청명하게 열린 하늘이 우리를 반겼다. 숨이 멎을 듯한 선명한 풍경 속에서, 가을의 아름다움이 새삼 진하게 다가왔다. 백양사로 향하는 길은 갈참나무와 곱게 물든 애기단풍들로 둘러싸여 있었다. 마치 우리를 향해 손짓이라도 하는 듯, 앙증맞고 정겨운 자태였다. 왼편 계곡에는 물을 막아 만든 연못이 하나 있었고, 그 속에 비친 쌍계루의 반영은 단풍보다 더 붉고 곱게 피어 있었다. 운문암 계곡과 천진암 계곡이 만나는 지점에 자리한 이 누각은, 백제 무왕 때 창건된 백양사의 깊은 역사를 되새기게 했다. 우리는 쌍계루를 지나 약사암으로 향했다. 약 400m의 경사진 계단길은 숨을 가쁘게 만들었지만, 단풍의 향연 속에 걷는 그 길은 오히려 황홀함 그 자체였다. 약사암을 지나 더 높은 계단을 오르자, 영천굴이 나타났다. 맑은 약수가 흐르고 바가지가 놓인 동굴 안에는 관세음보살이 모셔져 있어, 두 손을 모아 가족의 건강과 평안을 기원했다.

겨울의 문턱 앞에서 떠는 듯한 단풍들을 마음 깊이 담으며 우리는 하산했다. 그리고 가까운 식당에서 뼈다귀 해장국으로 든든히 속을 채운 뒤, 담양 메타세쿼이아 랜드로 발길을 옮겼다. 주차장에 도착하자 가장 먼저 눈에 들어온 것은 이국적인 풍경의 '메타프로방스' 건물들. 마치 프랑스 남부 작은 마을에 들어선 듯한 느낌이었다. 이곳은 카페, 음식점, 공연장, 펜션, 놀이시설 등이 어우러진 복합문화공간으로, 메타세쿼이아 길 산책 후 머물기에도 좋을 듯했다. 입장료를 내고 들어선 메타세쿼이아 랜드는, 병풍처럼 늘어선 나무들과 붉게 물든 단풍이 어우러진 장관을 펼쳐 보였다. 1970년대 초 정부의 가로수 조성 사업으로 심은 어린 묘목들이 어느덧 거목이 되어 사계절 내내 색다른 감동을 선사하는 명소가 된 것이다.

붉은 단풍이 물든 메타세쿼이아 길을 천천히 걷다 보면, 연못 위로 비친 나무 그림자가 또 다른 풍경을 만들어 낸다. 바람에 흔들리는 낙엽과 햇살 속에 반짝이는 물결, 그리고 그 속에 담긴 우리의 가을.

장성 백양사의 고즈넉한 단풍길과 담양 메타세쿼이아 랜드의 낭만적인 풍경. 우리는 그렇게 또 하나의 계절을 마음에 담고, 소중한 추억 하나를 조심스레 꺼내어 일상 속에 놓아본다. 이틀간의 여행을 마치고 돌아오는 길, 창밖으로 스쳐 지나가는 풍경 속에서 가을이 천천히 서물고 있었다. 월출산 자락을 오르며 마주한 강풍과 백양사에서 감탄했던 단풍의 물결, 담양 메타세쿼이아 길을 걷던 그 고요한 시간들이 마음속에 겹겹이 쌓였다. 짧았지만 깊었던 여정. 몸은 피곤했지만, 마음은 오히려 가볍고 따뜻했다. 계절이 지나가듯, 우리도 일상의 자리로 다시 돌아가지만 이 가을의 기억만큼은 오래도록 가슴속에 물들어 있을 것이다.

이렇게 해서 이틀간. 늦가을의 끝자락에서 자연이 건네준 위로와 설렘을 안고 우리는 다시 익숙한 삶의 자리로 돌아간다. 다음 계절이 불러줄 또 다른 여행을 기다리며…

엄마의 웃음이 피던 날

가을빛이 산야에 고운 물감을 풀어놓은 듯 단풍이 오색으로 물들어가는 계절, 우리 가족은 어머니의 생신을 기념하기 위해 울진 백암온천으로 1박 2일 여행, 어느새 어머니의 연세는 80대 중반을 지나 아흔을 향해 가고 있었다. 거동이 가능하실 때 아름다운 동해의 풍경을 함께 보고자 하는 마음이 모여 이번 여행이 시작되었다. 아침 8시 50분, 울산에서의 약속. 여동생들 내외와 반가운 얼굴을 마주하고, 울산에 사는 막내 남동생의 차와 내 차, 두 대의 승용차에 나눠 타며 가을빛 속으로 여행을 떠났다.

울산JC를 지나 남포항 IC를 향해 동해고속도로에 진입했다. 길 위에서 먼저 출발한 동생과 외동휴게소에서 마주했다. 해물순두부찌개로 속을 든든히 채우고, 따끈한 커피 한 잔을 손에 쥔 채, 잠시 여유를 즐겼다. 휴게소 주변, 나뭇잎들은 붉고 노랗게 물들어가며 가을의 깊이를 더하고 있었다. 단풍이 짙어지는 풍경을 눈에 담고, 우리는 다시 길 위에 올랐다. 출발 시각은 오전 10시였다. 오전 11시 10분, 첫 번째 목적지인 영덕 '장사상륙작전 전승기념관'에 도착했다. 이곳은 1950년 9월, 인천상륙작전의 성공을 돕기 위해 경북 영덕군 장사리에서 펼쳐졌던 비밀스러운 상륙작전의 흔적이 고스란히 남아 있는 역사 현장이었다. 당시 작전은 오랜 시간 기밀로 묻혀 있다가, 1997년 장사리 해변에서 문산호와 유해가 발견되면서 세상의 빛을 보기 시작했다고 한다.

우리가 도착한 기념관 앞 매표소에서 티켓을 끊고, '문산호 기념관'에 들어섰다. 규모는 크지 않지만, 묵직한 공간에는 당시의 작전과 관련한 다양한 자료들이 전시되어 있었고, 실제 상황을 재현한 모형들과 시청각 영상들이 가슴 깊이 다가왔다. 숨죽이며 바라본 자료들 속에서, 우리는 이름 없이 사라진 수많은 청춘들의 희생과 용기를 다시금 마주하게 되었다. 그들의 조용한 외침이 바닷바람을 타고 귓가에 맴도는 듯했다. 오후 12시 40분, 영덕 벌영리 메타세쿼이아 숲길에 도착했다. 주차장에 차를 세우자마자 시야에 들어온 입구, 곧게 뻗은 나무들이 일렬로 도열한 듯 장관을 이루고 있었다. 처음엔 메타세쿼이아만 있는 줄 알았건만, 그 사이사이에 측백나무와 편백도 함께 심어져 있어 향기는 더욱 깊고 짙었다. 한 걸음, 또 한 걸음 내딛을 때마다 맑고 부드러운 공기가 가슴 깊숙이 스며들었다. 놀랍게도 이 아름다운 숲은 한 개인이 정성껏 가꾸어온 사유지라고 한다. 그럼에도 누구나 자유롭게 이 길을 걸을 수 있도록 개방되어 있어, 더없이 고맙고 따뜻한 마음이 전해졌다. 언젠가 유료로 전환되지 않을까 하는 소소한 우려도 있었지만, 지금 이 순간만큼은 모든 것이 고마웠다. 나무 사이로 부드럽게 스며드는 햇살, 은은하게 풍겨오는 나무의 향, 조용히 들려오는 바람 소리. 그렇게 자연은 조용히, 그러나 분명하게 말을 걸어왔다. 지친 일상에서 잠시 벗어나 나를 숨 쉴 수 있게 해주는 이 공간, 아마도 누구에게나 필요한 '퀘렌시아'가 아닐까.

영덕 영해면으로 향하는 길, 출출해진 배를 달래기 위해 보건소 근처에 있는 '내담대구뽈찜아구찜' 전문점에 잠시 들렀다. 이곳은 얼큰한 대구뽈찜으로 이름난 곳이라기에, 가장 큰 사이즈로 매콤하게 주문했다. 김이 모락모락 나는 뽈찜 한 접시를 앞에 두고, 가족들과 도란도란 이야기 나누며 먹는 점심. 살짝 매운맛이 입안을 감돌며 속까지 따뜻하게 데워주는 느낌이었다. 그렇게 한 끼 푸짐하게 채우고 다시 길을 나섰다. 오후 2시 40분, 괴시마을에 도착했다. 고택들이 옹기종기 모여 있는 이 마을은 마치 시간을 거슬러 조선 시대로 돌아간 듯한 느낌을 주었다. 흙담과 기와지붕, 고즈넉한 골목길을 걷다 보면, 저마다의 세월을 간직한 전통가옥들이 조용히 이야기를 건넨다. 햇살은 고택의 처마 끝에 부드럽게 내려앉고, 바람은 담장을 타고 은은하게 지나간다. 오래된 것들이 주는 깊은 위로와 정적 속의 풍요로움. 괴시마을은 그렇게 우리에게 말없이 많은 것을 들려주는 공간이었다. 괴시마을, 그 이름조차 낯설지만 고풍스러운 정취를 물씬 풍기는 이곳은 고려 말 대학자 목은 이색 선생이 태어난 유서 깊은 마을이었다. 이색 선생의 외가인 함창김씨가 터를 잡고, 조선 인조 무렵에는 영양남씨가 정착해 집성촌을 이루었다고 한다. 원래는 '호지촌'이라 불리던 이 마을을, 이색 선생이 중국 원나라의 학자 구양박사의 고향 '괴시'와 닮았다고 하여 '괴시마을'로 부르게 되었다니, 이름에도 학문과 뜻이 깃들어 있었다. 돌담으로 둘러싸인 좁은 골목길을 걷다 보면, 담벼락 너머로 오랜 세월을 견뎌온 기와집들이 고요히 숨 쉬는 듯했다.

낡고 낮은 담장 앞에서는 여러 번 포즈를 취해 보았다. 마치 시간의 경계에 서 있는 듯한 착각 속에서. 그리고 마을 한편, 수령 약 450년에 이른다는 왕버드나무 한 그루. 노랗게 물든 잎들이 바람에 흔들리며 노래하는 듯했다. 이 마을을 지키는 수호신 같은 존재 앞에서 우리도 인증샷을 남겼다. 오래된 것들이 주는 묵직한 감동 속에, 시간의 향기를 마음에 담으며 괴시마을을 천천히 걸었다. 오후 4시, 우리는 울진 등기산 스카이워크에 도착했다. 높은 곳에서 펼쳐지는 바다 풍경이 마치 한 폭의 그림처럼 눈앞에 펼쳐졌다. 20m의 높이에 135m 길이의 스카이워크가 우리를 맞이했고, 그중 57m 구간은 강화유리 바닥으로 되어 있어 발밑의 바다를 고스란히 내려다볼 수 있었다. 다소 스릴이 있는 경험이었지만, 그 긴장감이 오히려 짜릿하게 다가왔다. 강한 파도 소리가 바람을 타고 들려오고, 끝없이 펼쳐진 바다가 눈앞에 펼쳐지는 순간, 가슴이 뻥 뚫리는 듯한 시원함을 느꼈다. 그렇게 망망대해의 풍광을 한참 바라보며 후련함을 느꼈다. 매표소는 있었지만, 아직까지는 무료로 개방되고 있어 더없이 감사한 마음으로 그곳에 서 있었다. 눈과 마음이 동시에 만족하는 이곳은 자연의 아름다움과 인간의 손길이 어우러져, 우리가 찾는 퀘렌시아의 또 다른 모습이었다.

월송정에 도착한 오후 4시 20분, 우리는 그곳의 고즈넉한 풍경에 마음을 빼앗겼다. 신라 시대의 화랑들이 이 울창한 송림 속에서 달빛을 즐기며 선유했다는 이야기를 들으며, 그들의 발자취가 느껴지는 듯한 고요한 시간에 몸을 맡겼다. 이곳은 옛 시인들과 묵객들이 탄복했던 명승지로, 시간이 지나도 그 아름다움은 여전히 빛을 발하고 있었다. 월송정은 일제강점기 때 해체되었지만, 1980년대에 다시 복원되어 오늘날 우리에게 그 옛 정취를 고스란히 전하고 있다. 해돋이를 보기에도 좋은 곳이라 하니, 언젠가 다시 이곳을 찾아 아침의 첫 빛을 맞이하는 경험을 하고 싶다는 생각이 들었다. 그때그때 다르게 달라지는 풍경처럼, 월송정은 단순히 한 장소가 아닌, 시간의 결이 스며든 조용한 이야기가 머무는 곳이었다. 울진 백암온천 한화리조트에 도착한 시간은 오후 6시 40분. 체크인 후, 룸 310과 312호에 짐을 풀고 잠시 휴식을 취했다. 여동생들이 푸짐하게 준비해 온 밑반찬과 삼겹살, 장어구이로 저녁을 즐기며 기쁨을 나누었다. 음식의 맛만큼이나 그 시간을 함께한 가족들의 따뜻한 마음이 더해져, 하루의 피로가 모두 사라지는 듯했다. 어둠이 깊어가는 한화 리조트 내에서, 노천 족욕 체험장으로 향했다. 발목까지 온천물에 담그니 일상에서 쌓인 모든 피로가 풀리는 기분이었다. 그곳에서 우리는 서로의 웃음소리를 나누며, 하루를 즐겁게 마무리했다. 차가운 바람이 불고, 한 걸음씩 발을 담긴 순간마다 몸과 마음이 편안해졌다. 하루의 마침표가 그 온천물 속에서 자연스럽게 마무리되었다.

리조트에서 맞이한 아침, 정성껏 준비한 식사와 함께 어머니의 생신을 기념하는 특별한 순간, 가족 모두가 모여 축하 케이크를 함께 자르며 행복한 시간을 보냈다. 케이크를 자르는 손길이 어머니께 대한 사랑과 감사의 마음을 담긴 듯했으며, 그 순간을 함께한 모든 이들의 얼굴에 미소가 번졌다. 생신 축하의 의미를 가득 담은 케이크는 단순한 디저트 이상의 의미를 지녔고, 가족 모누가 함께 나누며 따뜻한 시간을 가질 수 있었다. 그 시간은 단순한 축하의 순간이 아니라, 사랑과 행복을 다시 한 번 되새기는 소중한 기억이 되었다. 식사를 마치고 분리수거와 숙소 정리를 재빠르게 마무리한 뒤, 본격적인 일요일 일정이 시작되었다. 첫 번째 목적지는 울진의 명소 성류굴. 거대한 석순과 종유석,

다양한 퇴적층이 만들어낸 신비로운 지하 세계가 펼쳐지는 곳, 우리는 몇 해 전 이미 관람한 적이 있었기에, 이번에는 입구 그늘 아래 벤치에 앉아 가족들을 기다리며 바깥 풍경을 즐기기로 했다. 바위 틈새로 스며드는 햇살, 나뭇가지 사이로 들려오는 새들의 지저귐, 그리고 동굴 안에서 울려 퍼지는 그 모든 것이 어우러져, 짧지만 고요한 여행의 쉼표 같은 시간이 되었다.

울진 은어다리와 왕피천 케이블카!

'은어다리'는 야간에 더욱 빛난다는 명소지만, 우리 가족은 당일 일정상 햇살 가득한 주간에 찾게 되었다. 은어의 고장답게 이름부터 정감 어린 이 다리 위를 걸으며, 잠시 바람을 맞고 사진도 남기며 소소한 추억을 만들었다. 이후 우리는 왕피천 케이블카로 발걸음을 옮겼다. 왕복 운임을 지불하고 케이블카에 몸을 싣고 천천히 하늘을 가르며 도착한 곳은 바로 망양정 해맞이공원. 관동팔경 중 하나로 손꼽히는 이곳에서는 넓게 펼쳐진 동해 바다와 함께 울진 대종, 바람소리길, 소방전망대 등을 둘러보며 오랜 시간 마음속에 남을 풍경을 담았다. 어무이를 모시고, 동생들 내외와 함께한 그 시간은 그야말로 추억 한 페이지가 되는 순간이었다. 이제 아쉬움을 뒤로하고, 가슴 가득 아름다운 추억을 안은 채 천천히 귀갓길에 올랐다. 가는 길, 영덕에 들러 소문난 칼국수 맛집에서 따끈한 국물과 쫄깃한 면발로 허기를 달래며 이번 여행의 마지막 맛을 음미했다. 늦은 오후, 각자의 일상으로 돌아가는 발걸음은 조금 무거웠지만, 마음속에는 가족과 함께한 소중한 시간의 풍경들이 따뜻하게 남아 있었다.

이번 가을, 울진과 영덕의 바다와 숲, 고택과 온천, 그리고 가족이 함께여서 더욱 빛났던 우리만의 특별한 여행은 그렇게 마무리되었다.

마스크 너머, 미소가 피어오른 날

장기화된 코로나19 상황 속에서 우리는 어느덧 무기력과 피로감에 익숙해지고 있었다. 끝이 보이지 않는 제한된 일상 속에서 숨을 돌리고 싶다는 마음에 가을볕이 따스하게 내려앉는 일요일, 심신의 기력 회복을 위해 아내와 함께 경주 산내면에 위치한 화랑의 언덕으로 향하기로 했다. 많은 사람들이 다중이용시설을 이용하기 부담스러운 시기, 우리는 미리 집에서 정성스레 도시락을 준비하고, 따뜻한 커피를 보온병에 담아 작은 피크닉 같은 기분으로 길을 나섰다.

넓게 펼쳐진 들판과 단풍이 물들기 시작한 산자락, 그리고 고요한 하늘 아래 실랑이는 풀결사이로 가을이 깊어지는 것을 온몸으로 느낄 수 있었던 하루. 이날의 탐방은 단지 여행이 아니라, 몸과 마음을 비워내고 다시 채우는 소박하지만 확실한 힐링의 시간이 되어주었다. 산내 방면으로 향하는 드라이브길, 차창 밖으로 스치는 가로수마다 가지 끝의 잎사귀들이 붉고 노란 단풍을 타고 내려오며 짙어지는 가을의 향기를 실어 보낸다. 바람결에 흩날리는 낙엽들이 도로 위를 가볍게 스치고, 그 풍경 속에 선 계절이 천천히 걸어 나오는 듯한 여유가 감돌았다. 한참을 달리던 중, 도로 오른편에서 '청소년수련원'이라는 간판 아래 작은 글씨로 적힌 '화랑의 언덕 3km''라는 표지판이 눈에 띄었다. 그 안내를 따라 내비게이션이 안내하는 길로 접어드니, 작은 계곡 다리를 지나며 양옆으로 펼쳐지는 자연 풍경이 한 폭의 산수화처럼 펼쳐졌다.

가을 햇살이 부드럽게 내리쬐는 산자락을 따라 오르다 보니 어느새 해발이 조금씩 높아지고, 잠시 후 산기슭에 자리한 매표소에 도착한 시간이 오전 11시경. 코로나로 인해 매표소 직원은 밖으로 나와 차창너머로 손을 내밀며 조심스럽게 입장료를 받았다. 사람과 사람 사이의 거리를 유지해야 하는 요즘이지만, 그 순간만큼은 따스한 온기가 전해지는 듯했다. 입장 티켓을 건네받고 다시 길을 따라 한참 들어가니 가장 먼저 시야에 들어온 것은 고요히 자리한 연못, '수의지'였다. 맑은 물 위에 비친 가을 하늘과 단풍이 거울처럼 반사되어 또 하나의 풍경을 만들어 내고 있었다. 그 뒤편으로는 운치 있는 카페가 자리 잡고 있었고, 좌우로는 넓게 펼쳐진 화랑의 언덕 주차장이 푸른 언덕과 조화를 이루며 마치 자연 속 한 폭의 풍경화처럼 다가왔다. 주차장에 도착하니 이미 많은 차량들이 빼곡히 들어차 있었고, 먼저 도착한 행락객들이 가족 단위로, 혹은 연인과 함께 화창한 가을 햇살

아래 언덕을 오르며 여유를 만끽하고 있었다. 양떼목장에서 아이들과 함께 양에게 먹이를 주는 모습, 미니돼지에게 사료를 건네며 깔깔 웃는 소리, 손을 맞잡고 언덕길을 천천히 오르는 연인들의 뒷모습, 그 모든 장면이 마치 그림처럼 평화롭고 따뜻하게 다가왔다. 저마다 가슴 속에 깊어가는 가을의 향기를 담아가는 듯했다. 우리도 주차장 한 켠에 조심스레 차를 세운 뒤, 모자와 물, 간단한 간식거리까지 배낭에 챙기고 산책에 나설 채비를 단단히 마쳤다.

코로나로 인해 여전히 조심스러운 시기지만, 자연 속에서는 마스크 너머로도 맑은 숨을 쉴 수 있는 소중한 여유가 피어났다. '화랑의 언덕'이라는 이름처럼, 이곳은 청춘의 기개와 자연의 숨결이 어우러진 공간이었다. 언덕을 따라 이어진 길을 걷다 보면 계절의 결이 발끝에 느껴지고, 가벼운 바람이 옷깃을 살며시 스치며 말을 걸어오는 듯했다. 걸음을 옮길 때마다 눈에 들어오는 풍경은 우리를 웃게 만들었고, 자연의 품 안에서 보내는 이 시간은 단지 여행 이상의 의미로 마음 깊은 곳에 새겨졌다. 멀리 보이는 단석산 능선 너머로 뭉게구름이 흘러가고, 그 아래서 우리는 소소하지만 확실한 행복을 하나씩 주워 담고 있었다. 곳곳에 마련된 평상 위로는 돗자리를 펴고 앉은 가족들의 웃음소리가 바람을 타고 퍼졌다. 햇살은 따스하게 내려앉고, 나무 그늘은 시원한 쉼을 내어주며, 그 아래 모여 앉은 사람들은 정성껏 준비한 음식을 나누고 있었다. 아이들은 뛰놀고, 어른들은 옆자리에 앉은 이와 도란도란 이야기를 나누는 모습에서 참된 일상의 행복이 느껴졌다. 우리도 산책 중 점심 시간이 가까워지자 미리 준비해온 도시락을 꺼내들었다. 나무 그늘 아래 평상에 자리를 잡고, 도시락 뚜껑을 여는 순간 퍼지는 향기와 함께 입가엔 절로 미소가 번졌다. 따뜻한 햇살과 선선한 바람, 그리고 자연 속에서 먹는 한 끼는 어느 고급 식당 못지않은 맛과 정겨움을 안겨주었다.

식사를 마치고는 잠시 누워 하늘을 올려다보았다. 흘러가는 구름 사이로 간간이 스며드는 햇살이 눈부시고, 산자락 너머로 바람결이 느릿하게 스쳐갔다. 잠깐의 휴식이었지만, 그 순간만큼은 시간도, 세상도 멈춘 듯 고요하고 평화로웠다. 이런 작고도 소중한 여유야말로 우리 삶에 꼭 필요한 힐링의 한 조각이 아닐까 하는 생각을 했다. 아직 해가 중천에 머무는 시간, 여유가 남아 경주의 고대 유적지를 향해 발걸음을 옮겼다. 먼저 도착한 곳은 첨성대. 천년의 시간을 간직한 고요한 돌탑 앞에서, 우리는 잠시 말을 잊고 그 곁에 서 있었다. 가을 하늘을 배경으로 선 첨성대는 마치 찬란했던 신라의 세월을 우리에게 속삭이는 듯했고, 그 앞에서 사진을 남기는 이들의 표정엔 경건함마저 감돌았다. 다음은 월정교로 향했다. 재현된 다리지만 그 위를 걸을 때마다 고운 기와와 단청의 선명함에 눈길이 머물렀고, 교촌마을로 이어지는 길은 옛 정취가 살아 숨 쉬는 길목이었다. 교촌 최부잣집에선 절제된 부와 '과거를 보되 벼슬은 하지 말라'는 청렴한 정신이 전해오는 듯했고, 그 품격과 역사적 의미는 한옥의 고즈넉한 분위기와 어우러져 우리에게 깊은 인상을 남겼다.

어둠이 내려앉을 무렵, 마지막으로 찾은 동궁과 월지. 이곳에서 마주한 야경은 그야말로 환상 그 자체였다. 연못 위로 고요히 비친 누각의 불빛, 잔잔한 물결에 반사된 조명의 흔들림은 현실이 아닌 꿈속을 거니는 듯한 착각을 안겨주었다. 사진 한 장을 남기는데도, 우리는 그 장면이 망설여질 만큼 그저 바라보며 깊이 머무르고 싶었다. 이렇게 오늘 하루는 자연의 풍요로움과 유적지의 깊은 정취를 온전히 누린, 가을날의 완벽한 선물 같은 시간이었다. 그리고 이 하루의 기억은 우리 마음속에 따뜻한 추억으로 오래도록 남게 될 것이다. 해가 서서히 서쪽 하늘을 물들이며 저물 무렵, 우리는 경주의 잔잔한 풍경을 뒤로한 채 귀갓길에 올랐다. 하루의 여운이 차창 밖 풍경과 함께 조용히 스며들었고, 차 안엔 깊은 만족감과 잔잔한 피로가 어우러져 말없이 음악만 흐르고 있었다. 짙어진 가을밤 공기를 가르며 달리는 동안, 오늘 하루 걸었던 화랑의 언덕길, 양떼와 미니돼지가 있던 체험장, 그리고 경주의 유적지에서 마주한 고요한 시간들이 머릿속을 천천히 스쳐 지나갔다. 자연 속에서 웃고, 역사 속에서 느끼고, 함께 나눈 도시락 한 끼와 소소한 대화까지 그 모든 것이 소중한 하루로 기억으로 남았다. 조용히 집 앞에 도착하니, 차창에 맺힌 이슬이 가을밤의 깊이를 말해주는 듯했고, 우리는 그 어느 때보다 편안한 마음으로 문을 열고 들어섰다.

길었던 하루의 마지막, 오늘의 아름다움이 오래도록 마음속에 남기를 바라며 이 평온한 저녁 밤을 맞이해 본다.

그대와 걷는 제주, 가을에 물들다

사려니숲길에서 시작해 용눈이오름, 섭지코지, 제주 허브동산, 카멜리아 힐, 피규어뮤지엄, 용두암, 제주민속자연사박물관, 그리고 함덕해수욕장까지… 곳곳마다 가을빛이 스며들어 우리를 따뜻하게 맞아주었다. 가을은 그저 스쳐 지나가기 아쉬운 계절이다. 단풍이 짙어지는 10월을 그냥 흘려보낼 수 없어, 제주로 떠나 자연 속에서 가슴 가득 가을 정취를 채웠다. 바람은 부드럽고 하늘은 높고 푸르렀다. 걷는 길마다 낙엽이 바스락거리고, 따뜻한 햇살은 온기를 더해 주었다. 이렇게 계절을 온전히 누릴 수 있다는 것 자체가 하나의 축복처럼 느껴졌다. 짧지만 깊이 남은 이 여행은, 마음 한편에 오래도록 가을의 색으로 물들어 있을 것이다.

가을비가 촉촉이 내리는 금요일 저녁, 부산 중앙로 지하철역에 도착한 시계는 오후 5시 50분을 가리키고 있었다. 회색빛 하늘 아래 촘촘히 내리는 비는 어쩐지 마음을 차분하게 가라앉히는 힘이 있었다. 우리는 캐리어에 비닐을 덮어 씌우고, 부산항 여객터미널을 향해 천천히 걸음을 옮겼다. 비 맞은 도심의 거리와 사람들, 그 풍경 속에서 잔잔한 설렘이 고요히 마음을 두드렸다.

약 15분쯤 걸었을까. 드디어 부산항 여객터미널에 도착해 제주항으로 향하는 선사의 매표소에서 티켓팅을 마쳤다. 6시 30분, 탑승을 알리는 방송이 울리고 우리는 안내에 따라 탑승했다. 우리뿐만 아니라 수많은 관광객과 등산객들이 기대 어린 눈빛으로 하나둘씩 탑승하는 모습이 인상적이었다. (안내 방송에 따르면 이날 승객은 약 230명쯤 되었다고 한다.) 출항 전, 안전을 위한 비상 안내 방송이 이어졌고 그 목소리가 끝날 즈음, 저 멀리서 엔진의 진동과 함께 거대한 배가 천천히 움직이기 시작했다. 출렁이는 파도, 높이 2~3미터는 족히 될 물결이 우리를 감싸며 배는 힘차게 바다로 나아갔다. 드넓은 바다 위를 헤쳐 나가는 그 순간, 도심의 소음은 어느덧 멀어지고 비로소 여행이 시작되었음을 실감했다. 우리는 1등실 218호, 침대와 소파가 비치된 객실에 짐을 풀고 바닷바람을 느낄 수 있도록 가벼운 복장으로 갈아입었다.

배 안 편의점에서 구입한 세면도구와 컵라면, 작은 술병을 들고 나와 식당 한 켠에 자리를 잡았다. 소박한 식탁 위에 놓인 컵라면과 마른안주, 그리고 익숙한 서로의 눈빛.

마주 앉은 아내와 눈을 맞추며 즐거운 여행이 되길 하는 마음으로 잔을 맞부딪혔다. 창밖으로는 비에 젖은 가을 밤바다가 검푸르게 출렁였고, 배가 내는 리드미컬한 진동은 마치 자장가처럼 마음을 누그러뜨렸다. 도심에서 벗어나 오롯이 우리 둘만의 시간이 흐르던 밤, 우리는 그렇게 배 위에서 제주를 향한 낭만의 첫 페이지를 열었다. 배편 여행만이 줄 수 있는 독특한 정취, 잔잔한 엔진 소음과 흔들리는 파도, 그리고 아내와 함께 마주한 그 밤의 감성은 오래도록 기억 속 깊이 남을 것 같았다.

2일 차

청정의 숲으로 이끄는 제주, 그 둘째 날 밤새 출렁이던 파도 소리가 어느덧 잦아든 새벽, 객실 스피커를 타고 들려오는 제주항 도착 안내 방송이 잠든 우리를 천천히 깨웠다. 시계는 아침 6시, 어스름한 동트는 바다 너머로 제주도가 서서히 모습을 드러냈다. 부슬비가 지나간 듯 축축한 공기 속, 우리는 터미널 대합실 한쪽에서 김밥과 라면으로 간단한 아침을 해결했다. 뜨끈한 국물 한 숟가락에 밤배의 피곤함도 스르르 녹아내리고, 잔뜩 기대에 찬 눈빛으로 이날의 여정을 상상해보며 제주의 첫 아침을 맞이했다. 대합실을 나와 택시 승강장으로 이동했지만 이른 아침이라 그런지 한참을 기다려야 했다. 기다림 끝에 잡은 택시를 이용해서 렌터카 사무소로 향했다. 20분 남짓 걸리는 길, 차창 너머로 펼쳐진 제주의 이른 아침 풍경은 비에 씻긴 듯 말간 모습이었다. 렌터카 사무소에 도착하며 직원의 설명에 따라 자동차 보험을 선택하고, 드디어 차를 인도받았다. 드라이브의 설렘을 안고 우리가 첫 발을 내디딘 곳은 바로 '사려니숲길'이었다. '사려니'란 이름에 '신성한 곳'이라는 의미가 담겨 있다고 한다. 그 이름처럼 숲의 입구에 들어서는 순간, 이곳은 마치 신의 숨결이 깃든 듯 고요하고 경건한 분위기를 품고 있었다. 많은 방문객들의 차로 인해 입구에서 다소 떨어진 곳에 주차를 하고, 우리는 가벼운 산책을 시작했다. 사려니숲길은 편백나무와 삼나무가 울창하게 뻗어 있는 길. 짙은 초록빛 그늘 아래, 숨을 들이쉴 때마다 폐 깊숙이까지 맑은 공기가 차오르고 몸의 독소까지 씻겨 내려가는 듯한 느낌이었다. 걷는 동안 장과 심폐 기능이 향상된다는 이 숲의 효능을 몸소 느낄 수 있었다. 초입에서 시작해 '월든 삼거리 삼나무 숲'까지 원점 회귀 산책 코스를 따라 걷는 그 시간은 마치 시간의 흐름이 멈춘 듯, 자연의 품에 완전히 안긴 평온한 순간이었다.

말없이 걷고, 나무를 바라보고, 가끔은 눈빛으로 대화를 나누며 자연이 건네는 온기를 천천히 가슴에 담았다. 사려니숲길에서의 이 아침은 여행 둘째 날의 시작을 맑고 경건하게 열어주었다. 몸도 마음도 가볍게 정화된 듯한 기분, 그 청정함과 평화는 제주에서만 느낄 수 있는 아주 특별한 선물이었다.

용눈이오름

사려니숲길의 청량함을 가득 머금은 채, 우리는 다음 여정인 용눈이오름으로 향했다. 가던 길, 배에서 나는 정직한 소리에 이끌려 '손칼수전분 식당'에 잠시 들러 얼큰하고 푸짐한 닭칼국수 한 그릇으로 든든한 점심을 해결했다. 속까지 따뜻해지는 국물맛에 마음까지 너그러워진 기분으로 다시 출발한 길. 드디어 용눈이오름 입구에 도착하자 가을 햇살 아래 황금빛으로 물든 언덕이 우리 앞에 반짝이며 모습을 드러냈다.

초입부터 바람에 나부끼는 억새는 은빛 몸짓으로 가을의 시를 읊고 있었다. 빛나는 억새 사이로 난 탐방로를 따라 천천히 걷다 보니 멀지 않은 곳에서 말들이 유유히 풀을 뜯고 있었다. 넉넉한 풍경 속 그들의 모습은 제주에서만 만날 수 있는 조용하고도 고즈넉한 선물 같았다. 향기 대신 바람을 안고 있는 억새, 그 억새가 흔들리는 소리에 귀 기울이면 어느새 우리의 마음도 흔들리고 몸마저 그 리듬에 맞춰 가볍게 춤을 추는 듯 바람은 말없이 등을 밀어주고 억새는 찬란한 물결이 되어 가을 속으로 우리를 이끌었다. 정상에 오르니 시아를 가로막는 것 하나 없이 성산일출봉이 그림처럼 펼쳐지고 저 멀리 푸른 우도가 눈에 들어왔다. 탁 트인 전망은 그 자체로 감동이었고, 하늘과 땅 사이를 부드럽게 흐르는 바람은 우리의 가슴마저 시원하게 열어주었다. 10월의 제주는 억새로 피고, 바람으로 노래하며, 하늘빛과 햇살로 눈부시게 완성되어갔다. 용눈이오름, 그곳은 말없이 아름답고, 억새 하나로도 하루를 환히 채워주는 가을의 진심이 머무는 곳이었다.

섭지코지

바람과 전설이 머무는 해안의 길! 제주 방언으로 '좁은 땅'을 의미하는 섭지코지는 이름부터가 어딘가 고요하고, 비밀스러운 이야기를 품고 있는 듯한 느낌이었다. 가을 바람이 느긋하게 부는 오후, 우리는 유료 주차장을 지나 한 바퀴를 천천히 돌며 주차 공간을 찾아야 했지만 그 기다림조차도 섭지코지를 만나기 위한 설렘의 시간처럼 느껴졌다. 드디어 차를 세우고, 해안 탐방길에 발을 디디자 가장 먼저 눈에 들어온 건 거칠면서도 신비로운 용암 바위들과 세월이 빚은 기암괴석들. 그 풍경은 마치 자연이 오랜 시간 정성스레 준비한 수석 전시회에 초대된 듯한 기분을 안겨주었다. 짙푸른 바다를 배경으로 촛대처럼 우뚝 솟은 선돌 바위가 고요히 서 있었고, 슬픈 사랑의 전설도 깃들어 있다고 했다. 선녀와 용왕신의 아들, 하늘과 바다의 이룰 수 없던 사랑이 이 바위 하나에 오롯이 담겨 지금도 바다 바람 속에서 조용히 이야기를 전하고 있는 듯. 바람은 그리운 이의 손길처럼 뺨을 스치고 햇살은 기암 사이로 부드럽게 흘러들며 섭지코지의 가을을 금빛으로 물들였다. 바닷물은 바위에 부서지며 리듬을 타고, 그 위로 억새는 바람에 흔들리며 가을 제주가 가진 모든 감성을 노래하고 있었다. 이곳 섭지코지는 단순히 '관광지'라는 말로는 담기지 않을, 바람과 시간과 전설이 공존하는 특별한 공간이었다. 조용히 마음을 채운 후, 우리는 다음 여정지인 제주 허브동산으로 발길을 옮겼다. 코끝에 남은 바다 향기와 전설의 여운을 간직한 채로…

제주 허브동산

향기와 빛으로 피어난 밤의 정원! 해가 서서히 지고, 붉은 노을이 하늘 끝을 물들일 즈음, 우리는 제주 허브동산으로 향했다. '밤에 가볼만한 곳'이라 들었기에, 조금은 기대 반, 호기심 반으로 도착한 이곳은 어둠 속에서야 비로소 제 진가를 드러내는, 빛과 향기로 가득한 환상의 정원처럼 우리를 맞이했다. 입장하자마자 마주한 것은 밤의 정적을 깨우듯 찬란히 수놓인 조명들이었다. 다양한 형상의 조형물들이 형형색색의 불빛을 입고 어느새 동화 속 세상으로 데려다주는 듯한 착각마저 들게 했다. 아이들의 동심이 담긴 만화 속 캐릭터들이 빛으로 환생한 듯 이곳저곳을 채우고 있었고, 우리의 눈과 마음은 그 풍경 속에서 동시다발로 감탄을 쏟아냈다.

불꽃놀이처럼 화려한 색채의 향연, 그 가운데를 걷는 우리는 어느 순간 어린 시절의 순수함으로 돌아가 빛나는 길 위에서 서로 사진을 찍고, 웃고, 감동에 젖었다. 사진에 담기지 않는 그 찰나의 찬란함을 마음에 깊이 새기느라, 더없이 고된 감성 노동을 한 셈이었다. 허브동산의 산책로를 따라 한 바퀴를 다 돌고 난 뒤, 마지막 코스인 보타니카 카페로 들어갔다. 카페 안에는 잔잔한 음악과 함께 공기마저 허브향기로 가득했고, 그 향은 마치 하루의 피로를 말없이 어루만지는 손길 같았다.

무료 시음 코너에서 따끈한 허브차 한 잔을 받아 들고 창밖을 바라보며 조용히 오늘 하루를 되돌아보았다. 억새 물결, 기암괴석, 바다, 그리고 찬란한 빛의 정원까지…

10월의 제주는, 하루하루가 계절의 선물처럼 우리를 감싸 안아주고 있었다. 이날 밤, 우리는 향기 속에서 하루를 따뜻하게 마무리했다. 가슴 한 켠이 잔잔한 행복으로 채워지는 느낌이란, 바로 이런 순간을 두고 하는 말이겠지!

카멜리아힐

꽃길 따라 걷는 가을의 정원! 여행의 셋째 날 아침, 우리는 호텔에서 가볍게 짐을 챙긴 뒤, 가장 먼저 향한 곳은 카멜리아힐. 제주의 부드러운 아침 햇살을 받으며 일찍 출발했지만, 도착한 주차장엔 이미 많은 승용차와 관광버스들이 줄지어 있어 이곳의 인기를 실감할 수 있었다. 입구 맞은편, 아기자기한 Picnic 카페에 들러 따뜻한 커피 한 잔과 담백한 식빵으로 소박하지만 기분 좋은 아침을 대신하고, 본격적으로 카멜리아힐의 문을 열었다.

입장권을 손에 쥐고 탐방로를 따라 걷기 시작하자마자 우리는 어느새 꽃과 나무들의 향연 속에 빠져들었다. 전 세계 500여 종 무려 6,000여 그루의 동백이 각기 다른 표정으로 반기고, 야자수와 이국적인 식물들, 작고 귀여운 야생화들이 길섶마다 자신만의 빛깔과 향기로 우리를 이끌었다. 한가운데 펼쳐진 넓은 잔디 광장은 푸르고 넉넉하여 잠시 숨을 고르기 좋았고, 가을 정원으로 접어들자 분홍빛 핑크뮬리와 은은한 억새들이 바람에 살랑이며 인사하듯 춤을 추고 있었다.

그 길을 걷는 동안, 우리는 마치 꽃길 위를 걷는 듯한 기분에 서로 말없이 미소 지으며 발걸음을 맞췄다. 한 장 한 장 셔터를 누를 때마다 그 순간의 감정까지 함께 찍히는 듯했고, 이른 아침의 상쾌함과 꽃이 주는 따스한 위로가 우리의 마음을 조용히 적셔주었다. 카멜리아힐은 단지 정원을 걷는 공간이 아니라, 잠시 멈춰 서서 자신을 돌아보게 하고, 사랑하는 사람과의 마음을 더 가까이 느끼게 해주는 시간의 정원이었다. 가을 제주, 그 한가운데에서 우리는 오늘도 자연이 건네주는 가장 아름다운 위로를 조용히, 깊이, 가슴에 담아간다.

피규어뮤지엄제주

어른과 아이의 경계를 흐리는 시간이었다. 나는 큰 기대 없이 따라나선 길이었다. 아내가 좋아한다기에, 그냥 함께 걸어보자는 마음으로 피규어뮤지엄의 문을 넘었다. 그런데 문을 여는 순간, 나는 스스로에게 놀라고 말았다. 눈앞에 펼쳐진 풍경은 단순한 진시관을 넘어 환상의 세계로 들어서는 입구 같았다. 조용히 전시장을 거닐다 보니 어릴 적 마음속에 숨어 있던 순수하고 들뜬 감정이 고개를 들기 시작했다.

무수히 많은 액션 피규어들과 영화 속 캐릭터들이 현실처럼 생생하게 서 있었고, 무비스태츄와 실물 크기의 대형 피규어들은 그 자체로 예술 작품이었다. 그 앞에 서 있는 우리도 순간, 어린아이처럼 작은 존재로 느껴졌다. 특히 눈길을 사로잡은 것은 폐품을 이용한 업사이클링 힐링아트 작품들. 버려진 것들 속에서 되살아난 창의력과 생명력이 묘한 감동을 안겨주었다. 이곳은 단순한 장난감 박물관이 아니라 예술과 기억, 그리고 상상력이 살아 숨 쉬는 공간이었다. 그리고, 아내가 가장 좋아하는 그루트가 모습을 드러냈을 때, 그 눈빛을 본 순간, 이곳에 오길 잘했다는 확신이 들었다.

소녀 같은 웃음을 지으며 "그루트다~"라고 외치는 아내를 보며 나는 말없이 미소 지었다. 이 여행의 또 다른 기쁨은, 사랑하는 사람의 눈빛에서 느끼는 행복임을 다시금 깨닫게 되었다. 그렇게 피규어뮤지엄에서의 시간은 어른과 아이의 경계를 허물고 우리 마음속 깊은 곳에 숨겨진 동심을 살며시 꺼내어 안아주는, 따뜻한 여운으로 남았다.

용두암

바람과 파도가 빚은 용의 전설! 오랜 시간 바람과 파도에 씻기며 자연이 손수 조각한 거대한 바위, 그 형상이 마치 하늘로 승천하려는 용의 머리를 닮았다 하여 '용두암'이라 불리는 이곳. 전설이 바람결 따라 퍼져 나가는 해안가에 우리는 발을 내딛었다.

하늘은 청명하고, 파도는 하얗게 부서지며 용두암 주위를 감싸 안았다. 마치 용이 지금이라도 바다를 박차고 날아오를 것처럼 생동감 있는 풍경은 시선을 붙들기에 충분했다. 용두암 주변, 작은 천막들과 리어카가 늘어선 해안가에는 제주 해녀들이 갓 채취한 해산물을 손질하고 관광객은 즉석에서 소주 한 잔과 함께 그 신선함을 즐기고 있었다. 우리는 그 특별한 경험에 마음이 끌렸지만, 운전대를 잡아야 하는 현실 앞에 아쉽지만 발걸음을 돌릴 수밖에 없었다. 대신 노점 수레에서 제주 명물 한치빵을 맛보기로 했다. 제주산 메밀과 보리 반죽에, 곱게 갈아 넣은 한치와 부드러운 제주 모짜렐라 치즈. 빵틀에서 갓 구워내 따뜻한 김이 모락모락 나는 한입은 그저 간식이 아닌, 제주의 바람과 바다를 품은 작은 향토 요리였다. 한입 베어무는 순간, 입 안 가득 퍼지는 고소함과 짭조름한 바다 내음이 용두암에서의 기억을 더욱 진하게 남겨주었다. 맛으로, 풍경으로, 전설로 용두암은 그 모든 것을 아우르는 제주의 상징 같은 장소였다.

제주민속자연사박물관

가을 햇살이 부드럽게 내리던 오후, 우리는 제주의 오랜 숨결이 담긴 '제주민속자연사박물관'으로 향했다. 제주의 역사와 전통, 그리고 자연 속 생명들을 한 자리에 모아 전시하고 연구하기 위해 누군가의 깊은 뜻으로 1964년, 사재를 털어지어졌다는 이곳. 건물 안팎에는 시간이 만든 흔적과 섬 사람들의 삶이 고스란히 새겨져 있었다. 마침 우리가 방문한 날은 10월 '문화의 달' 행사 기간이라 입장료 없이 마음껏 관람할 수 있었다. 우리는 문을 들어서며, 무료라는 말보다 '더 귀한 시간을 선물 받는다'는 마음이었다. 박물관 안은 제주인의 삶이 켜켜이 쌓여 있었다.

돌담과 초가, 해녀의 도구와 농기구, 생업과 제례, 바람과 함께 살아온 사람들의 손때 묻은 일상들. 그 하나하나에 귀 기울이다 보면 시간이 멈춘 듯한 착각에 빠져든다. 마치 옛 제주의 골목길 어귀를 거니는 기분처럼, 우리는 전시물 사이를 천천히, 조용히 걸었다. 지나온 시간의 무게, 그리고 그 안에서 꿋꿋하게 삶을 이어온 사람들의 온기. 그 모든 것이 우리 마음속에 따뜻하게 스며드는 오후였다. 제주를 더 깊이 이해하고, 더 진하게 느끼게 해 준 뜻깊은 여정의 한 장면이었다. 박물관에서는 특별전 『광해, 제주에 유배 오다』가 열리고 있었다. 제목부터 궁금증을 불러일으켜 우리를 전시실로 이끌었다. 두 달간 열리는 이 전시는 역사의 소용돌이 속에서 제주로 유배된 광해군과 그와 얽힌

김만일, 동계 정온 같은 인물들의 이야기를 담고 있었다.

전시실 안에는 권좌에서 쫓겨난 왕의 침묵, 그리고 유배라는 이름의 외로움이 정갈하게, 그러나 묵직하게 전시물들 위에 놓여 있었다. 세월을 잊은 듯한 글씨들, 그 속에 깃든 권력의 덧없음과 인간의 고뇌가 천천히 우리의 가슴속으로 스며들었다. 제주의 자연은 아름답지만, 그곳에 머물러야 했던 이들에게는 그 모든 풍경조차 외로운 배경이었을 터. 그러나 그 유배의 땅에서조차 지혜를 잃지 않고 견뎌낸 인물들의 이야기에서 우리는 또 다른 의미의 '제주'를 보았다. 단순한 여행이 아닌, 역사의 무게까지 함께 짊어진 깊은 사색의 여정이 아닌지! 전시장을 나서며 우리는 제주가 단지 아름다운 섬이 아니라, 수많은 이들의 삶과 운명이 얽힌 역사의 무대였다는 사실을 가슴에 새겼다.

함덕해수욕장

바다 위를 걷는 듯한 밤의 산책! 제주의 밤, 늦은 시간 도착한 함덕해수욕장은 낮의 생기와는 또 다른 고요한 아름다움으로 우리의 마지막 여정을 따스히 감싸주었다.

하얀 백사장은 밤에도 여전히 부드럽고, 멀리서 반짝이는 델문도 카페의 조명은 바다 위에 작은 별빛을 뿌려 놓은 듯했다. 그 빛들은 파도 위로 출렁이며 밤의 제주를 한 폭의 그림처럼 만들어 주었다. 검은 현무암 위로 이어진 탐방길, 구름다리처럼 만들어진 그 길을 걸으며 정말이지 우리는 잠시 바다 위를 걷는 듯 한 신비로운 착각에 빠졌다. 찰랑이는 바다 소리와 밤공기의 차가운 숨결, 그 사이에 조용히 스며드는 아내와 나만의 시간. 그 여운이 마음에 남아 문득 떠오를 때마다 우리는 아마 지금 이 순간을 기억하겠지! 제주의 가을 속에서 우리는 애틋한 추억과 함께 사랑이라는 이름의 따뜻한 울림을 다시금 확인했다.

가을의 서울, 둘이서 걷다

가을빛이 성큼 다가오는 10월, 선선한 바람과 함께 한 해의 끝자락이 가까워지는 시기. 아내의 하계(정기)휴가는 기업 운영의 특성상 늘 이맘때가 되어야 사용할 수 있기에, 올해도 그 흐름을 따라 가을 속에서 여유를 만끽할 기회를 가졌다. 아내와 휴가 일정을 맞추어 3박 4일간 서울을 여행하며, 고궁과 관광명소 곳곳을 찾아다니면서 마음을 채우고 몸에 숨을 고르는 여유를 주었다. 붉게 물든 단풍 아래 웅장한 고궁을 거닐며, 오래된 돌담길을 따라 발걸음을 옮기니 시간마저 잔잔하게 흐르는 듯했다.

도심의 분주함 속에서도, 서울 곳곳에 깃든 역사와 고요한 순간들이 힐링을 선물했다. 한강변을 따라 불어오는 가을바람이 상쾌했고, 고즈넉한 정원 속에서 마주한 풍경은 평온한 여유를 선사했다. 함께 걷고, 웃고, 차를 마시며 나누는 대화 속에서 바쁜 일상 속 놓쳤던 작은 행복들을 다시금 마주하는 듯했다.

시간이 흐를수록 더욱 깊어지는 가을처럼, 이번 여행은 서로에게 따뜻한 기억으로 남았다. 하루하루를 의미 있게 채우며 돌아오는 길, 창밖으로 스치는 서울의 불빛이 여운처럼 남아 여행의 순간들을 조용히 되새기게 했다. 도심 여행의 묘미는 단순히 목적지에 도착하는 것만이 아니라, 이동하는 순간마다 새로운 풍경을 마주하고, 낯선 이들과 묵묵히 시간을 공유하는 데 있는 것이었다. 이번에는 자가용 대신 고속버스, 지하철 등 대중교통을 이용하여 서울의 다양한 관광 코스를 돌아보았다. 도심을 가로지르는 길 위에서 창밖으로 펼쳐지는 서울의 거리 풍경을 바라보며, 운전에 신경 쓰지 않아도 되는 여유 속에서 사색에 잠길 수 있었다.

지하철 안에서 스쳐 지나가는 수많은 얼굴들, 저마다의 목적지를 향해 움직이는 발걸음 속에는 무수한 삶의 이야기가 깃들어 있었다. 누군가는 가쁜 숨을 내쉬며 출근길을 재촉하고, 누군가는 문득 핸드폰 속 사진을 바라보며 추억에 잠긴다. 사소한 일로 다투는 사람, 누군가를 애타게 기다리는 모습, 창밖을 멍하니 바라보는 시선 하나하나가 마치 드라마의 한 장면처럼 보였다. 이렇게 수많은 삶의 순간을 엿보며, 문득 깨닫게 된다. 여행이란 단순히 목적지를 향하는 것이 아니라, 그 길 위에서 사람과 세상을 마주하고 또 다른 이야기를 발견하는 과정이다. 그리고 그것은 결국 우리가 걸어가는 인생과 닮아 있다. 서울 곳곳을 누비며 마주했던 순간들이 마음 한편에 잔잔한 여운으로 남는다. 길 위에서 경험한 작은 일들이 모여, 여행을 더욱 깊이 있는 기억으로 채워준다. 결국 우리는 이렇게 수많은 사람들과 스쳐 지나가며, 각자의 길을 걸어가고 있는 것 같다. 우리나라의 고궁은 단순한 건축물이 아니라, 선조들의 숨결과 지혜가 고스란히 깃들어 있는 역사 그 자체다. 궁궐의 웅장한 기둥 하나, 섬세하게 조각된 문살 하나에도 오랜 세월을 거쳐 내려온 장인들의 손길이 깃들어 있고, 시간의 흐름 속에서도 변치 않는 아름다움과 품격이 느껴진다. 색감과 디자인 또한 자연과 조화롭게 어우러지며, 단순한 미를 넘어서 깊은 철학과 뜻을 담고 있다. 붉은 주련이 이어진 회랑을 따라 걷다 보면, 마치 시간 속을 거슬러 왕실의 삶을 엿보는 듯한 기분이 든다.

궁궐 곳곳에는 왕실 가족들이 머물던 생활 공간과 아늑한 후원이 자리하고 있다. 후원의 정원에는 바람결에 흔들리는 버드나무가 조용히 그늘을 드리우고, 연못 위에 떠 있는 나지막한 정자는 고요한 사색의 공간이 되어 준다. 자연을 벗으로 삼아 휴식을 취했던 선조들의 지혜가 깃든 이곳에서, 역사와 자연이 하나로 녹아드는 순간을 경험할 수 있다. 고궁을 거닐며 느껴지는 고요함은 단순한 공간의 울림이 아니라, 오랜 시간 동안 이어져 내려온 정신과 전통이 만들어내는 깊은 울림이다. 바람이 스치고 햇살이 비추며, 수백 년의 이야기가 우리 곁에서 조용히 숨 쉬고 있음을 느낄 때, 우리는 또 한 번 우리 문화의 가치와 선조들의 슬기를 마음속 깊이 새기게 된다.

창덕궁 후원은 자연 그대로의 아름다움을 간직한 채, 역사의 숨결과 조화롭게 어우러져 있다. 골짜기마다 자리한 부용지, 애련지, 관람지, 존덕지는 맑은 물과 바람 속에서 고요한 멋을 전하고, 그 주변에 아담하게 자리 잡은 소요정, 청의정, 태극정은 마치 오랜 시간을 품고 있는 듯하다. 후원의 정취 속을 아내와 함께 걸으며, 왕실 가족들의 사색과 발자취를 조용히 되새겼다. 바람에 흔들리는 나뭇잎 소리가 마치 옛 왕실의 속삭임처럼 들려오고, 길을 따라 걷다 보면 마치 시간이 멈춘 듯한 착각에 빠졌다. 연못 위에 비친 하늘과 정자 사이로 흐르는 잔잔한 물결, 계절을 품은 나무들 사이로 스며드는 햇살이 모든 풍경을 더욱 운치 있게 만들었다. 순간, 이곳을 거닐던 선조들의 사색과 고민이 가슴속으로 스며드는 듯했고, 나는 잠시나마 조선시대 왕이 된 듯한 기분으로 후원을 거닐었다. 역사의 고요함과 자연의 아름다움이 하나가 되어, 그 속에서 삶의 여유를 느끼는 뜻깊은 시간이었다. 궁궐 후원의 산책은 단순한 여행이 아니라, 지난 시간과 현재를 이어주고, 우리의 마음속 깊은 곳을 따뜻하게 채워주는 특별한 순간이었다.

북촌마을 탐방

북촌한옥마을은 과거와 현재가 조화롭게 맞닿아 있는 특별한 공간이다. 청계천과 종로의 윗동네라는 뜻을 품은 북촌은 조선 시대 왕족과 사대부들이 모여 살던 고급 주거지였으며, 지금도 그 흔적을 고스란히 간직한 채 시간이 머물러 있다. 마을을 거닐면 담장 너머로 펼쳐지는 고즈넉한 한옥의 기와지붕이 눈길을 사로잡는다. 정교하게 짜인 목재 구조와 기품 있는 처마 곡선이 옛 선조들의 섬세한 손길을 그대로 보여준다. 돌계단을 따라 발걸음을 옮기면 조선의 시간 속을 거니는 듯한 착각이 들고, 좁은 골목마다 흐르는 정취는 마치 오래된 그림 속을 걷는 듯하다. 하지만 관광객이 많아지면서 북적이는 소음이 마을 곳곳을 채우고 있었다. 주민들의 생활이 점점 불편해지자 조용히 관람해 달라는 현수막이 걸려 있었고, 우리는 이에 공감하며 조심스럽게 발걸음을 옮겼다. 소란보다는 정숙함이 어울리는 곳, 북촌의 담장 너머로 스며든 조용한 바람이 한옥 사이를 지나며 그 공간에 깃든 오랜 이야기를 들려주는 듯했다.

북촌은 단순한 관광지가 아니라, 세월을 머금은 공간이자 우리의 전통을 그대로 이어가는 소중한 문화유산이다. 그곳을 찾는 사람들 또한 역사의 숨결을 존중하며 마을의 고요함을 함께 지켜가야 한다는 생각이 들었다. 그렇게 조선의 품격과 자연스러운 조화를 가슴 깊이 느끼며, 북촌의 아늑한 골목을 따라 천천히 걸었다. 북촌 한옥 마을을 탐방한 후, 삼청동 거리를 거닐며 주변의 볼거리를 구경했다. 곳곳에 자리한 아담한 카페와 전시 공간, 그리고 오래된 골목길이 어우러져 서울의 깊은 멋을 전해 주었다. 인터넷 검색을 통해 청와대 입구에 도착했지만, 아쉽게도 탐방은 사전 예약 코스라 즉석에서 들어가 볼 수는 없었다. 문밖에서 잠시 서서 바라보니, 높은 담장 너머로 묵직한 역사와 시간이 흐르는 듯했다. 한 시대를 품고 있는 공간인 정문 입구에서 인증샷을 남기며 소소한 만족을 얻었다. 비록 청와대 내부를 직접 볼 수는 없었지만, 그 길 위에서 스쳐 지나가는 사람들과, 탁 트인 하늘 아래 서 있는 공간의 무게를 조용히 느낄 수 있었다. 그렇게 아쉬움을 뒤로하고 다음 코스인 경복궁으로 향했다.

경복궁으로 가는 길에 깊어가는 가을 햇살이 담장 위로 부드럽게 스며들었다. 궁궐의 웅장한 기와지붕을 마주할 생각에 한결 가벼운 발걸음이 이어졌고, 또 하나의 역사 속으로 들어갈 기대가 마음속에 잔잔한 설렘을 안겨주었다.

경복궁 탐방

경복궁은 조선을 세운 태조가 한양에 도읍을 정하면서 지은, 조선의 대표적인 궁궐이다. 왕조의 중심이 되었던 이곳은 단순한 건축물이 아니라, 역사의 흐름과 함께 수많은 시간 속에서 명암을 겪어온 공간이기도 하다. 그러나 화려한 궁궐도 전란 앞에서는 속수무책이었다. 임진왜란 때 불길에 휩싸여 경복궁 전체가 타버렸고, 오랜 시간이 흐른 후 고종 때에 이르러서야 다시 새롭게 지어졌다. 하지만 또다시 격동의 시대를 맞으며, 일제강점기와 6.25 전쟁을 거치는 동안 일부가 훼손되고 불에 타는 아픔을 겪었다. 궁궐의 벽과 처마마다 깊은 상처가 남아, 그 시대의 흔적을 말없이 간직하고 있었다. 그럼에도 불구하고, 경복궁은 다시금 복원되어 웅장한 자태를 되찾았다. 복원된 기와지붕이 햇살을 받으며 은은한 빛을 머금고, 정교한 궁궐의 문살 하나하나에 조선의 숨결이 깃들어 있다.

시간의 격변 속에서도 사라지지 않는 역사, 그리고 다시금 조화를 이루며 살아 숨 쉬는 공간. 경복궁은 단순한 옛 궁궐이 아니라, 시대의 아픔을 품고도 꿋꿋이 살아남은 문화의 상징이자 조선의 정신을 이어가는 역사적 유산이다. 넓은 궁궐을 천천히 거닐다 보면, 마치 시간이 멈춘 듯한 착각에 빠진다. 왕이 거닐던 길을 따라 발걸음을 옮기며 지나온 세월을 마주하면, 조선의 숨결이 조용히 귓가에 스며드는 듯하다. 바람이 불어오며 한옥의 처마를 스치고, 경복궁의 깊은 품 속에서 우리는 우리 선조들의 흔적을 다시금 만나게 된다.

광화문 광장 탐방

광화문광장은 오랜 역사와 문화가 살아 숨 쉬는 공간이다. 특히 한글날을 맞아 세종대왕 동상 앞에서 열린 행사는, 한글의 가치와 의미를 되새기며 많은 국민이 함께 참여하는 뜻깊은 자리였다.

경복궁 탐방 후 우연히 이곳을 지나가다가 전야제 소식을 알게 되었고, 마침 좋은 기회라 생각하며 행사장을 찾았다. 저녁이 되어 광장이 점점 축제의 분위기로 물들어갔고, 곳곳에서 들려오는 기대 섞인 이야기들이 흥겨운 분위기를 더했다. 태권뮤지컬 '혼'의 역동적인 공연은 전통과 현대가 조화롭게 어우러지는 감동을 선사했고, 한국 무용의 우아한 선율은 한글날의 품격을 더욱 높여 주었다. 이어 초대된 가수 홍경민이 열창하며 무대를 뜨겁게 달구었고, 관객들은 하나가 되어 박수와 환호를 보냈다. 문화가 어우러지는 순간, 광화문광장은 마치 시간의 흐름 속에서도 변함없이 우리 것을 간직하고 있는 듯한 느낌을 주었다.

창경궁 탐방

창경궁은 태종이 왕위를 세종에게 물려주며 자신의 거처로 삼았던 궁궐이다. 그 시작은 '수강궁'이라는 이름으로 불렸고, 이후 성종 때 크게 다시 지어져 왕실의 품격을 갖춘 공간으로 자리잡았다. 하지만 역사의 흐름 속에서 창경궁은 많은 아픔을 겪었다. 1909년, 일본은 궁궐의 위상을 깎아내리기 위해 창경궁을 훼손하고 동물원과 식물원(창경원)으로 바꾸는 만행을 저질렀다.

왕실의 유산이 역사 속 궁궐이 아니라 단순한 오락 공간으로 변해버린 것이다. 이후 전쟁과 격변을 겪으며 창경궁은 더욱 쇠

락했지만, 다행히도 세월이 흐른 후 복원 작업을 통해 다시금 원래의 모습을 되찾았다. 오늘날 창경궁은 찬란했던 조선 왕실의 품격을 간직한 채, 방문객들에게 그 오랜 역사의 흔적을 보여준다. 깊고 우아한 기와지붕과 세월을 머금은 돌길을 따라 걷다 보면, 마치 시간을 거슬러 선조들의 숨결과 마주하는 듯한 기분이 든다. 궁궐 곳곳에 흐르는 고요한 아름다움은 단순한 복원의 흔적이 아니라, 역사의 상처를 극복한 공간의 강인한 생명력과도 같다.

창경궁을 거닐며 지나온 시간을 되새기며, 이곳이 단순한 관광지가 아니라 우리 문화의 정체성을 지켜온 유산이라는 것을 더욱 깊이 느낄 수 있다. 바람이 불어와 궁궐의 처마를 스칠 때면, 그 숨결 속에서 역사의 울림이 조용히 퍼지는 듯했다.

덕수궁 탐방

덕수궁은 조선 시대 궁궐 중에서도 비교적 작은 규모를 가진 궁이지만, 그 속에는 깊은 역사의 흔적과 다양한 이야기가 깃들어 있다. 덕수궁의 원래 이름은 경운궁이었다. 본래 성종의 형인 월산대군의 집이었으나, 임진왜란으로 경복궁이 불타면서 선조가 이곳으로 거처를 옮겼다. 조선 왕실의 중심이 경복궁에서 경운궁으로 옮겨오며, 이 작은 궁궐은 왕조의 한 시기를 품었다. 그러다 광해군 때에 이르러 정식 왕궁으로 지정되면서 더욱 중요한 공간으로 자리 잡았다. 덕수궁은 이후에도 격동의 시대를 지나며 크고 작은 변화를 겪었다.

조선의 전통 한옥과 서양식 건축물이 조화를 이루며, 시대의 흐름 속에서 새로운 모습을 만들어갔다. 궁궐을 천천히 거닐며 정교하게 짜인 기와와 섬세한 단청을 바라보면, 그 속에는 왕실의 품격과 선조들의 숨결이 깃들어 있음을 느낄 수 있다. 궁궐 안을 거닐다 보면 조선 왕실의 지난 세월과 함께, 덕수궁의 돌담길을 따라 흐르는 고즈넉한 정취가 마음을 차분하게 만들어 준다. 고요한 바람이 궁궐의 처마 끝을 스치듯 지나고 정원의 나무 사이로 잔잔한 빛이 내려앉으며, 마치 조선 시대의 한 순간 속을 거니는 듯한 느낌을 준다.

전쟁기념관 탐방

서울 용산에 자리한 전쟁기념관은 한국의 역사를 되새기고, 호국정신을 기리는 공간으로 깊은 의미를 담고 있다. 과거 육군본부가 자리했던 곳에 세워진 이 기념관은, 전쟁의 흔적과 역사적 교훈을 조용히 전하는 곳이다. 기념관 내부에는 한국에서 일어났던 전쟁과 호국정신에 대한 다양한 기록과 자료가 전시되어 있다.

6·25전쟁 당시 사용된 각종 장비와 기념 조형물, 그리고 세계 각국의 대형 무기가 전시되어 있어 시대를 넘어 전해지는 흔적

을 가슴 깊이 새길 수 있다. 특히 광개토대왕릉비와 평화의 시계탑은 국난을 극복해 온 우리 민족의 강인한 의지를 상징하며, 역사적 순간을 되돌아보게 만든다. 호국 추모실에 들어서면, 16만여 명에 달하는 전사자 명부가 봉안되어 있어, 그들의 희생을 기리는 공간으로 자리하고 있다. 나라를 위해 목숨을 바친 이들의 이름이 기록된 벽을 바라보며, 우리는 다시금 민족자존의 깊은 의미를 되새긴다. 연합군을 포함한 많은 이들의 헌신이 이곳에서 조용히 기억되고 있으며, 그들을 향한 감사와 존경의 마음이 기념관을 채우고 있었다.

대형장비실에서는 한국전쟁 당시 사용된 아군과 적군의 항공기, 전차, 화포 등의 대형 전투 장비가 전시되어 있다. 뿐만 아니라, 한국전쟁 이후 국내 방위산업체에서 생산된 전차, 유도탄, 소총, 탄약 등의 다양한 군사 장비들도 함께 볼 수 있다. 장갑차 내부가 개방되어 있어 많은 방문객들이 직접 체험하며 그 시절의 분위기를 가까이에서 느껴보기도 했다. 가족과 연인들은 이곳에서 인증샷을 남기며, 역사의 한 순간을 기록했다. 우리는 이곳에서 순국선열의 얼을 다시금 가슴에 새기며, 깊은 존경과 감사의 마음을 안고 다음 코스로 이동했다. 전쟁의 상처를 딛고 평화를 이어가는 지금, 그들의 헌신이 있기에 우리가 살아가는 오늘이 있다는 사실을 다시 한번 깊이 깨닫게 되는 시간이었다.

국립중앙박물관 탐방

국립중앙박물관은 한국의 문화유산을 보존하고, 전시하며 교육을 목적으로 설립된 의미 깊은 공간이다. 서울 용산에 자리한 이 박물관은, 시대를 넘어 계승된 우리 역사와 문화를 담아내며, 수많은 유물과 함께 과거의 숨결을 오늘날까지 이어오고 있다. 그중에서도 가장 인상 깊은 유물은 바로 경천사지 10층 석탑. 고려시대에 건립된 이 석탑은 장엄한 아름다움을 지녔을 뿐만 아니라, 역사적 아픔을 간직하고 있는 유산이기도 하다. 일본에 의해 강제로 반출되었던 이 석탑은 영국 특파원 어네스트 베셀의 신문 보도를 통해 세상에 알려지며, 1918년 마침내 고국으로 반환되었다. 그러나 긴 세월 동안 역사의 격랑 속에 방치된 채 잊혀져 있었고, 다시 빛을 되찾기까지 오랜 시간이 필요했다.

1995년에 이르러서야 복원 작업이 시작되었고, 무려 10년간의 정교한 복원 과정을 거쳐 2005년 국립중앙박물관에 안착하게 되었다. 그곳에 우뚝 선 석탑은 단순한 조형물이 아니라, 수난의 시간을 견디며 다시 제자리를 찾은 우리 문화의 강인한 생명력 그 자체다. 정교한 조각과 층층이 쌓인 석탑의 웅장한 모습은 지나온 역사의 무게를 조용히 말해주고 있다. 박물관을 거닐며 우리는 단순히 유물을 감상하는 것이 아니라, 그 안에 담긴 수많은 이야기와 선조들의 숨결을 마주하는 것이다. 수백 년을 건너온 유산과 대면하며, 잃어버린 것들을 되찾아온 긴 여정이 가슴속에 깊은 울림으로 남는다.

창덕궁 탐방

창덕궁은 태종 때 지어진 궁궐로, 조선의 5대 궁궐 중에서도 가장 아름다운 궁궐로 손꼽힌다. 자연과 조화롭게 설계된 이 궁궐은 전통적인 궁궐의 웅장함과 더불어, 한국의 건축미를 가장 잘 보여주는 곳으로 평가받고 있다. 그 뛰어난 가치와 아름다움으로 인해 1997년, 창덕궁은 유네스코 세계 문화유산에 등재되었다. 이는 단순한 건축물의 보존을 넘어, 조선왕조의 깊은 역사와 그 정신이 세계적으로 인정받았다는 뜻이기도 하다.

창덕궁은 1610년 광해군이 정궁으로 사용한 이후, 1868년 고종이 경복궁을 중건할 때까지 무려 258년 동안 조선의 왕들이 머무른 궁궐이었다. 그 오랜 세월 동안 많은 왕들이 이곳에서 나라를 다스리고, 역사의 중요한 순간들을 맞이했다. 궁궐을 거닐며 정교하게 짜인 한옥의 처마를 바라보면, 그 안에서 수많은 결정과 다짐이 이루어졌을 역사의 숨결이 그대로 느껴진다. 특히 창덕궁의 후원은 자연 그대로를 살려 설계되어, 궁궐의 아름다움을 더욱 돋보이게 만든다. 정원 곳곳에는 계절마다 변하는 풍경이 어우러져, 마치 선조들의 사색이 깃든 공간처럼 고요한 정취를 전한다. 궁궐을 거닐며 한 걸음 한 걸음 나아갈 때마다, 조선의 역사와 왕실의 삶이 조용히 가슴속으로 스며든다. 창덕궁은 단순한 문화유산이 아니라, 지나온 시대의 품격과 그 흔적을 오늘날까지 간직한 살아 숨쉬는 공간이다.

롯데월드타워 탐방

롯데월드타워는 하늘을 향해 우뚝 솟아 있는 국내 최고 높이의 랜드마크로, 그 꼭대기에서 바라본 서울의 풍경은 가히 환상적이었다. 전망대인 서울스카이에 오르면, 500m 상공에서 펼쳐지는 360도 파노라마가 시야를 가득 채운다. 낮에는 도심을 감싸는 강과 빌딩들이 빛을 머금고, 밤이 되면 수많은 불빛들이 한데 모여 찬란한 야경을 만들어낸다. 거대한 도시가 한눈에 들어오는 순간, 그 아름다움 속에 감동과 환희가 밀려왔다.

특히 스카이 워크에서는 아래를 내려다볼 때 온몸을 짜릿하게 만드는 전율이 느껴진다. 투명한 바닥 아래로 끝없이 펼쳐진 도심을 마주하면, 마치 허공을 걷는 듯한 아찔한 기분에 휩싸인다. 한 걸음 내디딜 때마다 심장이 두근거리고, 그 스릴 속에서도 경이로운 풍경이 가슴속 깊이 새겨졌다. 117층부터 창밖으로 펼쳐지는 서울의 모습을 360도 뷰로 감상했다. 시간에 따라 달라지는 빛과 그림자의 움직임, 저마다의 색채를 담은 도시의 풍경을 천천히 음미하는 순간, 그저 감탄할 수밖에 없었다. 하늘 가까이에서 내려다본 서울은 거대한 역사의 흐름과 오늘날의 활기가 함께 어우러진 하나의 거대한 풍경이었다. 잠시나마 일상에서 벗어나, 하늘과 맞닿은 공간 속에서 도시의 숨결을 느끼며 특별한 추억을 남길 수 있었던 시간이었고, 그 순간의 감동은 오랫동안 마음속에 깊이 남을 것이다.

남산골 한옥마을 탐방

남산골 한옥마을은 조선 시대의 품격과 정취를 그대로 간직한 공간이다. 남산의 골짜기마다 정자를 세워 시를 읊고 풍류를 즐기던 선조들의 여유로운 삶이 마치 바람결에 스며 있는 듯하다. 서울 곳곳에 흩어져 있던 한옥들을 옮겨와 조성한 이 마을은, 전통 정원과 어우러져 조선 시대의 생활상을 고스란히 보여준다. 다섯 채의 한옥이 부챗살 모양으로 펼쳐져 있어 자연스러운 조화를 이루고 있으며, 곳곳에 자리한 돌담과 기와지붕이 그 시대의 아름다움을 전한다.

한옥마을에 들어서면, 바람이 처마를 스치고 잔잔한 정원의 향기가 퍼지며, 마치 조선 시대 어느 고즈넉한 마을에 들어선 듯한 기분이 든다. 선조들이 남긴 건축미와 생활양식을 그대로 복원해 두어, 이곳을 거닐다 보면 단순한 관람을 넘어 시간을 거슬러 옛 사람들의 숨결을 느끼게 된다. 특히 옛 정원은 자연과 조화를 이루며 살아가려 했던 선조들의 마음가짐을 그대로 담고 있다. 정원을 거닐다 보면 계절을 품은 나무들이 조용히 속삭이는 듯하고, 연못 위로 비치는 하늘이 마치 지난날의 이야기를 들려주는 듯하다. 남산골 한옥마을은 단순한 관광지가 아니라, 우리의 전통과 역사, 그리고 선조들의 지혜를 마주할 수 있는 공간이다. 이곳에서 조용히 한 걸음 내디디며, 그 옛날 양반들이 풍류를 즐기던 고즈넉한 시간 속으로 잠시 빠져들게 된다.

봉은사 탐방

서울특별시 강남구 삼성동 수도산에 자리한 봉은사는 오랜 역사 속에서 선조들의 신앙과 깊은 정신이 깃든 고찰이다. 그 전신은 신라 원성왕 10년(794년)에 연회국사가 창건한 견성사로 알려져 있으며, 조선시대에 들어와 성종의 계비인 정현왕후 윤씨가 연산군 4년(1498년)에 성종의 능(선릉)을 위해 견성사를 중창하여 원찰로 삼고, 이름을 봉은사라 하였다. 때마침 봉은사는 1224주년 개산대재 불교문화 축하 행사로 더욱 뜻깊은 분위기에 싸여 있었다.

이곳에서 아내와 함께 대웅전에 봉안된 목삼세불좌상 앞에서 안전한 여행을 기원하며 발원 기도를 올렸다. 고즈넉한 법당 안에서 천천히 두 손을 모으는 순간, 이곳에 흐르는 천년의 숨결이 조용히 가슴속으로 스며드는 듯했다. 대웅전 앞에 마련된 특설 무대에서는 장엄한 불교 의식이 거행되었고, 연꽃이 피어오르듯 차분하면서도 경건한 분위기가 감돌았다. 불화전과 사진전을 관람하며 선조들의 신앙과 예술 속에 담긴 깊은 정신을 마주하는 시간, 붓끝 하나하나에 깃든 정성과 색채가 마치 과거와 현재를 이어주는 듯한 느낌을 주었다. 오랜 세월을 거쳐온 봉은사는 단순한 불교 사찰이 아니라, 역사의 흐름 속에서 신앙과 문화가 조화롭게 이어진 공간이었다. 그 속에서 흐뭇한 시간을 보내며, 천년의 향기 속에서 조용히 마음을 가다듬고 다시금 새 힘을 얻는 듯했다.

서래마을 탐방

서래마을은 서울 서초구 반포4동에 위치한 고급 주거 지역으로, 프랑스 문화와 한국의 전통이 조화롭게 어우러진 곳이다. 이곳은 프랑스학교가 자리하고 있어 프랑스인들이 많이 거주하며, 그 영향으로 프랑스식 레스토랑과 와인바, 카페 등이 즐비해 있어 독특한 분위기를 자아낸다.

서래마을은 단순한 주거 지역을 넘어, 다양한 문화적 요소가 녹아 있는 곳이고, 서리풀공원과 몽마르뜨공원, 반포한강공원이 가까워 산책이나 운동을 즐기기에 좋으며, 조용하면서도 세련된 분위기를 갖춘 곳으로 많은 사람들이 찾고 있다.

몽마르뜨 공원 탐방

몽마르뜨 공원은 서울 서초구 서래마을에 자리한 작은 언덕 위의 공원으로, 프랑스 몽마르뜨의 낭만적인 분위기를 담아 조성된 곳이다. 이곳은 원래 아카시아 나무가 우거진 야산이었으나, 2000년에 주민들에게 쾌적한 공간을 제공하기 위해 공원으로 조성되었다고 한다. 공원 곳곳에는 넓은 잔디밭과 벤치가 마련되어 있어, 한적한 산책을 즐기기에 좋으며, 프랑스 화가들의 자화상을 담은 포토존과 시계탑이 이국적인 분위기를 더해준다.

또한, 공원 내에는 트램펄린과 흔들의자 같은 놀이시설이 있어 가족 단위 방문객들에게도 인기가 많은 곳이다. 서래마을과 연결된 몽마르뜨 공원은 단순한 휴식 공간을 넘어, 자연과 문화가 어우러진 특별한 장소이고, 잔디밭에 앉아 바람을 맞으며 책을 읽거나, 조용히 사색에 잠길 수 있는 이곳은 마치 도심 속 작은 유럽을 거니는 듯한 느낌을 준다. 이번 아내와 3박 4일 동안의 여행은 서울 곳곳을 탐방하며 역사와 문화, 그리고 현대적인 감성을 함께 느낄 수 있었던 뜻깊은 시간이었다. 고궁과 박물관을 거닐며 선조들의 숨결을 되새기고, 전쟁기념관에서 호국정신을 기리며, 롯데월드타워에서 서울의 웅장한 풍경을 감상하는 등 다양한 경험을 통해 서울의 매력을 깊이 있게 만끽할 수 있었다. 특히 서래마을과 몽마르뜨 공원에서 느낀 여유로운 분위기와 프랑스 문화의 흔적은 색다른 감동을 주었고, 봉은사에서의 천년의 숨결과 창덕궁 후원의 고즈넉한 아름다움은 마음을 차분하게 정리해 주었다.

여행을 마무리하며, 우리는 서울이 단순한 도시가 아니라, 과거와 현재가 조화롭게 공존하는 공간임을 다시금 깨닫게 되었다. 이제 다시 일상으로 돌아가지만, 이번 아내와의 서울여행에서 얻은 감동과 여운은 오랫동안 마음속에 남아 있을 것입니다.

만추의 기억, 그날 우리는 걸었다

가을의 끝자락, 만추의 계절에 깊숙이 들어섰다. 계절은 오색찬란한 옷으로 대지를 물들이고, 자연은 그 어느 때보다 아름다운 마지막을 준비하고 있었다. 이 찬란한 순간을 놓칠 수 없어 아내와 함께 이른 새벽, 단잠을 과감히 포기하고 일어났다. 새벽 2시에 눈을 떠 준비물을 챙긴 뒤, 3시에 집을 나서 내장산을 향해 출발하였다.

아직 어둠이 남아 있던 오전 6시 10분, 드디어 내장산 입구 근처에 도착하였다. 공기는 싸늘하였고, 피부에 와닿는 온도는 초겨울처럼 차가웠다. 하지만 이미 관광객들을 맞이할 준비가 된 내장산 주변은 식당들의 불빛으로 따스했고, 곳곳에서는 호객을 위한 목소리들이 바쁘게 오가고 있었다.

한 식당 주인이 다가와 식사를 하면 관광하는 동안 무료 주차를 제공하겠다고 하여, 그곳에 주차하고 따끈한 산채 돌솥비빔밥으로 아침을 든든하게 채웠다. 식사를 마친 뒤 커피 한 잔의 여유를 즐기며, 주인장에게 내장산 단풍 코스에 대한 간단한 설명도 들을 수 있었다. 이제 본격적인 가을 산책이 시작되었다.

울긋불긋 물든 단풍들이 산책로를 수놓고, 나무 사이로 비치는 가을 햇살마저 따뜻하게 느껴졌다. 마치 단풍이 속삭이는 듯, 가을의 깊이를 온몸으로 전해주는 듯하였다.

무심코 걷다 보니 어느새 우화정에 도착하였다. 그 이름처럼 날개 돋아 승천했다는 전설이 전해지는 아름다운 정자였다. 고요한 호수 위에 비친 정자의 자태와 그 정자를 둘러싼 단풍들이 만들어낸 풍경은 한 폭의 수채화처럼 황홀하였다. 아침 햇살 아래 더욱 빛이 난다지만, 해 뜨기 전 도착하여 그 절정을 보지 못한 아쉬움은 남았다. 그래도 전설과 풍경만으로도 충분히 감동적이었다.

이어서 내장산의 진면목을 보기 위해 탐방 안내소에서 케이블카를 탔다. 편도 이용권을 구입하고 연자봉 중턱 전망대까지 올라가는 동안, 창 너머로 펼쳐진 단풍의 향연은 마치 꿈속 풍경 같았다. 발 아래로 펼쳐진 단풍의 물결은 '현실 속 판타지'라는 표현 외엔 달리 할 말이 없을 만큼 아름다웠다. 전망대에 도착하여 내려다본 내장산은 온 산이 붉고 노란 비단으로 덮인 듯, 그야말로 '만산홍엽滿山紅葉'이었다.

산봉우리마다, 골짜기마다 다채로운 가을빛이 살아 숨 쉬고 있었고, 그 장관 앞에서 마음 깊이 감동을 느낄 수 있었다. 하산길은 내장사 방면으로 이어지는 800m 산책로. 짧지만 여운이 깊은 길이었다. 오르막보다 내리막이 더 조심스러운 법. 산행도 인생처럼, 내려올 때가 더 위험할 수 있다는 생각에 한 걸음씩 조심스럽게 걸으며 내장사까지 무사히 도착하였다.

사찰 주변의 단풍나무들도 마치 기다렸다는 듯, 고운 빛을 뽐내며 추억을 담아가라고 손짓하고 있었다. 그 아름다운 배경을 폰 속에 몇 장의 사진으로, 마음속에는 또 하나의 추억으로 저장하였다. 만추의 내장산에서, 자연이 선사한 풍성한 색채에 마음껏 몸을 맡기며 오래도록 기억에 남을 감성 가득한 하루를 보낼 수 있었다. 비록 아쉬움은 남았지만, 그 아쉬움조차 다시 이 계절을 찾게 만드는 이유가 되어 줄 것이다.

강천산 단풍 여행기!

호남의 소금강에서 마주한 붉은 오후 늦가을, 계절의 끝자락이 짙어지던 오후. 노을빛처럼 붉게 물든 풍경을 찾아 호남의 소금강이라 불리는 가을 명산, 전북 순창의 강천산을 찾게 되었다. 평일임에도 불구하고 산 초입부터 사람과 차량으로 인산인해였다. 주차장 진입로는 이미 통제되었고, '만차'라는 안내판이 그 풍경의 인기를 대변하고 있었다.

차량 통제 중이던 직원의 안내에 따라 멀리 도로변에 조심스레 주차를 한 뒤, 꽤나 긴 길을 걸어 매표소 근처까지 향하게 되었다. 그 길목은 단풍만큼이나 정겨운 풍경으로 가득하였다.

입구 근처에는 작은 식당들과 상점들이 옹기종기 모여 있었고,

그 틈마다 대야에 곡식을 담아놓고 장사하는 할머니, 아주머니들의 모습이 마치 시골 오일장을 연상케 하며 따뜻하게 다가왔다.

그 중에서도 눈길을 끈 건 어린 시절 간식으로 먹었던 찐쌀이었다. 하얗게 부풀어 오른 쌀 한 봉지를 사서, 한 알 한 알 꼭꼭 씹으며 단풍 탐방길을 시작하였다. 입안에 퍼지는 고소함과 함께, 아련한 어린 시절의 추억도 따라오는 듯하였다.

입장권을 구입하고 본격적으로 강천산의 단풍 속으로 들어섰다. 울창한 숲과 고요한 계곡, 그리고 오색찬란하게 물든 단풍들이 마치 숨겨진 비밀의 숲처럼 조용히 방문객을 맞이하고 있었다. 한 걸음 한 걸음 옮길수록 눈길 닿는 곳마다 펼쳐지는 자연의 색채는 마음을 단박에 사로잡았다.

단풍잎 하나하나가 저마다의 이야기를 담고 바람결에 속삭이는 듯한 길이 이어졌다. 붉은빛이 더욱 짙어가는 나뭇잎 사이로 가을 햇살이 스며들면, 순간순간이 마치 그림 속 한 장면처럼 느껴졌다. 우리는 발길 닿는 곳마다 카메라 풍경을 담으며 이 짧은 계절의 아름다움을 사진과 기억 속에 고이 저장해두었다. 자연 속을 걷는 동안, 머릿속의 복잡한 생각은 차츰 사라지고 남은 것은 고요한 감성과 감사의 마음뿐이었다. 잠깐의 쉼과 감동을 주는 이 가을의 길 위에서, 삶이 바쁜 걸음을 멈추고 지금, 여기의 소중함을 새삼 되새기게 되었다.

오후 햇살 아래 마주한 강천산의 만추는 눈으로만 담기에는 아쉬운, 마음으로 꼭 껴안고 싶은 감동이었다. 짧은 여정이었지만 마음속엔 길게 남을 풍경이 되었고, 이렇게 또 하루, 계절과 함께 걷고 자연에 감성을 맡긴 늦가을의 하루가 저물어갔다.

돌아오는 길, 붉게 물들었던 산의 풍경은 서서히 뒤안길로 물러나고 차창 너머로는 잿빛 하늘 아래 스러지는 가을의 마지막 빛이 흘러갔다. 하루의 해가 저물 듯, 계절도 그렇게 조용히 뒷모습을 남기며 멀어져 가고 있었다. 산길을 걸으며 마주했던 단풍 하나, 계곡물 위로 부서지던 햇살 한 줄기, 그리고 찐쌀의 고소함 속에 되살아난 어린 날의 기억들까지 그 모든 순간이 마음 깊은 곳에 고요히 내려앉는다. 무언가를 보고, 걷고, 느낀다는 것이 이렇게 따뜻한 일이었구나, 삶의 한편에 잠시 멈춰 자연과 마주 앉았던 그 시간들이 마치 오래도록 그리워할 한 폭의 수채화처럼 가슴속에 번져간다. 세상의 속도를 잠시 내려놓고 풍경 속에 나를 조용히 내려놓았던 오늘. 강천산이 전해준 이 늦가을의 감동은 오래도록 내 안에서 잔잔한 물결처럼 살아 숨 쉴 것이다. 계절은 흘러가지만, 오늘의 이 기억은 내 마음속 작은 풍경이 되어 오래도록 그 자리에 머물 것이다.

순천에서 해인사까지, 가을을 담다

가을의 한복판. 윤기흐르는 햇살과 선선한 바람이 마음마저 익어가게 만드는 이 계절. 자연이 주는 균형과 여유 속에서, 우리의 삶도 넘치지 않고 모자라지 않게, 그저 조화롭게 흘러가면 좋겠다는 생각이 스며드는 날이다. 그동안 바쁜 일상에 쫓겨 하계 휴가조차 제대로 쉬지 못했던 아내는, 오늘부터 시작된 3일간의 휴가를 손꼽아 기다려왔다. 그 첫날, 우리는 가을 햇살에 물든 길을 따라 전라남도 순천만 국가 정원으로 향했다.

미리 마음속에 그려두었던 여정을 따라, 천천히 그리고 설레는 마음으로 정원의 이곳저곳을 걸었다. 입구를 지나자마자 펼쳐진 정원은 태국, 일본, 영국, 이탈리아, 스페인, 터키, 미국, 네덜란드, 독일 등 세계 여러 나라의 개성과 아름다움을 담은 공간들로 조성되어 있었다. 각기 다른 분위기의 정원들이 조화롭게 어우러져, 마치 작은 세계를 여행하는 듯한 기분에 들뜨게 했다. 길을 따라 걷다 보니 곳곳에 핀 코스모스와 국화 꽃들이 발길을 붙잡고, 가을의 정취를 한층 더 풍성하게 만들어주었다.

그 길 끝, 호수 옆 벤치에 앉아 여유롭게 주변 풍경을 바라보는 그 순간 몸과 마음이 차분히 가라앉으며, 진한 힐링의 감정이 밀려왔다. 분수에서 하늘 높이 솟구치는 물줄기, 그 위로 부서지는 햇살, 물보라 속의 반짝임은 복잡했던 마음을 부드럽게 풀어주었다. 호수 중앙, 마치 텔레토비 언덕을 연상케 하는 아기자기한 둔덕 위 회오리 길은 걷는 재미와 함께 묘한 감성을 자아냈다.

정원을 다 둘러본 뒤, 우리는 스카이큐브(무인궤도열차)를 타고 순천만 자연생태공원으로 이동했다. 지상 약 10m 높이를 달리는 열차는 짧은 10분 남짓의 시간이었지만, 차창 밖으로 펼쳐지는 동천의 풍경과 순천만의 전경은 마치 공중 산책을 하는 듯한 특별함을 선사했다. 은근한 스릴이 더해져 더 오래 기억에 남을 것이다. 열차에서 내려 이동한 곳은 순천만 문학관. 이곳은 소설가 김승옥과 동화작가 정채봉의 문학 세계를 기리는 공간으로, 초가 형태의 전시관이 마치 한 편의 수필처럼 정겹고 차분한 분위기를 풍겼다. 전시관 안에는 두 작가의 생애와 작품 세계, 그리고 그들의 문학 정신이 고스란히 담겨 있어, 조용히 되새김질 하듯 그 앞에 오래 머물게 했다.

문학관 관람을 마친 후 우리는 순천만 자연생태공원으로 이어지는 1.2km 트레킹 코스를 걸었다. 따스한 햇살 아래, 드넓은 갈대밭은 은빛, 잿빛, 금빛으로 빛깔을 달리하며 바람결에 일렁이고 있었다. 그 풍경은 마치 바다 위 물결처럼 부드럽고 장엄해, 말없이 바라보는 것만으로도 가슴 깊은 곳에서 감동이 일렁였다. 갈대숲 사이 좁은 길을 따라 마치 갈대에 파묻히 듯 걷다 보니, 세상의 소음은 점점 멀어지고, 마치 자연과 한 몸이 된 듯한 물아일체의 순간이 찾아왔다. 아내와 함께 추억의 한 컷을 남기며, 사진 속 환한 미소처럼 오늘 하루를 마음 깊이 고이 담았다.

깊어가는 가을, 햇살은 부드럽고 바람은 살랑이는 계절. 아침 저녁으로는 쌀쌀하지만 낮에는 여전히 햇살이 따사롭고, 단풍은 붉고 노랗게 물들어, 어디를 가든 그림 같은 풍경이 펼쳐지는 시기다. 가을은, 이렇게 여행을 떠나기 참 좋은 계절. 어제 순천만에서의 감동적인 하루를 마친 뒤, 근처 숙소에서 짐을 푼 우리는 늦은 저녁 출출한 배를 채우기 위해 주변을 둘러보다 작은 감자탕 집을 발견했다. 벽에 걸린 메뉴판만큼이나 정겨운 분위기. 때론 친구 같고, 동반자 같고, 또 연인 같은 아내와 감자탕을 사이에 두고 소주 한 잔 기울이면서, 하루의 피로를 천천히 녹였다. 생각해보면, 그런 시간이야말로 부부의 애정이 조용히 쌓여가는 순간이겠지.

이튿날 아침, 우리는 일찍 서둘러 송광사로 향했다. 이른 시간이라 도로는 한산했고, 생각보다 일찍 도착한 송광사 앞 주차장에서 산채 비빔밥으로 든든히 아침을 채우고, 따뜻한 커피 한 잔으로 여유를 곁들인 후 본격적으로 산사로 향했다. 조계산 자락의 오솔길을 걷는 동안 물든 단풍, 낙엽, 바람, 새소리, 계곡물

소리… 자연의 소리가 귓가를 간질이고, 그 모든 풍경이 마치 한 폭의 수묵화처럼 마음속에 번져들었다.

그리고 마침내 도착한 승보사찰 송광사는 신라 말기에 혜린선사에 의해 창건되었고, 조계종의 발상지이자 16국사를 배출한 곳, 앞으로 나올 2명의 국사를 기다리는 깊은 전통이 숨 쉬는 공간이었다. 800년 수령의 고향수, 지눌 스님이 꽂은 지팡이에서 싹이 나고 가지가 뻗어 자란 전설의 나무. 그 아래에서 우리는 기념사진을 남기며 조용한 감동에 젖었다.

석조교각을 건너 대웅전에 이르러 무사안일을 기원하며 삼배를 드리고, 송광사의 고즈넉한 풍경을 가슴 깊이 새긴 후 다음 목적지로 발걸음을 옮겼다. 이어서 영화 '곡성'의 배경으로 유명해진 곡성. 험한 골짜기와 수많은 고개를 넘던 장돌뱅이들이 곡소리를 내며 다녔다고 하여 유래된 지명이라는 이야기에 더욱 호기심이 일어났다. 우리는 곡성 기차당 뚝방 마켓이 열리는 전통시장 앞 주차장에 차를 세우고 시장 안으로 들어갔다. 목조 미니 기차, 핸드메이드 소품, 감성적인 노천카페까지. 작은 시골마을에서 느낄 수 있는 따뜻한 정서와 소소한 재미들이 가득했다. 시간이 부족해 증기기관차는 아쉽게도 다음 기회로 미루고, 우리는 다시 길 위에 올랐다.

전주한옥마을은 오래 전부터 꼭 한번 오고 싶었던 곳. 한옥의 곡선미와 전통 문화의 정취가 살아있는 여행지로 국내 여행자들의 사랑을 듬뿍 받고 있는 명소이다. 토요일 오후, 한옥마을 초입은 이미 차들로 가득. 우리는 멀리 떨어진 치명자산성지 임시 주차장에 차를 두고 무료 셔틀버스를 타고 한옥마을로 들어갔다. 좁은 골목은 전통 먹거리와 공예품, 그리고 한복을 입은 관광객들로 북적였고, 우린 그 사이를 걷기만 해도 즐거웠다. 한복 체험을 해보려 했지만, 아내의 만류로 이번엔 눈으로만 감상. 다음엔 꼭 해보고 싶다. 마침 오늘은 조선 태조 이성계의 어진 봉안 의례 재현 행사가 열리는 날이었고, 우린 미리 예매한 표로 경기전 입장까지 할 수 있었다. 운 좋게도 살아있는 역사 체험까지 함께한 뜻깊은 시간이었다. 그리고 이어 찾은 전동성당. 한국 최초 순교자들의 흔적 위에 세워진 이 성당은 로마네스크와 비잔틴 양식이 어우러진 아름다운 건축물로 시간을 잠시 멈춰 세우는 듯한 고요한 감동을 주었다.

늦은 오후, 남원에 도착해 광한루 근처 숙소에 여장을 풀고 간단히 옷을 갈아입은 뒤 춘향테마파크로 향했다. 테마파크는 춘향과 이도령의 이야기를 실물 크기 조형물로 체험할 수 있는 흥미로운 공간이었고, 관아에서 실제 곤장대 체험까지 할 수 있어 특별한 경험이었다. 춘향과 몽룡 모형 앞에서 인증 샷도 빠질 수 없었다. 그리고 저녁 무렵, 남원 추어탕 거리로 이동해 밋깔나고 얼큰한 추어탕 한 그릇으로 하루의 피로를 다시 한번 녹였다. 소문대로 정말 진하고 맛있었다. 마지막 코스는 어둠이 내려앉은 광한루원. 저녁 7시 이후 무료 입장이라 덕분에 운 좋게 들어설 수 있었고, 춘향과 몽룡이 사랑을 속삭이던 오작교 위에서 우리도 잠시나마 시간을 거슬러 사랑의 감정에 살짝 빠져보았다. 오늘 이 하루는 참 많은 걸 담고 있었다. 고즈넉한 산사, 곡성의 감성적인 시골 정취, 전주의 전통문화, 남원의 사랑 이야기까지 짧은 시간이었지만 마음 깊이 새겨질 순간들이 많았던 하루였다. 가을은 짧지만, 그 속에 담긴 우리의 추억은 길게 남을 것 같았다.

하동 화개장터 / 합천 해인사

가을의 끝자락, 10월 중순. 산과 들이 울긋불긋 단풍 옷을 갈아입고, 바람마저 낙엽을 데리고 춤을 추는 계절. 남원의 아침은 회색빛 구름으로 가득 찬 하늘 아래, 가을비가 곧 쏟아질 듯한 기운으로 시작되었다

전날의 여행 여운을 뒤로한 채, 숙소에서 짐을 챙기고 경남 하동의 화개장터를 향해 부지런히 길을 나섰다. 아니나 다를까, 이동 중 차창에 떨어지기 시작한 빗방울들. 와이퍼가 쉴 새 없이 움직이며 흐릿한 시야를 열어주었고, 도로는 비에 젖어 한층 고요해졌다. 전라남도를 지나 경상도로 넘어가는 길목, 길가에 펼쳐진 단풍과 농촌의 풍경은 마치 한 폭의 수채화 같았다. 그 아름다움을 온전히 담지 못하고 스쳐 지나쳐야 함이 아쉬웠지만,

그 또한 여행의 묘미겠지. 오전 9시 40분경, 화개장터에 도착했다. 이곳은 조영남 씨의 노래 '화개장터'로 유명세를 타며 많은 이들이 찾는 명소가 되었다.

마침 부슬비가 흩뿌리는 날씨 속, 우산을 들고 장터 안으로 조심스레 발걸음을 옮겼다. 잔잔한 빗소리가 장터 지붕을 두드리며 리듬을 만들고, 비에 젖은 골목은 어느새 수채화처럼 번진 풍경이 되어 다가왔다.

장터 입구에 다다르자마자 보부상 조형물과 조영남 씨의 동상이 눈에 들어왔다. 오래된 시간을 품고 선 듯한 그 조형물 앞에서 우리는 자연스럽게 발걸음을 멈추고, 기념사진 한 장을 찰칵! 찰나의 순간이 필름 속에 담겼고, 잊지 못할 추억 하나가 또 마음속에 고이 저장되었다. 장터의 먹거리 골목에서는 이 고장의 향토음식인 다슬기 국밥과 수수부꾸미를 맛보았다. 진한 국물 속에 깊게 배인 다슬기 향은 어릴 적 시골 외갓집 부엌에서 피어오르던 아궁이 연기와 어우러진 추억의 냄새처럼 따뜻했고, 수수부꾸미의 투박한 겉모습 안에 고소한 단맛이 스며 있어 한입 한입이 포근한 위로가 되었다. 소쿠리 가득 담긴 햇밤은 빗방울을 머금고 더욱 탐스럽게 반짝였다. 망설임 없이 구매하려 하자, 인심 좋은 주인 아주머니가 환한 미소 지으며 두 움큼이나 넉넉하게 덤을 얹어주셨다. 건네는 따뜻한 마음에 가슴이 잔잔히 젖었다.

그 순간, 장터는 단순한 시장이 아니라 사람과 정이 오가는 삶의 풍경처럼 느껴졌고, 그 속에서 우리는 비에 젖는 것도 잊은 채, 진심 어린 온기를 마주했다. 시골 장터 특유의 푸근한 정을 느낄 수 있어 더욱 따뜻한 기억으로 남았다. 비가 잦아들 무렵, 화개장터를 뒤로 한 채 우리는 합천 해인사로 향했다. 차창 밖으로는 빗물이 잔잔히 흐르며 촉촉한 흙냄새가 코끝을 간질였고, 도시에서는 결코 느낄 수 없는 자연의 향기에 절로 마음이 차분해졌다. 해인사 초입에 도착했을 때는 이미 많은 인파와 차량으로 북적였다. 주차장을 몇 바퀴나 맴돌았지만 자리가 없어 포기하고, 다시 내려오던 중 우연히 발견한 한 자리에 차를 세우고, 약 1km 거리의 산길을 따라 걸어갔다.

성보박물관 옆길을 지나 해인사로 향하는 길. 계곡물 소리, 나뭇잎을 스치는 가을바람, 그리고 타오르듯 붉은 단풍들이 자꾸만 걸음을 멈추게 했다. 가을 속으로 스며드는 듯한 기분. 휴대폰으로 다 담기지 않을 만큼, 눈과 마음이 더 바빠졌던 순간들이었다. 마침내 도착한 해인사. 신라 애장왕 시절, 순응과 이정 스님이 당나라에서 돌아와 지은 초당이 그 시초라고 한다. 수차례의 화재 속에서도 팔만대장경과 장경판전은 기적처럼 온전히 보존되어 전해 내려오고 있었다. 해인사의 중심 법당은 대웅전이 아닌 대적광전. 진리를 상징하는 법신불, 비로자나불을 모시고 있는 공간으로, 화엄경 중심 사상에 따라 창건된 사찰만의 깊은 철학이 느껴졌다. 경건한 마음으로 삼배를 드린 뒤, 대장경을 보관 중인 장경판전으로 향했다.

16년에 걸쳐 완성된 팔만대장경은 몽골의 침략을 물리치기 위한 불심으로 새겨진 문화유산. 무려 8만 1,258장의 경판 하나하나가 정교하게 새겨져 있고, 그를 보관한 건물 또한 온도, 통풍, 습도까지 고려하여 지어진 과학적 구조로 세계문화유산에 등재되어 있었다. 짧은 시간이었지만, 가을의 속삭임과 문화유산의 깊이를 동시에 느낀 하루. 아내와 함께 걸었던 해인사의 길 위에서, 우리의 마음속에도 또 하나의 추억이 붉게 물들었다.

가을의 입구에서, 당신과 함께

선선한 바람 사이로 묻어나는 들녘의 냄새, 황금빛으로 물들어가는 논밭, 그리고 그 위로 사르르 스며드는 햇살… 세상의 흐름과는 상관없이, 자연은 묵묵히 계절을 바꾸고 있었다. 그런 날, 아내와 나는 바람을 따라 경주 양동마을로의 힐링 여정을 떠났다. 경주를 지나 한적한 도로를 달리길 약 1시간 20분, 드디어 도착한 양동마을은 마치 시간이 천천히 흐르는 듯한 고요한 품격을 지니고 있었다. 이 마을은 경주 손씨와 여강 이씨 두 가문이 무려 500여 년 동안 대를 이어 살아온 전통마을로, 조선시대의 생활문화가 고스란히 남아 있는 귀중한 유산이었다. 초행길인 우리는 매표소 근처의 조용한 공간에 차를 주차하고, 먼저 양동마을문화관(유물전시관)에 들렀다.

이곳은 무료 입장이며, 전시된 중요민속자료, 국보, 보물들을 통해 양동마을의 역사와 구조, 문화에 대한 기본 정보를 얻을 수 있었다. 민속마을을 보다 깊이 있게 이해하고자 한다면, 탐방 전 이 전시관을 꼭 들러보는 것을 권하고 싶다. 양동마을은 유네스코 세계문화유산으로 등재된 곳답게, 마을 전체가 하나의 거대한 문화재처럼 느껴졌다. 다른 민속마을과 달리 완만한 경사면 위에 형성되어 있어, 마을 어귀에 서면 수십 채의 전통 한옥들이 한눈에 들어오는 장관을 이룬다. 이 마을은 단순한 전시장이 아니고 실제로 후손들이 생활을 이어가고 있는 살아 있는 마을이기 때문에, 조심스럽고 예의를 갖춘 발걸음이 필요하다. 한옥들 사이를 걷다 보면, 문득문득 어릴 적 시골 외갓집에서 뛰놀던 기억이 떠올랐다. 마치 빛바랜 흑백사진 속으로 들어가, 잠시나마 그 시절의 순수함을 꺼내보는 듯한 기분이었다. 산책을 이어가다 보니, 곳곳에서 선비의 정신과 사색의 흔적이 느껴진다. 자연과 어우러져 살아가는 삶, 물아일체의 경지를 추구했던 옛 선현들의 모습이 상상 속에 그려졌다. 이 아름다운 전통과 자연을 잘 지켜내고 있는 마을 사람들에게 저절로 감사의 마음이 전해졌다.

양동마을을 돌아보고 집으로 향하던 길, 우리는 잠시 보문단지에 들렀다. 비록 늦은 시간이었지만, 발걸음을 멈추게 할 만큼 그곳의 분위기는 따스했다. 보문호반길을 따라 이어진 산책로에는 여유롭게 거니는 사람들의 모습이 보였다. 머무는 듯한 중턱에서, 호수 위로 산 위에서 내리는 노을빛이 고요히 내려앉아 호수 전체가 황금빛 거울처럼 빛나는 장면을 마주했다. 그 순간, 마음은 말없이 정화되고 몸은 하루의 피로를 내려놓은 듯 편안해졌다. 자연이 주는 선물 같은 시간. 이 호수에서의 짧지만 깊은 산책은 오늘 여행의 마지막 장면을 감성적으로 완성해 주었다. 여행을 마무리하는 시점, 가을 초입의 들녘은 풍요로웠고, 마을은 고즈넉했으며, 호수는 깊고 잔잔했다. 오늘 하루는 과거와 현재, 자연과 사람이 조화롭게 어우러지는 시간 속을 함께한 힐링 여정이었다. 소소하지만 진하게 남을 가을의 한 페이지. 시간이 흘러도 이 하루는 마음속 어딘가에서 오래도록 잔잔하게 울릴 것 같았다.

가족과 함께 떠난 제주, 가을의 선물

이름만으로도 마음이 설레는 그 섬, 제주. 그곳으로 우리는 오랜만에 가족 모두가 함께 떠났다. 이번 여행은 조금 특별한 의미를 품고 있었다. 아들의 군 전역을 기념하는 자리이자, 고단했던 시간을 지나 다시 하나 되는 소중한 여정이었다. 기다림의 시간 동안 마음 한켠에 켜켜이 쌓였던 그리움과 무사함에 대한 간절한 바람, 그리고 마침내 안도의 숨결까지 모든 감정이 뒤섞인 채, 우리는 조용히 짐을 꾸렸다. 여명이 밝아오기도 전, 차가운 새벽 공기를 가르며 김해공항으로 향하는 마음은 이미 제주에 닿아 있었다. 이른 아침임에도 공항은 여행객들로 북적였고, 바쁘게 움직이는 사람들의 발걸음 속에 우리도 그 설렘을 얹었다.

수하물과 탑승 수속을 마친 뒤, 기다림의 시간 속에서 우리는 공항 2층 매장 식당에 자리를 잡았다. 메뉴판을 한참 들여다보다가 자연스럽게 손이 향한 건 구수한 된장찌개. 그 익숙한 향과 따뜻한 김이 올라오는 순간, 여행의 실감이 조용히 스며들었다. 소박한 식탁 위에 담긴 된장찌개 한 그릇이 그저 허기를 달래는 끼니를 넘어, 오랜만에 함께 떠나는 가족 여행의 서막을 정겹고도 따뜻하게 열어주었다. 그 작은 식사 한 끼에도 우리는 서로를 향한 배려와 오랜만의 평화를 느꼈다. 식사 후에는 카페로 자리를 옮겼다. 따뜻한 커피 한 잔을 사이에 두고 나누는 담소. 잔잔한 웃음과 눈빛 사이로 오랜만에 마주한 여유가 흘렀다. 이른 아침, 커피 향이 머무는 창가 너머로 출발을 기다리는 비행기의 실루엣이 아련하게 다가왔다. 우리가 함께 만들어갈 또 다른 기억의 장면이 지금 막 시작되고 있었다. 가족이라는 이름으로, 함께라는 의미를 담아 제주로 향하는 이 여행은 삶 속에서 오래도록 반짝일 하나의 계절이 되었다.

제주에 도착하자, 가을 햇살이 바다 너머에서 반짝이며 우리를 맞았다. 하늘은 높고 푸르렀고, 바람은 맑고 상쾌했다. 그 바람 속에, 막내아들이 돌아왔다는 안도감과 가족 모두가 함께라는 따뜻함이 스며들었다. 렌터카를 인수받아 숙소인 제주시 리조트로 향하는 길, 창밖으로 펼쳐지는 제주 풍경은 한 폭의 수채화처럼 잔잔하고도 넉넉했다. 숙소에 도착한 우리는 가볍게 짐을 풀고, 옷을 갈아입은 뒤 본격적인 여행의 첫걸음을 내디뎠다. 오랜만에 마주한 가족 모두의 밝은 표정과 설렘이 담긴 발걸음이 제주 바람 속으로 천천히 스며들었다.

숙소인 리조트에 도착하자마자 창밖으로 펼쳐진 풍경이 마음을 사로잡았다. 멀리 협재 해수욕장의 푸른 바다가 한눈에 들어왔고, 그 아래로는 야자수와 열대식물로 정성스레 가꿔진 정원이 남국의 여유를 그대로 품고 있었다. 탁 트인 창을 통해 들어오는 맑은 공기와 바다 냄새, 그리고 부드럽게 흔들리는 야자수의 실루엣은 여행의 피로를 말없이 어루만져 주었다. 2박 3일 동안 이곳은 그저 잠시 머무는 숙소가 아닌, 마음 깊이 스며드는 휴식처가 되어주었다.

첫 행선지는 협재 해수욕장이었다. 맑고 투명하게 펼쳐진 바닷물과 눈부신 하얀 모래사장은 우리 가족의 웃음과 발자국을 고스란히 품어 안았다. 우리는 맨발로 모래를 밟으며 서로의 모습을 사진에 담고, 그 순간순간을 마음에도 또렷이 새겼다. 파도 소리 사이로 번지는 웃음소리, 얼굴 가득 피어난 햇살 같은 미소는 함께라는 사실만으로도 충분히 따뜻했다. 잔잔한 물결 위로 부서지는 햇살은 오랜 기다림 끝에 다시 하나 된 우리 가족을 조용히, 그러나 다정하게 축복하고 있는 듯했다.

해변을 따라 걷다 보니, 크고 작은 돌탑들이 바람결에 묵묵히 서 있었다. 관광객들이 하나하나 마음을 담아 쌓아 올린 돌탑들 위로 돌 인어상이 그 풍경을 지켜보듯 우뚝 서 있었다. 누구는 소원을 담고, 누구는 추억을 남기며 놓아두었을 그 돌멩이 하나하나가 이곳을 더욱 특별하게 만들어주었다. 눈앞엔 에메랄드빛 바다가 출렁이며 반짝이고, 그 물결은 마치 마음속 먼지마저 씻어내듯 투명하게 다가왔다. 한참을 멍하니 바라보게 되는 풍경. 말로 다 표현할 수 없는 아름다움이었다. 저녁노을이 서서히 물들 무렵, 해수욕장 너머로 바라본 비양도는 황금빛 바다 위에 떠 있는 한 폭의 풍경화 같았다. 잔잔한 파도 위에 비친 섬의 윤곽은 노을빛과 어우러져 한층 더 신비롭고 고요한 아름다움을 자아냈다. 그 순간을 오래도록 간직하고 싶어 휴대폰을 꺼내 기념사진으로 담아본다.

하루의 끝자락에서 마주한 이 풍경은, 제주의 기억 속에서도 가장 빛나는 한 장면으로 남게 될 것이다. 제주에 오면 꼭 맛보아야 할 음식 중 하나, 제주 흑돼지. 저녁 무렵, 우리는 '더꽃돈식당'에 들렀다. 근고기를 두툼하게 썰어 숯불 위에 올리자, 지글지글 구워지며 퍼지는 숯불향에 입맛이 절로 돋았다. 겉은 바삭하고 속은 촉촉한 그 맛은, 제주에서만 느낄 수 있는 별미였다. 하나하나 익어갈수록 고기 본연의 풍미가 살아났고, 먹는 내내 우리는 웃음과 대화를 곁들이며 즐거움 가득한 저녁을 보냈다. 제주 바람과 흑돼지의 조화, 그 순간이 그대로 추억이 되었다.

다음 날, 성산일출봉을 오르기 위해 이른 아침부터 서둘렀다. 하지만 아쉽게도 하늘은 잔뜩 흐려 있었고, 곧 가늘게 비가 내리기 시작했다. 순간, 살짝 실망감이 스쳤지만 이내 마음을 다잡았다. 이 여행을 포기할 수는 없었기 때문이다. 우리는 차에 올라 성산일출봉으로 향했다. 도착하자 먼저 인근 식당에서 따뜻한 아침식사로 몸을 녹였다. 그리고 근처 가게에서 1회용 우의를 구입해 나눠 입고, 출입구에서 입장권을 받아들고 천천히 걸음을 옮겼다. 비가 내려도 함께하는 발걸음은 가볍고, 우의를 나눠 입은 우리 가족의 모습은 왠지 더 단단하게 느껴졌다. 빗방울 너머로 보이는 성산일출봉의 풍경은 안개와 어우러져 또 다른 감동을 주었다.

비는 여전히 가늘게 내렸지만, 가족과 함께하는 발걸음은 그 어떤 날씨도 방해할 수 없었다. 우비를 입고 오르는 길은 다소 미끄러웠지만, 서로를 챙기며 걸었던 그 시간이 오히려 더 깊은 추억으로 남는다. 비를 맞으며 오르는 성산일출봉은 맑은 날과는 또 다른 매력을 품고 있었다. 정상에 도달했을 때, 눈앞에 펼쳐진 광경은 경이로움이었다. 거대한 사발 모양의 분화구가 바다와 맞닿아 어우러지며, 자연이 만들어낸 신비로운 풍경이 한 폭의 수채화처럼 펼쳐졌다. 비에 젖은 공기는 오히려 더 맑고 청량했으며, 그 속에서 우리는 긴 여정 끝의 작은 보상을 받은 듯했다. 감탄이 절로 나오는 그 순간, 가족 모두의 얼굴엔 젖은 옷과는 달리 따뜻한 미소가 가득했고, 그 벅찬 감흥을 사진으로 남겨 오래도록 간직하기로 했다.

성산일출봉의 여운을 안고 우리는 곧바로 다음 목적지인 정방폭포로 향했다. 제주의 자연이 품은 또 하나의 걸작, 정방폭포는 바다로 곧장 떨어지는 보기 드문 해안폭포로, 가까이 다가갈수록 시원한 물보라가 얼굴을 간질이며 피로를 씻어주는 듯했다. 웅장하게 떨어지는 물줄기와 그 아래 일렁이는 푸른 바다는 마치 자연이 빚어낸 한 편의 장대한 교향곡 같았다. 폭포 앞에서 가족 모두가 한 자리에 모여 기념사진을 남기며, 함께한 이 시간이 오래도록 마음속에 남기를 소망했다. 폭포 관람을 마친 우리는 인근 산책길을 따라 걸었다. 그곳엔 '서불과차(徐市過此)'라는 글귀가 새겨진 바위가 있었는데, 진시황의 명을 받아 불로초를 찾아 왔다는 전설 속 서불이 이곳을 지나갔다는 이야기를 들으며, 잠시 상상을 해보았다.

시원한 바닷바람과 숲의 기운이 어우러진 그 길 위에서 우리는 말없이도 마음이 통하는 평온한 시간 속을 걸었고, 몸과 마음의 피로가 조금씩 가시는 듯한 안락함을 느꼈다. 이어서 우리는 소인국 테마파크를 찾았다. 이곳은 세계 각국의 유명한 건축물들을 일정한 비율로 정교하게 축소해 재현해 놓은 이색적인 공간이었다. 파리의 에펠탑, 이탈리아의 피사의 사탑, 인도의 타지마할, 뉴욕의 자유의 여신상까지, 평소라면 한 나라씩 여행하며 하나씩 볼 수 있을 명소들이 한자리에서 펼쳐지니 그야말로 눈이 즐겁고 마음이 설렜다.

각각의 미니어처 앞에 서니 마치 내가 걸리버가 된 듯한 기분이 들었다. 건축물 하나하나의 섬세함과 아름다움에 감탄하며, 가족들과 함께 인증샷을 남겼다. 사진기 셔터를 누를 때마다, 이 특별한 공간에서의 추억이 한 장 한 장 마음속에 새겨지는 듯했다. 한켠에는 1960~70년대 한국의 건물 양식을 재현한 공간도 마련되어 있었는데, 기와집, 간판이 걸린 옛 다방, 벽돌 담벼락이 있는 골목길까지, 고풍스러운 분위기 속에서 아련한 추억이 되살아났다. 시간이 멈춘 듯한 테마파크 속에서 우리는 잠시 어린 시절로 돌아간 듯한 착각에 빠졌고, 그 따뜻한 감성 속에서 가족과의 소중한 하루를 더욱 깊이 새겨넣을 수 있었다.

어느덧 해가 저물고 어둠이 내릴 무렵, 우리가 다음으로 향한 곳은 유리박물관이었다. 입구에 들어서자마자 반짝이는 빛의 향연이 우리를 반겼다. 다양한 색과 형태로 빚어진 유리 작품들은 마치 한 편의 동화를 현실로 옮겨 놓은 듯, 환상적인 분위기를 자아냈다. 유리로 만들어진 정교한 조각상과 생활 소품들, 형형색색의 빛을 담아낸 조형물, 그리고 눈처럼 투명하고 섬세한 곡선을 그리는 예술 작품들까지 어느 하나 시선을 빼앗기지 않았다. 특히 유리로 만든 동물 형상들을 바라보며 자녀들은 연신 감탄했고, 우리도 역시 마치 어릴 적 동심으로 돌아간 듯, 하나하나의 작품 앞에서 발걸음을 멈추었다. 우리는 그중 가장 빛나는 조형물 앞에서 가족 모두 양팔을 올려 기념사진을 남겼다.

그 순간은 마치 시간이 멈춘 듯, 따뜻하고 소중한 순간으로 마음속에 새겨졌다. 햇살이 비치는 각도에 따라 유리 조각들이 반짝이며 다양한 색을 내는 모습은 찰나의 순간마저 예술처럼 느껴졌고, 그 아름다움은 사진보다도 더 깊게 가슴에 남았다. 작고 정교한 유리 안에 담긴 예술성과 상상력은 예술 그 자체였다. 우리는 이곳에서 또 하나의 특별한 추억을 가슴에 품은 채, 다음 여정을 향해 발걸음을 옮겼다.

다음날 우리는 산굼부리를 찾았다. 산책로를 따라 걸음을 옮기자, 양옆으로 펼쳐진 은빛 억새가 바람결에 일렁이며 장관을 이루었다. 억새풀 너머로 부드럽게 이어지는 하늘과 산굼부리의 능선은, 마치 한 폭의 풍경화처럼 눈앞에 펼쳐졌다. 그 아름다움에 우리는 걸음을 멈춘 채, 휴대폰 셔터를 연신 눌렀다. 억새밭 사이로 스며드는 햇살은 풍경에 깊이를 더했고, 그 순간의 빛과 바람, 공간을 고스란히 사진에 담고 싶어졌다. 잠시 오르막을 지나 마침내 정상에 도달하자, 눈앞에 탁 트인 넓은 평원이 펼쳐졌다. 사방으로 억새가 출렁이고, 바람은 온몸을 스치며 자연의 숨결을 전해주었다. 그 순간, 우리는 말없이 주변 풍광을 감상하며 고요한 감동에 젖었다. 평원의 품으로 천천히 내려가자, 자연 속에 녹아든 것 같은 자유로움이 온몸을 감쌌다. 우리는 저마다의 포즈로 웃음을 지으며 셔터를 눌렀고, 평온과 환희가 깃든 가족의 풍경은 한 장의 사진 속에 고스란히 스며들었다.

이렇게 해서 2박 3일, 제주에서의 가족 여행은 아쉬움을 뒤로한 채 마무리되었다. 짧지만 깊은 긴 여정 속에서 우리는 함께 걷고, 함께 웃고, 때로는 조용히 풍경을 바라보며 마음을 나누었다. 제주의 하늘 아래에서 머문 시간들은 단순한 여행 이상의 의미로 다가왔다. 바람에 실려온 푸른 바다의 향기, 억새풀 사이로 스며든 햇살, 따뜻한 밥상 위에 놓인 소소한 기쁨들…

그 모든 순간이 가족이라는 이름 아래 더 깊고 따뜻한 추억으로 남았다. 돌아가는 길, 창밖으로 스치는 풍경이 마치 우리를 배웅하듯 한없이 부드럽고 잔잔했다. 가슴 한 켠에 아름다운 섬의 풍경과 함께, 함께한 사람들의 웃음소리를 조용히 담으며 언젠가 다시, 이 섬을 찾아 또 다른 계절의 이야기를 써 내려가기를 소망해 본다.

그 섬엔 당신과 내가 있었다

아내와 함께 거제도 외도 탐방을 위해 이른 아침에 집을 나섰다. 고요한 새벽 공기를 가르며 출발하는 발걸음에는 설렘이 묻어 있었고, 창밖을 스치는 풍경이 어느새 여행의 시작을 알리는 배경화면처럼 펼쳐졌다. 5월의 초록은 하루하루 짙어져, 어느새 풍경을 물들였다. 따사로운 햇살은 하늘과 바다의 경계를 부드럽게 어루만지고 있었다. 거제도 남쪽 끝, 다대항에서 유람선에 몸을 실었다. 오전 9시 반, 외도 보타니아로 향하는 여정이 시작되었다.

바다를 품은 배는 외도에 이르기 전, 해금강의 기암괴석 사이를 누비며 천천히 나아갔다. 마치 자연이 수천 년 동안 조각해 낸 거대한 바위 예술관 속을 항해하는 듯한 기분. 해금강의 촛대바위, 십자동굴… 이름 하나하나에 이야기가 깃든 바위들이 저마다의 표정을 짓고 있었다. 바다 위로 불쑥불쑥 솟아오른 바위섬들은 정적인 수묵화 같기도, 생동감 넘치는 유화 같기도 했다. 투명하게 속살을 드러낸 바닷물 사이로 햇빛이 부서지며 반짝였다. 파도마저 잠잠해, 오늘 같은 날 이 절경 속에 들어설 수 있음이 얼마나 큰 행운인가. 바다는 말없이 우리를 품어주었고, 나는 그 풍경 안에서 조용히 감동을 삼켰다. 잠시 후, 외도 선착장에 도착했다. 배에서 내리자, 먼저 눈앞에 펼쳐진 건 아름답고 이국적인 풍경. 사람의 손길이 닿았지만 자연의 숨결을 해치지 않은, 절묘한 조화가 이곳의 첫인상이었다. 정갈하게 다듬어진 길 위로 발을 딛는 순간부터, 마치 지중해의 어느 한적한 섬에 도착한 듯한 착각마저 들었다. 외도 보타니아는 한 부부가 평생을 바쳐 가꾼 섬이다. 그들의 손길이 닿은 조경은 단순히 아름답다기보다는 '진심이 깃든 정원'이라는 말이 어울렸다. 꽃은 피고 지기를 반복하지만, 그 속에 담긴 정성과 철학은 계절을 넘어 오롯이 느껴진다. 곳곳에 심어진 남국의 식물들, 탁 트인 전망대에서 바라본 수평선, 벽면에 피어난 담쟁이들… 그 모든 풍경이 말없이 속삭인다.

이곳은 잠시 머물러도 좋은 곳이라고. 사람들 틈에 섞여 천천히 걷는다. 걸음을 멈출 때마다 펼쳐지는 풍경이 너무도 다채롭고 환상적이라, 셔터를 누르는 손이 바빠진다. 그러나 사진으로는 다 담아낼 수 없는 울림이 있다. 직접 보고, 걷고, 바람을 맞으며 느껴야만 비로소 완성되는 이야기들. 그리하여 나는 눈으로, 가슴으로 그 장면들을 고이 새겨 넣었다. 한참을 걷다 벤치에 앉아 잠시 숨을 고른다. 머리 위로는 바람에 흔들리는 야자수잎, 저 멀리에는 해금강의 윤곽이 아련하게 떠 있다. 바람은 상쾌하고, 파도는 낮게 속삭이며, 꽃은 피어난 채로 조용히 웃고 있다. 이 모든 풍경이 나에게 말을 건넨다. 지금, 이 순간을 기억하라고. 섬의 끝자락 전망대에 올라 마지막 풍경을 바라보았다. 푸른 하늘 아래 넘실대는 바다, 섬을 감싸 안는 녹음, 그리고 저마다의 여정을 걷고 있는 사람들. 짧은 방문이었지만, 이곳에서의 시간은 무게감 있게 마음속에 내려앉는다.

돌아오는 배에 올라 다시 다대항으로 향하는 길. 바람은 여전히 부드럽고, 파도는 여전히 잔잔하다. 멀어지는 외도를 바라보며 나는 천천히 눈을 감는다. 그 안에는 여전히 햇살 가득한 섬의 정원과, 5월의 바다와, 잊지 못할 하루가 담겨 있다. 그날, 나는 자연이 선물한 조용한 낙원에서 나 자신과도 조용히 마주했다. 바람은 그저 지나가는 게 아니었다. 그건, 기억을 흔들어 놓는 손짓이었고, 마음 한 켠을 깨우는 목소리였다. 그리고 지금도, 그날 외도에서 불어오던 5월의 바람이, 문득 생각날 때가 있다. 마음이 답답할 때면 조용히 눈을 감고 그 길을 다시 걷는다. 그러면 그날의 바람이, 그날의 햇살이, 내 마음을 다시 다독여주곤 한다.

경주의 겨울, 마음을 걷다

경주라고 하면 가장 먼저 떠오르는 것은 불국사와 석굴암이다. 하지만 이번 여행의 목적지는 책 속에서 보았던 첨성대와 대릉원. 오랜만에 아내와 함께 겨울의 고도, 경주로 여행을 떠났다. 여행길에 오를 때면 늘 생각하게 된다. 이번에는 무엇을 담을까. 아니, 무엇을 '담아올 것인가'. 아침부터 분주히 짐을 꾸리며 무엇을 챙길지, 배낭엔 또 무엇을 넣을지 고민하다 보니, 어느새 시계는 10시 20분을 가리키고 있었다. 맑은 날씨에도 불구하고 매서운 바람은 벌써 우리 곁으로 다가와 있었다. 아내와 함께 몸을 움츠리며 차에 올라 히터 온도를 26도로 맞췄다. 차 안의 온도가 서서히 올라가자 언몸도 함께 녹아내리고, 부부의 정 또한 조금씩 쌓여가는 듯했다. 차 안에서는 '칠공팔공'의 옛 가요들이 흘러나왔다. 수없이 반복되는 추억의 노래에 나도 모르게 콧노래를 흥얼거리며, 젊은 시절의 기억 속으로 빠져들었다. 좋은 음악은 사람들의 마음을 숭고하고 깨끗하게 한다는 말처럼, 이 순간 우리 부부에게도 사랑의 씨앗이 되고 아름다운 열매로 이어질 소중한 추억이 되어가고 있었다. 경주 톨게이트를 지나 시내로 들어서자, 거리의 가로수들은 잎을 떨군 앙상한 가지로 하늘을 찌를 듯 서 있었다. 오전 11시 20분, 인왕동 도로변 주차장에 도착. 첨성대를 향해 걷기 시작했다. 바람은 여전히 매서웠고, 그 차가운 숨결은 얼굴을 스칠 때마다 콧등이 빨갛게 달아오를 정도였다. 그러나 그 추위 속에서도 신라 천년의 숨결이 느껴졌다. 도심 한복판에서도 흔히 볼 수 있는 왕릉들. 이곳이 바로 992년간 신라의 왕들이 군림했던 중심지, 천년 고도 경주였다.

첨성대에서!

첨성대는 예나 지금이나 참 경이롭다. 총 365개의 돌로 쌓아올린 모습은 1년 365일을 의미하며, 천체 관측의 역할을 했다고 한다. 네모난 밑단과 둥그런 윗부분은 땅과 하늘을 상징한다. 그 구조 속에는 사계절을 알 수 있는 과학적 지혜와, 수백 년이 지난 지금까지도 형태를 유지하는 건축 기술이 담겨 있다. 첨성대 옆, 잎이 모두 떨어진 모과나무엔 노랗게 익은 열매만 덩그러니 매달려 있다. 그 모습을 한참 바라보다 문득 인생을 떠올린다. 성큼 다가온 나이 앞에 떨어진 낙엽처럼 쌓이는 허무감. 꿈같던 세월은 어느덧 앙상한 가지에 열매 하나로 남아 초라하게 부서질 듯하다.

대릉원 천마총!

12시 35분, 다음 목적지인 대릉원 천마총에 도착했다. 점심은 잠시 미루고 구경을 먼저 하기로 했다. 천마총은 신라시대 5~6세기경 만들어진 대표적 돌무지덧널 무덤. 11,500여 점의 유물이 출토되었고, 그중 금관과 자작나무 껍질에 하늘을 나는 말이 그려진 말다래가 발굴되어 '천마총'이라 이름 붙여졌다. 추운 날씨에도 많은 사람들이 줄을 서서 입장권을 끊고 있었다. 우리도 그중 하나가 되어 대릉원에 입장했다. 오래된 나무의 향이 코끝을 간지럽혔고, 고목 아래서 아내와 다정한 포즈로 인증샷을 남겼다. 천마총 안에서는 투명한 유리를 통해 무덤 내부 구조와 유물을 살펴볼 수 있었다. 몸을 감싼 찬 바람에 아내와 함께 대릉원 영상관으로 들어가 잠시 몸을 녹이며 신라의 역사 영상을 관람했다. 천년 고도 신라의 진면목을 다시금 느끼는 순간이었다.

따끈한 점심, 그리고 불국사!

배고픔이 서서히 밀려올 즈음, 보문관광단지 인근에서 '국밥' 간판을 발견했다. 주차를 하고 소고기국밥을 주문했다. 뜨끈한 국물에 몸이 풀리고, 여행의 피로가 스르르 녹아내렸다. 다양한 영양이 담긴 국밥은 여행 중 최고의 식사였다. 식사를 마친 후 불국사로 향했다. 성탄절임에도 불구하고 불국사에는 많은 관광객들로 붐볐다. 주차장에 차를 대고 불국사로 향하는 길, 잔디밭 옆 벚나무 아래에서 잠시 발걸음을 멈췄다. 문득, 아버지가 살아 계셨던 시절 이곳에서 온 가족이 돗자리를 펴고 음식을 나눴던 기억이 떠올랐다. 그 추억에 눈시울이 붉어지고, 가슴이 먹먹해졌다.

대웅전에 들어가 삼배를 드리고, 경내를 천천히 거닐었다. 겨울의 정취 가득한 불국사의 풍경 속에서, '불국다원' 전통 찻집에 들러 아내와 함께 따뜻한 산수유차를 마셨다. 찻잔에 퍼지는 향기와 따스한 온기, 그리고 찰보리빵의 담백한 보리의 맛은 부부의 소중함을 다시금 일깨워주었다.

여행의 끝자락에서.

이번 경주 여행은 단순한 유적 탐방이 아니었다. 계절이 주는 깊은 정서와 부부가 나누는 소중한 대화, 그리고 잊고 있었던 옛 기억을 다시금 꺼내보는 시간이었다. 길들여진 관능을 조금 내려놓고, 지혜와 삶의 아름다움, 그리고 너그러움을 채워가는 이 여정이야말로 마음이 윤택해지고 풍요로워지는 길이 아닐까 생각이 든다.

경포대에서 시작된 가을

가을이 내려앉은 강원도에서의 2박 3일, 여느 때와는 다른 특별한 휴일, 일상 속에서 아내와 둘만의 여유로운 시간을 갖고 싶었다. 계절은 어느덧 가을의 중심에 서 있었고, 산과 들, 바다와 하늘은 가을빛으로 한 폭의 수채화를 그리고 있었다.

여행 첫날, 경포대, 시간 너머의 풍경 속을 걷다.

오후 늦은 시간, 우리는 경포대 해수욕장 인근의 바닷가 호텔에 머물기로 했다. 숙소 창문 너머로 파도 소리가 가만히 들려오고, 짐을 풀자마자 마치 기다렸다는 듯 우리는 다시 바다로 향했다. 모래 위를 아내와 나란히 걷던 그 순간, 오래전 신혼여행의 기억이 조용히 되살아났다. 바다는 말없이 우리를 품어주었고, 물결은 부드럽게 발끝을 간질이며 웃음 짓게 만들었다.

해 질 녘, 붉게 물든 하늘 아래 아내는 모래사장에 작은 하트를 그리며 장난스러운 눈빛을 보냈다. 나는 그런 그녀의 손을 다시 꼭 잡았다. 바람이 불어 머리카락이 흩날리고, 시간은 유난히 느리게 흘러가는 듯했다. 아무것도 하지 않아도 좋았다. 말없이 바다를 바라보는 것만으로도, 오늘 하루는 충분히 아름다웠다. 그렇게 우리는 바다와 저녁노을, 그리고 사랑으로 가득한 하루의 끝자락을 조용히 마주했다. 경포대에 올라 바라본 동해의 수평선은 끝없이 펼쳐져 있었고, 그 너머로 반짝이던 물결은 마치 지나온 세월을 품어주는 듯 따뜻했다. 아내의 눈가에 살짝 어린 미소는 이 여행이 우리에게 얼마나 오랜만의 여유인지 말해주는 듯했다.

경포대 하면 가장 먼저 떠오르는 건 부드럽고 고소한 초당순두부다. 그래서 저녁식사는 이 지역 특색을 제대로 느낄 수 있는, 분위기 있는 아늑한 식당을 찾아 나섰다. 해가 저물 무렵, 잔잔한 바람이 길을 감싸안고 있었고, 식당 창 너머로는 노을빛이 은은히 번졌다. 드문드문 방문객들이 조용한 저녁을 즐기고 있었고, 우리도 자리에 앉아 따뜻한 순두부탕을 주문했다. 이윽고 하얀 김을 피워내며 나온 순두부탕은 담백하면서도 깊은 맛으로 하루의 피로를 녹여주었고, 입 안 가득 퍼지는 부드러운 순두부는 마치 마음까지 포근히 감싸주는 듯했다. 한 숟가락 한 숟가락 그 온기가 몸속 깊이 전해지며 조용한 저녁의 감성을 더욱 따뜻하게 채워주었다. 순두부탕으로 속을 따뜻하게 데운 뒤, 우리는 자연스럽게 술잔을 기울였다. 아내와 마주 앉아 오랜만에 여유로운 대화를 나누었다. 아이들 이야기, 지난 여행의 추억, 그리고 사소하지만 마음을 물들이는 일상들이 조용한 저녁 공기 속에 스며들었다. 잔잔한 음악이 흐르는 식당 안, 창밖으로는 경포호 너머로 가로등 불빛이 흔들리고 있었다. 그렇게 웃음과 이야기로 한참을 머물다 숙소로 돌아와, 다시금 조용히 한 잔을 더 나누었다. 바다의 숨결이 스며든 밤공기를 창문 너머로 느끼며, 우리는 하루의 끝자락에서 고요한 행복을 음미했다. 포근한 이불 속에 몸을 누이자, 작은 파도 소리처럼 아내의 숨결이 귓가를 스쳤고, 그날의 마지막 순간은 고요하고 따뜻한 꿈결처럼 다가왔다.

이튿날 아침, 아내와 해가 뜨기 전 고요한 어둠 속을 조심스레 걸어나왔다. 바닷바람은 차가웠지만, 그 속에 섞인 소금기와 바다 내음이 상쾌하게 폐부를 적셨다. 경포대 쪽으로 발걸음을 옮기며 하늘을 올려다보니, 동쪽 하늘 끝자락이 서서히 붉게 물들기 시작했다. 마침내 수평선 너머로 해가 떠오르자, 찬란한 햇살이 파도를 금빛으로 물들이며 장관을 펼쳐냈다. 아내와 나란히 해변을 따라 천천히 걷노라니, 파도는 잔잔한 리듬으로 발끝을 간지럽히고, 모래 위엔 새벽 햇살이 부드럽게 내려앉았다. 말없이 풍경을 바라보며 걷는 그 시간이 얼마나 소중한지, 함께 맞이하는 아침이라는 것이 얼마나 따뜻한 의미인지 새삼 느껴졌다. 어느덧 우리는 팔짱을 끼고, 바다를 배경 삼아 추억 하나를 조용히 새기고 있었다. 세상은 잠시 멈춘 듯했고, 그 아침은 우리 둘만의 시간처럼 빛나고 있었다. 경포대의 황홀한 일출과 해변 산책으로 마음을 채운 우리는, 숙소로 돌아와 간단한 아침식사를 하며 잠시 여유를 누렸다. 따뜻한 국물 한 모금과 갓 지은 밥 한 술이 속을 든든히 채워주었고, 창가로 들어오는 아침 햇살은 전날보다 한결 부드럽게 느껴졌다.

식사를 마친 뒤, 우리는 다음 목적지인 오죽헌으로 향하기 위해 조용히 차에 올랐다. 창밖으로는 바다와 산, 마을 풍경이 아침 햇살 아래 잔잔하게 펼쳐졌고, 라디오에서는 느린 음악이 흘러나왔다. 여행지의 잔잔한 감동을 안고 오죽헌을 향해 가는 길, 마음은 이미 고요한 대나무 숲과 선비의 기상이 깃든 공간에 머물렀고 어느새 주차장에 도착해 있었다. 둘째 날은 조용하고 사색적인 공간들을 찾았다. 아침 햇살을 맞으며 찾은 오죽헌은 단아하고 고요한 기운으로 우리를 맞아주었다. 율곡 이이와 신사임당의 숨결이 깃든 그 집은 수백 년의 시간을 품고 있었고, 검은 대나무 사이로 불어오는 바람은 한 편의 시처럼 우리의 마음을 적셨다. 아내는 고즈넉한 기와지붕 아래서 잠시 눈을 감고, 나는 그녀의 모습을 담으며 가만히 생각했다.

오후에 동해를 품은 사찰, 낙산사를 찾았다. 관세음보살상이 넓은 바다를 향해 두 팔을 벌리고 서 있었고, 우리는 그 앞에서 잠시 눈을 감고 마음의 기도를 올렸다. 절벽 아래로는 거친 파도가 끊임없이 부서지고 있었지만, 그 소리마저도 마음을 씻어주는 듯했다. 홍련암에 이르러 절벽 끝에 서서 바다를 바라보았을 때, 아내는 한참을 말없이 머물렀다. 그 침묵 속에는 말로 다할 수 없는 깊은 평안이 있었다. 낙산사 관람을 마치고 나오니, 어느덧 해는 수평선 너머로 기울기 시작했다. 황금빛 햇살이 사찰의 지붕과 바다를 따스하게 감싸며, 하루의 끝을 알리는 고요한 풍경이 마음 깊숙이 스며들었다.

우리는 양양 해변 주변의 아늑한 숙소에 짐을 풀고, 잠시 숨을 고른 뒤 해변으로 발걸음을 옮겼다. 바다는 저물녘의 색으로 물들고 있었고, 파도는 잔잔한 숨결처럼 해안을 어루만졌다. 바닷바람은 온종일 쌓였던 피로를 가볍게 날려주었고, 우리는 말없이 나란히 걷기만 해도 충분히 위로받는 느낌이었다. 그렇게 걷다 보니 문득 바닷가를 따라 늘어선 조개구이 가게들에서 고소한 연기가 피어오르고, 숯불에 익어가는 해산물 냄새가 발걸음을 멈추게 만들었다. 유리창 너머로 보이는 불빛과 웃음소리에 이끌리듯, 우리는 한 해산물 식당에 자리를 잡았다. 바다 내음이 물씬 나는 조개구이를 안주 삼아 소박한 술잔을 나누며, 하루의 끝을 조용히 마주했다. 아내의 눈빛에는 고난함보다도 잔잔한 만족이 머물고 있었고, 나는 그 순간의 온기를 오래도록 간직하고 싶었다.

여행의 마지막 날, 일요일이라 많은 인파가 몰릴 것을 예상하며 우리는 아침 일찍 설악산으로 향했다. 아직 어둠이 채 걷히지 않은 새벽, 길은 한산했지만 마음은 일찌감치 설렘으로 가득했다. 설악산 입구에 도착하니 이미 수많은 사람들이 케이블카를 기다리고 있었고, 우리는 조용히 그 대열에 합류해, 한 발 한 발 천천히 앞으로 나아갔다. 사람들 사이로 새어 나오는 말소리는 낮게 깔린 안개처럼 흘러나와 고요한 아침을 채웠다. 케이블카를 타고 권금성에 오르자 가을이 절정을 이루고 있었다. 붉게 물든 단풍은 산을 감싸고 있었고, 바위 능선 위로는 청명한 가을 하늘이 펼쳐졌다. 높은 곳에서 내려다본 설악의 풍경은 압도적이었다. 아내는 이따금 감탄사를 흘리며 폰으로 사진을 남기곤 했다. 산들바람에 흔들리는 단풍잎처럼, 우리 마음도 가볍고 풍성했다.

천년고찰 신흥사에 들러 고요한 산사의 기운 속에 마음을 모아 참배를 하고 짙은 솔향이 퍼지는 숲길을 따라 걷다 보니, 천년의 세월을 품은 고목들이 조용히 속삭이는 듯했다. 담담한 풍경 속에서 나 자신을 돌아보는 시간을 가진 뒤, 우리는 아쉬움을 뒤로하고 발걸음을 정동진으로 옮겼다. 멀어지는 산사의 풍경은 마음 깊은 곳에 잔잔한 울림을 남겼다. 기찻길과 바다가 맞닿은 그곳, 정동진의 끝자락에서 우리는 마지막으로 동해의 수평선을 가만히 바라보았다. 해는 서서히 빛을 머금은 채 바다 속으로 가라앉고 있었고, 그 장엄한 순간 앞에 우리는 말없이 서 있었다. 부드러운 파도 소리를 배경 삼아 아내와 함께 모래사장을 거닐며, 눈앞에 펼쳐진 아름다운 풍경에 대해 조용히 이야기를 나누었다. 기찻길 옆에서 함께 사진을 찍으며, 우리 여행의 마지막 페이지에 따뜻한 기억을 채웠다. 이 순간을, 이 감정을, 마음 깊은 곳에 오래도록 간직하고 싶었다.

귀가 길에, 차 안에는 말없이 흘러나오는 음악과 함께 가을의 여운이 가득했다. 바쁘게 살아가는 일상 속에서, 이번 여행은 우리 둘의 마음을 다시 한번 다정히 묶어주는 소중한 시간이 되어 주었다. 계절이 지나도, 이번 여행에서 느꼈던 고요함과 따스함은 오래도록 우리의 기억 속에 단풍처럼 물들어 있을 것이다.

제2부

산행기山行記

가을향기 따라 주왕산

가을향기 따라, 주왕산으로 떠나다. 이른 아침 창문을 열자 싸늘한 공기 속에 가을 향기가 스며들어왔다. 구름 한 점 없는 하늘 아래, 우리는 차박 용품을 하나둘씩 챙겨 차량에 실었다. 그렇게 오전 9시 50분, 느긋한 마음과 설레는 발걸음으로 집을 나섰다. 목적지는 경북 청송, 가을빛으로 물들어가는 주왕산이었다. 상주-영천 고속도로를 따라 달리다 보니, 어느새 동영천 IC를 지나 국도로 접어들었다. 도로는 구불구불 굽이쳤고, 차창 밖으로는 점점 더 깊어지는 산세가 펼쳐졌다.

이윽고 도착한 곳은 해발이 높아, 구름마저 손에 잡힐 듯 느껴졌던 삼자현 휴게소. 시계는 정오를 조금 넘긴 12시 10분을 가리키고 있었다. 이곳 삼자현에는 오래된 전설 하나가 전해 내려온다. 한 가난한 노총각이 서른을 앞두고 어렵사리 신부를 맞이했는데, 처가가 있는 현동면 월매리로 넘어가던 중 산적을 만나 아내를 빼앗기고 말았다고 한다. 그 절망과 통곡 끝에 그는 소나무에 목을 매었고, 그 후 이 고개엔 사람 셋 이상이 함께 가야만 넘을 수 있었던 고갯길이 되었다고. 그래서 붙여진 이름, 삼자현三者峴. 그 전설 때문인지, 삼자현에 서니 고요한 능선 너머로 묵직한 슬픔이 스며 있는 듯했다. 그러나 삼자현의 가을은 점점 짙어지고 있었다. 붉고 노란 단풍이 능선을 타고 퍼져 나가며 산을 물들이고, 가을바람은 산등성을 넘어와 살며시 우리의 뺨을 스쳤다. 소박한 삼자현 휴게소에 잠시 머물러 주변 풍광을 감상했다. 탁 트인 자연 속에서 계절의 변화를 느끼며, 이곳의 특산물인 청송 사과와 사과 막걸리 한 병을 손에 들었다. 저녁에 함께 나눌 작은 기쁨 하나를 마음에 품고 다시 길을 떠났다. 가을의 색과 향을 담아온 여행, 그 순간들은 소중한 기억으로 남았다.

오후, 드디어 국립공원 주왕산 상의자동차 야영장에 도착했다. 관리사무소를 찾아가 차박이 가능한지 묻자, 인터넷 예약만 가능하다는 답이 돌아왔다. 순간 걱정이 스쳤지만, 다행히 빈 자리가 두 곳 남아 있다는 말에 안도의 한숨이 나왔다. 곧바로 휴대폰으로 예약을 마치고 B구역 09번 사이트로 향했다. 텐트를 치고, 작은 테이블을 펴고, 낙엽이 하나 둘 떨어지는 소리를 들으며 가을 속 낭만을 꿈꿨다. 하지만 낭만도 잠시, 밤이 되자 기온은 영하로 떨어졌고, 텐트 안은 서늘하다 못해 냉기가 감돌았다. 준비한 침낭 속에서도 몸은 저절로 웅크려졌다. 추위에 몸을 떨며 보낸 밤. 그렇게 밤하늘의 별빛 아래에서 부르르 떨며 맞이한 아침. 이불 대신 가을을 덮고 잠든 그 밤을 기억속에 따뜻하게 남을지도. 비록 얼어붙을 듯한 새벽이었지만, 그마저도 가을의 일부였다.

가을빛이 완연한 아침, 자욱하게 내린 물안개 사이로 주왕산의 암봉들이 조용히 그 존재를 드러냈다. 이른 아침부터 산행길은 분주했다. 가족 단위, 친구들, 연인, 동호인들까지, 우리도 그 흐름 속에 자연스럽게 스며들었다. 주왕산은 설악산, 월출산과 더불어 우리나라 3대 암산 중 하나로 불리는 산. 산세가 험하고 기암절벽이 이어지는 산 속에 '주왕'이라는 전설이 깃들어 있다. 당나라에서 쫓기던 주왕이 이곳 깊은 산중에 몸을 숨겼다는 이야기. 그의 이름을 딴 이 산은, 그렇게 신비롭고 깊은 여운을 품고 있었다. 주차장을 지나 대전사에 닿자, 웅장하게 솟은 기암奇岩이 사찰 뒤로 솟아 있었다. 첫눈에 보는 그 위용은 가히 압도적이었다. 사람보다 더 오래 산을 품고 있었을 법한 바위였다.

우리는 대전사를 출발점 삼아, 기암교–시루봉–용추협곡–용연폭포–절구폭포–주왕암–주왕굴을 거쳐 돌아오는 데 약 3시간이 걸렸다. 길 위에서 만난 풍경은 말로 다 담기 어려울 정도였다. 기암괴석이 병풍처럼 펼쳐지고, 용이 숨었다는 용추폭포는 단풍에 둘러싸여 찰랑이는 물소리를 내며 반겼다. 때론 고요히게, 때론 거세게 흐르던 용연계곡과 절벽 아래 자리한 주왕굴에서는 잠시 말을 잊게 되었다. 누구나 자신의 마음속에 감추어둔 이야기 하나쯤 꺼내놓고 싶은 장소였다. 산행 후, 우리는 또 하나의 명소 주산지로 향했다.

이곳은 1720년 숙종 시대에 조성된 인공 저수지로, 약 300년이 넘도록 바닥을 드러낸 적이 없다고 한다. 맑은 물에 잠긴 왕버들 고목들, 그 주변을 에워싼 산자락은 무성하고도 고요했다. 사진으로는 결코 다 담을 수 없는 풍경 아까운 풍경, 그저 눈으로 천천히, 오래도록 바라보았다. 영화 봄, 여름, 가을, 겨울 그리고 봄이 촬영된 이후, 이곳은 내외국인 모두에게 유명한 성지가 되었다. 그 때문일까, 어딘지 영화 속 한 장면에 들어온 듯한 기분이었다. 물결도, 바람도, 시간조차도 천천히 흐르는 듯했다. 해가 뉘엿뉘엿 산 너머로 넘어갈 무렵, 우리는 하루의 마지막 여정을 위해 청송의 별미, 달기약수 닭백숙을 찾아 나섰다. 찾아간 곳은 해성 닭백숙. 철분이 풍부한 탄산 약수로 끓여낸 백숙은 닭 특유의 잡내 없이 살코기는 부드럽게 입안에서 풀렸다. 허기졌던 몸을 채워주는 따뜻한 국물 한 그릇에, 하루의 피로가 스르르 녹아내렸다. 이날 하루는 자연 속에서 걷고, 보고, 마시고, 느낀 하루였다. 시간은 흘렀지만, 마음은 오히려 멈춰 선 듯한 느낌의 선물 같은 하루였다.

강가의 여백과 송소고택의 고요함 속에서, 밤사이 기온이 뚝 떨어졌다. 영하 가까이 내려간 기온에 예정했던 차박은 결국 포기하고, 청송읍 근처의 작은 숙소에서 하룻밤을 보냈다. 창밖으로 새벽 공기가 싸늘하게 흘렀지만, 창호 사이로 들어오는 은은한 햇살 덕분에 마음은 따뜻했다. 아침 찬거리을 챙겨 우리는 청운교 강변 노지 캠핑장으로 향했다. 평일이라 그런지 캠핑장은 조용했다. 군데군데 텐트가 하나씩만 자리하고 있어, 오히려 그 한적함이 더 매력적으로 다가왔다. 우리는 도킹 텐트를 펼치고, 버너에 불을 붙였다. 보글보글 끓는 찌개 냄새가 코끝을 자극했다. 뜨끈한 국물과 함께한 아침밥과 그 앞에 펼쳐진 강물. 한참을 말없이 바라보다가 문득 삶을 되짚어보게 되었다. 흘러가는 물결을 보며 마음속 깊은 곳에 가라앉혀두었던 감정들, 가슴속에서만 조용히 울던 이야기 하나를 조심스레 꺼내어 그 물 위에 띄워보냈다. 강물은 말없이 모든 것을 품어 안았고, 나는 그 품에 잠시 기대어 있었다. 그렇게, 잠시 삶의 여백 속을 거닐었다. 아쉬움을 뒤로 하고 다시 움직인 발걸음은 송소고택으로 향했다.

이 고택은 조선 영조 때 만석꾼이었던 심처대의 7대손, 심호택이 지은 집이라 한다. 호박골에서 덕천동으로 이거하며 지은 고택은 무려 99간에 달한다고 한다. 고택 입구에 들어서자 흙돌담과 기와지붕이 어우러져 그 자체로 한 폭의 그림이었다. 기와를 활용해 정갈하게 올린 담장, 그리고 굴뚝마저 흙과 기와로 만든 담으로 정성스럽게 지은 집. 그 모든 것들이 세월을 넘이오는 시간의 미학이었다. 조용히 걷는 발소리조차 아깝게 느껴질 만큼 고요한 이곳은, 한옥스테이도 가능하다고 한다. 밤하늘의 별을 보며, 대청마루에 앉아 전통의 숨결을 느껴볼 수 있다면… 얼마나 특별한 기억이 될까. 고택 옆에는 '백일홍 카페'가 소박하게 자리하고 있었다. 마당에는 아기자기한 소품들이 놓여 있었고, 커다란 화분 사이로 들리는 음악이 정겹게 퍼졌다. 우리는 따뜻한 카페라떼를 한 잔 시켜놓고, 창밖의 풍경을 바라보며 조용히 앉아 있었다. 쏟아지는 가을 햇살 속에서 지난 계절들을 떠올리며, 작은 추억 하나하나를 마음속에 담았다. 그 하루는 겉으로는 조용했지만, 속으로는 깊고 뜨거웠던 날이었다. 흐르는 물과, 오래된 고택, 한 잔의 커피와 함께한 사색. 그 모든 것이 모여 또 하나의 여행이 되었다.

청송에서의 마지막 코스는 '청송정원'이었다. 내비게이션에 목적지를 입력하고 도착한 그곳은, 마치 숲속 카페에 들어선 듯 맑고 청명한 공기가 가슴을 환히 열어주었다. 정원은 무려 4만 평에 이르는 드넓은 공간. 그 안에 백일까지 꽃이 핀다고 전해지는 백일홍이 수놓은 꽃밭이 펼쳐져 있었다. 산책길 사이사이로 흐드러지게 핀 분홍빛 꽃들이 바람에 살랑일 때마다 마치 누군가가 미소 지으며 손을 흔드는 것만 같았다. 전망대에 올라서 바라본 정원 전경. 백일홍 꽃길 사이로 나 있는 오솔길, 그리고 정원 곳곳에 놓인 다양한 조형물들이 어우러져 동화 속 한 장면처럼 눈앞에 펼쳐졌다. 우리는 그 길을 따라 천천히 걸었다. 서두르지 않고, 어느 곳에서는 멈춰 서서 사진을 찍고, 어느 곳에서는 바람을 느끼며 조용히 눈을 감았다. 서로 마주 웃으며 나눈 짧은 한마디, 그 속에 오랜 시간이 담겼다. 지나온 여정을 되짚어 보면, 우리는 이 여행을 통해 특별한 풍경을 본 것만은 아니었다 자연의 품 안에서 흘러가는 시간 속에 머물며, 오늘의 행복을 마주한 것이었다.

내일을 위해 사는 줄 알았던 우리는 사실 오늘 이 순간이 가장 소중하다는 걸 깨달았다. 청송, 그 이름처럼 푸르고 맑았던 곳. 우리의 발자취 위에 머물던 햇살과 꽃향기, 그 미소와 모든 것들이 또 하나의 '행복한 오늘'로 남았다. 그 기억을 품은 채, 우리는 집으로 다시 일상의 자리로 향했다. 아쉬움 반, 만족감 반의 마음으로 창밖을 바라보며 여행 중 마주했던 풍경들과 순간들이 하나둘 떠올랐다. 쏟아지던 가을 햇살, 몸을 맡긴 바람결, 고요한 산길에서 들려오던 새소리, 백일홍 꽃길을 걸으며 나눈 말없는 미소까지 모두 가슴 한켠에 조용히 자리 잡아 문득문득 떠오를 추억으로 남겠지!

어느덧 익숙한 도심의 불빛이 가까워지고, 집 앞 골목이 눈에 들어왔을 때, 문득 이렇게 생각했다. 잘 다녀왔다. 여행은 끝났지만, 그 여운은 삶의 결을 조금 더 부드럽게 만들었다. 자연 속에서 느꼈던 쉼, 나와 마주하던 조용한 시간들, 그리고 함께한 사람과의 따뜻한 기억이 앞으로의 바쁜 일상 속에서도 따뜻한 쉼터가 되어줄 것이라 믿는다. 지금은 다시, 일상이라는 이름의 여정을 시작할 시간이다. 그러나 분명한 건, 청송의 가을은 내 마음 깊은 곳에 오래도록 머물 것이라는 사실이다.

천성산, 바람과 꽃과 당신과

세월이 흐를수록 하루의 소중함이 가슴 깊이 새겨진다. 지나간 순간들은 어느새 아련한 추억이 되어 마음속에 자리 잡는다. 오전, 갑작스레 베란다 창문을 두드리는 빗방울 소리에 창밖을 바라보았다. 내리는 비는 마치 내 마음을 어루만져주는 듯 조용히 흐르며, 나를 사색으로 이끌었다. 모든 것이 고요해지고, 그저 생각에 잠기고 싶은 마음이었다. 하지만 비는 그리 오래 머물지 않았다.

오후가 되자 구름이 서서히 걷히고, 햇살이 다시 얼굴을 내밀며 세상을 환히 비추기 시작했다. 잠시 대지를 적신 비와 더불어, 햇살은 마치 기다렸다는 듯 생명의 숨결을 불어넣는 듯했다. 초록 잎은 더욱 싱그러워지고, 세상은 생동감으로 가득 찼다. 늦은 오후, 아내와 함께 근교로 드라이브를 나섰다가 문득, 천성산의 6월 야생화가 궁금해졌다. 궁금증에 이끌려 운전대를 그곳으로 돌려 자연의 품으로 향했다. 등산복도 없이 평상복에 운동화만 신은 채 산행을 시작했지만, 걱정은 금세 사라졌다.

내전 마을 뒷길을 따라 포장된 도로를 지나면 승용차로도 쉽게 올라갈 수 있는 길이 펼쳐졌다. 평범한 차림 그대로도 자연 속으로 발걸음을 옮길 수 있었다. 차창을 내리고 불어오는 바람에 몸을 맡긴 채 올라가는 길이었다. 깊은 숲은 입구부터 길을 감싸며 푸른 터널을 이루고, 봄바람은 살랑살랑 피부를 스치며 상쾌한 기운을 전해줬다. 숲의 향기는 바람을 타고 콧속 깊이 스며들어 마음의 피로를 씻어내는 듯했다. 시간이 멈춘 듯한 고요함 속, 우리는 원효암 앞 주차장까지 이르렀다.

걷는 동안 지루할 틈 없이 숲의 숨결과 함께 걸었다. 길 끝에 이르자 우리를 맞이한 건 자연이 선사하는 평화로운 풍경이었다. 주차장 아래로 탁 트인 숲은 초록의 물결로 가득했고, 신선한 향기로 우리의 감각을 깨웠다. 그 초록의 향연 속에서 모든 근심은 잠시나마 잊히고, 마음은 한층 더 여유로워졌다. 맑은 공기를 깊게 들이마시며 워효암에 잠시 들러, 시원한 약수 한 모금을 마셨다. 정상까지는 30분 남짓, 아내와 함께 걷는 길 옆에는 찔레꽃과 야생화가 곱게 피어 눈이 즐거웠다. 짙은 초록의 나무들이 뿜어내는 향기는 우리의 마음을 달래주고, 하늘과 맞닿은 듯한 기분 속에서 천성산 정상, 원효봉(922m)에 올랐다. 정상에서 마주한 풍경은 그야말로 장관이었다. 고산 습지와 화엄늪, 그리고 멀리 펼쳐진 천성산맥과 영남알프스까지 한눈에 들어왔다. 그 시원하고 아름다운 풍경 속에서 마음은 하늘을 나는 듯했고, 대

자연이 전해주는 웅장함과 평온함은 온몸을 감싸며 깊은 감동으로 다가왔다.

산바람에 흘린 땀을 식히며 잠시 숨을 고르고, 아내와 마주한 조용한 눈빛 속에는 평온함과 감사의 마음이 자연스레 오갔다. 하산길에 접어들며, 올 때와는 또 다른 감동으로 자연을 다시 음미했다. 흙길을 밟는 발끝마다, 오늘 하루의 풍경이 스며들었고, 부는 바람결은 마음속 깊은 곳까지 정화해주는 듯했다. 어느덧 주차장이 보이고, 돌아오는 길엔 굳이 말을 나누지 않아도 서로가 느낀 자연의 온기를 함께 공유할 수 있었다. 소소하지만 깊이 있는 하루. 오늘 천성산에서 받은 이 선물 같은 시간은 우리 마음속에 오래도록 따뜻한 여운으로 남을 것이다.

재약산, 가을의 길목에서 만난 풍경

가을빛이 짙어지는 계절, 영남 알프스의 재약산 억새 평원이 황금빛 물결을 이루는 눈부신 장관을 보기위해 동료들과 산행하기로 했다. 양산역 환승센터에서 동료들과 오전 9시 50분에 만나, 10시 출발하는 직행버스를 타고 가을빛이 감도는 버스에 몸을 싣고 떠나는 순간부터 산행은 이미 시작 되었다.

차창 너머로 펼쳐진 형형색색의 단풍이 가을 햇살을 받아 눈부시게 빛나고, 길가의 은행나무는 노란 잎을 흔들며 가을의 노래를 부르는 듯했다. 계곡을 따라 흐르는 맑은 물소리는 조용한 선율을 이루며, 깊어가는 계절의 아름다움을 더 풍성하게 채워주었다. 바람이 스치며 낙엽을 흔들고, 그 사이로 부드럽게 흘러가는 구름까지 모든 것이 한 폭의 풍경화처럼 눈앞에 펼쳐졌다. 동료들과 함께 이야기를 나누며 창밖의 가을 정취를 만끽하는 동안 어느새 원동 카리브 정류장에 도착했다. 산행을 시작하기 전, 필수품을 챙기는 것은 언제나 신중한 준비 과정의 일부다.

근처 가게에서 음료와 필요한 물품을 구입한 후, 가을빛이 물든 재약산을 향해 본격적으로 발걸음을 재촉했다. 낯선 길을 걷는 설렘 속에서, 휴대폰 내비게이션을 따라 조심스럽게 길을 찾으며 이동했다. 길가에는 한들거리는 갈대와 바람결에 흔들리는 나뭇잎들이 가을의 정취를 한껏 전해주었고, 푸른 하늘 아래 펼쳐지는 풍경 속에서 산행의 기대감이 점점 차올랐다. 초록빛향기펜션 옆길을 따라 걷다 보니, 마침내 산행로 입구에 도착했다.

그곳에 서서 잠시 숨을 고르며 주변을 둘러보니, 산자락을 감싸고 있는 억새와 나무들이 마치 가을의 품속으로 우리를 초대하는 듯했다. 발길을 내디딜 때마다, 시원한 공기가 폐 깊숙이 스며들고 자연이 건네는 인사의 온기가 마음을 가득 채웠다. 드디어 본격적인 산행이 시작되었다. 앞으로 펼쳐질 아름다운 풍경과 깊어가는 계절의 향기를 온전히 음미하며, 우리는 새로운 여정을 맞이할 준비를 마쳤다. '아는 길도 물어 가랬다'는 속담처럼, 산행은 항상 세심한 판단이 중요했다. 사전에 확인한 경로가 있었지만, 주변 분에게 다시 문의해 보니 예상보다 길이 험하고 풀이 무성하게 자라나 있어 쉽게 오르기 어려운 길이라고 했다. 그분의 조언을 따라 조금 더 이동하면 나오게 될 죽전마을로 방향을 돌렸다. 마을에 도착해 재약산 산행 이정표를 확인하니, 더 안전하고 수월한 길을 따라 올라갈 수 있음을 알게 되었다.

시멘트로 포장된 길을 따라 약 20m남짓 걸어가니, 우측에 산행로 지시 표지판이 선명하게 보였다. 표지판에는 '재약산 정상까지 5.2km'라는 안내가 적혀 있었고, 그 글귀를 바라보는 순간 본격적인 산행이 시작된다는 기대감이 가슴속에서 차올랐다. 숨을 고르고 한 걸음 내디디니, 발 아래로 펼쳐진 산길은 가을빛으로 물들어 있었다. 바람이 억새밭 사이를 스치고, 나뭇잎을 흔드는 소리가 마치 산의 숨결처럼 부드럽게 귓가를 스쳐 지나갔다. 조심스럽게 오르며 자연의 품 속으로 깊이 들어가는 순간, 길을 다시 물어보며 돌아왔던 선택이 옳았음을 새삼 깨닫게 되었다. 죽전마을에서 죽전삼거리까지 이어진 1.8km의 오르막길은 굽이굽이 이어지며 숨이 차오를 만큼 가파른 길이었다. 한 걸음 한 걸음 오를 때마다 발끝에는 바위가 놓여 있었고, 가을빛을 머금은 나뭇잎이 길을 따라 흔들리며 산행의 동반자가 되어주었다.

능선에 가까워질수록 거친 숨을 내쉬며 다가오는 정상의 기운이 느껴졌다. 드디어 죽전삼거리에 도착하자, 그 순간 열린 시야가 펼쳐졌다. 깊은 계곡과 산줄기가 한눈에 들어오며, 부드럽게 흐르는 능선 길이 한결 걸음마저 가볍게 만들어 주었다. 죽전삼거리에서 재약산 정상까지는 3.4km. 이 구간은 국내 최대 규모의 고산 습지로 환경부가 지정한 억새 군락지가 자리하는 곳이었다. 정상으로 향하는 길은 끝없이 펼쳐진 은빛 억새밭을 지나는데, 바람이 불 때마다 억새가 일렁이며 장관을 이루었다. 햇빛을 받아 반짝이는 억새들이 마치 물결처럼 흐르고, 그 속을 걸으며 가을의 품속에 온전히 안기는 듯한 기분이 들었다. 이곳은 누구나 멈춰 서서 한 번쯤 인증샷을 남기는 명소였다. 바람에 흔들리는 억새를 배경으로 서 있으면, 마치 자연과 하나가 된 듯한 느낌이 든다. 푸른 하늘 아래 끝없이 이어진 억새의 물결은 그저 바라보는 것만으로도 가슴을 설레게 만들었고, 산행의 피로마저 순간 잊게 해주었다.

억새밭을 지나며 우리는 자연이 선사하는 최고의 순간을 만끽했다. 산바람이 시원하게 불어오고, 가을의 향기가 은은하게 스며들어 한층 더 산행의 즐거움을 더해주었다. 정상까지 남은 길을 따라가며, 우리는 이곳에서 마주한 장관을 마음속에 깊이 새겨두었다. 사자평 억새밭에서의 아름다운 순간을 남기기 위해 우리는 다양한 포즈를 취하며 인증샷을 찍었다. 바람에 일렁이는 억새를 배경으로 한 장, 빛나는 가을 하늘을 품은 사진 한 장, 그리고 동료들과 함께한 소중한 추억을 한 장씩 차곡차곡 담았다. 길을 따라 오르며 울긋불긋 물든 단풍을 감상하다 보니, 어느덧 재약산 정상에 도착했다. 시계를 확인하니 오후 2시, 죽전마을부터 3시간이 걸린 산행이었다. 숨을 돌리며 주변을 둘러보니, 발아래 펼쳐진 광활한 풍경이 가슴을 벅차게 만들었다. 높은 곳에서 바라본 가을 산의 황금빛 억새밭과 단풍이 어우러진 모습은 마치 한 폭의 그림처럼 아름다웠다. 정상 기념비 앞에서 다시 한번 인증샷을 남긴 후, 가져온 막걸리와 도토리묵, 편육, 과일 등을 꺼내어 여유로운 식사 시간을 가졌다. 산바람을 맞으며 한 입씩 음미한 음식은 평소보다 더욱 특별한 맛을 느끼게 해주었고, 그 순간이 주는 편안한 휴식이 산행의 기쁨을 한층 더 깊게 만들어 주었다.

충분한 휴식을 마친 후, 우리는 표충사 코스로 하산을 시작했다. 내려가는 길은 오를 때와 또 다른 풍경을 선사해 주었고, 발걸음을 옮길 때마다 가을 산의 향기와 자연이 건네는 위로가 조용히 스며들었다. 돌아가는 길에서도 사자평 억새밭에서 남긴 아름다운 기억은 마음속에 깊이 자리 잡고 있었고, 이번 산행은 오래도록 기억될 뜻깊은 여정으로 남았다.

재약산 정상을 지나 다양한 볼거리를 감상하며 표충사에 도착하니, 어느덧 오후 5시. 정상에서 출발한 지 약 2시간 만에 마주한 이곳은 깊은 역사와 고요한 분위기를 품고 있었다. 표충사는 경상남도 기념물 제17호로 지정된 사찰로, 임진왜란 당시 나라를 위해 큰 공을 세운 사명대사의 충혼을 기리기 위해 국가에서 정한 곳이다. 오랜 세월을 지나온 만큼, 그 속에는 나라를 지키려 했던 숭고한 정신과 불심이 깃들어 있었다. 표충사 경내에 들어서자, 먼저 웅장한 대웅전이 눈길을 사로잡았다. 고즈넉한 법당 앞에서 짧은 시간이나마 마음을 다듬으며, 자연스럽게 경건한 기운을 느낄 수 있었다. 이어 보물 제467호 '삼층석탑' 앞에서 기념사진을 남기며, 오랜 시간 그 자리를 지켜온 석탑이 품은 이야기를 조용히 되새겼다. 짧은 탐방 시간이었지만, 표충사의 고요한 정취와 품격 있는 분위기는 깊은 인상을 남겼다. 천년의 시간 속에서도 흔들리지 않고 그 자리를 지켜온 사찰의 모습에서, 선조들의 정신과 역사의 흔적을 마주하는 듯한 기분이 들었다.

여정을 마무리하며 표충사 버스정류장으로 이동. 오후 5시 30분, 가을 산의 향기를 품고 다시 일상으로 돌아갈 준비를 하며, 이번 산행의 순간들을 마음속 깊이 새겨두었다. 길었던 여정의 마지막 발걸음, 표충사 직행버스 정류장에서 출발해 집으로 돌아가는 일정이 시작되었다. 오후 6시 15분, 버스에 몸을 싣고 창밖으로 스며드는 저녁빛을 바라보며 하루의 여운을 천천히 되새겼다. 밀양시외버스터미널에 도착한 시간은 오후 6시 45분, 이어 밀양역에 닿아 오후 7시가 되었다.

잠시 숨을 고르며 여행의 순간들을 정리하고, 오후 7시 55분 기차를 타고 구포역으로 향했다. 오후 8시 30분, 구포역에 도착해 하루의 피로를 잊게 해줄 맛있는 식사를 위해 구포시장 덕천고가 식당으로 발걸음을 옮겼다. 이곳에서 함께한 동료들과 오후 9시부터 10시 20분까지 정겨운 분위기 속에서 늦은 밤 식사를 즐기며, 오늘의 추억을 다시금 나누는 시간을 가졌다. 그렇게 따뜻한 식사와 즐거운 이야기를 마치고, 다시 길을 떠났다. 버스에 몸을 맡기고 창밖으로 스치는 불빛을 바라보며, 깊어진 밤의 정취 속에서 여행의 마무리를 조용히 음미했다.

그리고 마침내, 익숙한 풍경이 눈에 들어오고, 양산에 도착한 시간은 오후 11시 30분. 이번 여행에서 마주한 풍경과 함께한 순간들은 시간이 지나도 따뜻한 기억으로 오래도록 남을 것이다.

친구와 함께한 제주, 자연과 기억의 여정

누구나 인생 최고의 순간은 여행이 아닌가 하는 생각이 든다. 물론 서로 삶의 가치관과 철학은 조금씩 다를 수도 있겠지만, 낯선 곳에서 마주하는 새로운 풍경과 설렘 가득한 마음만큼은 모두에게 비슷하지 않을까! 친구와 둘이서 제주 곳곳을 누비며, 가슴이 벅차오르는 자연의 신비를 온몸으로 느끼고 왔다. 바다 내음이 실린 바람과 드넓게 펼쳐진 푸른 하늘 아래에서 걷다 보면, 그동안 쌓여 있던 일상의 무게가 한 겹 한 겹 벗겨지는 듯한 기분이었다.

때로는 해안길을 따라 걷고, 때로는 울창한 숲길 속에서 발걸음을 맞추며 서로의 마음을 나누었다. 여름의 끝자락과 가을의 초입이 맞닿은 순간, 눈앞에 펼쳐진 풍경은 그 어느 때보다도 특별하게 마음에 새겨졌다. 햇살 아래 반짝이는 제주 바다, 한가롭게 풀을 뜯는 소의 여유로운 모습, 그리고 그 속에서 느꼈던 자유로움과 평온함. 짧게 느껴졌던 2박 3일이었지만, 우리에게는 오랫동안 기억될 소중한 시간이었다.

언젠가 다시 떠날 날을 기대하며, 이번 여행을 마음 깊이 간직해본다. 함께여서 더 행복했던 순간들, 그리고 자연이 주는 위로와 감동에 감사하며… 신선이 내려와 머물렀다는 전설을 간직한 방선문계곡. 수많은 선비와 시인, 묵객들이 이곳을 찾아 풍류를 즐기며 자연과 하나 되어 시를 읊고 마음을 다스렸던 그곳을 우리는 찾았다. 계곡을 감싸는 짙푸른 숲과 맑은 계류는 마치 세속의 번잡함을 잊게 해주는 한 폭의 수묵화처럼 펼쳐졌다. 하지만 오락가락 내리던 가을비는 우리의 발걸음을 멈추게 했고, 깊숙한 계곡 안쪽까지는 다다를 수 없었다. 비 내리는 숲은 고요하고 청아했으며, 바람에 젖은 나뭇잎은 서로를 스치며 속삭이는 듯한 소리를 냈다. 우린 비를 맞으며 짧은 산책로를 따라 조심스레 발을 디뎠다. 빗방울이 잎사귀에 부딪히는 소리, 물안개 사이로 스며드는 빛줄기, 그리고 젖은 돌 사이로 흐르는 계류의 물소리까지... 모든 것이 마치 시간마저 잠시 멈춘 듯한 몽환적인 풍경 속에 우리를 이끌었다. 물아일체의 경지에 도달한 옛 선비들의 발자취를 온전히 따라가지는 못했지만, 자연이 들려주는 고요한 속삭임에 마음을 기울이며 우리는 그 숨결을 가만히 느껴보았다. 짧았지만 깊은 울림이 있었던 시간, 그 순간은 마음속에 조용히 스며들어 여행의 첫 장을 서정적으로 장식해 주었다.

만장굴

풋풋했던 고등학생 시절. 교복 바지 끝이 흙에 젖어들던 그날, 처음으로 만장굴을 찾았었다. 그때의 기억은 희미하지만, 한 줄기 어둠 속을 걷던 스산한 공기와 차가운 바람의 감촉만큼은 아직도 생생히 남아 있다. 그리고 수십 년의 시간이 흐른 나는 다시 이곳을 찾았다. 입구 주변은 깔끔히 정돈되어 예전의 투박함은 사라졌지만, 내부에 흐르는 시간의 숨결은 여전했다. 변한 것과 변하지 않은 것 사이에서 나는 묘한 감정에 젖었다. 자연이 만든 신비의 통로는 여전히 묵묵히 그 자리에 있었고, 나는 그 품에 다시 안겨들었다.

만장굴, 총 길이 7.4km. 세계에서 가장 길고 깊은 용암 동굴. 7.6m 높이의 용암석주는 인간이 결코 흉내 낼 수 없는 위대한 조형물처럼 하늘을 향해 우뚝 솟아 있었다. 단지 1km가량의 탐방 코스였지만, 걸음걸음마다 마주하는 경이로움은 한없이 깊고도 넓었다. 용암이 흘러내리며 남긴 곡선의 흔적, 절묘하게 층을 이룬 용암선반, 그리고 오랜 세월을 품은 돌표석까지… 마치 지구의 숨결이 눈앞에서 되살아나는 듯한 감동이었다. 무엇보다도 동굴 깊숙한 곳에서 만난 '용암 돌거북'은 경이로움을 넘은 신비 그 자체였다. 마치 실제로 거북이 한 마리 누워 있는 듯, 형상 하나하나가 생명을 품고 있는 듯해 한참을 바라보며 마음을 다독였다. 동굴 안은 어둡고 조용했지만, 그 안에 깃든 수천 년의 시간이 내 마음에 잔잔히 울려 퍼졌다. 어느새 흙먼지를 털어내고 동굴 밖으로 나왔을 때, 나는 나지막히 중얼거렸다. “변한 것은 풍경일 뿐, 감동은 여전히 그대로야.”

다음 목적지를 향해 가는 길목에서 잠시 멈추어 서서, 스위스 마을의 고요한 풍경에 눈을 담았다. 제주 조천에 자리한 이 작은 마을은 마치 시간과 공간을 초월한 듯한 이국적인 매력을 품고 있었다. 형형색색의 건물들이 하나둘씩 어우러져, 그 자체로 마치 알프스의 고요한 마을을 옮겨 놓은 듯한 느낌이었다. 작은 카페와 음식점들, 그리고 고운 액세서리와 소품들이 자리 잡고 있어, 이곳을 거닐며 색다른 감성을 자극하는 시간은 짧았지만 소중한 여운을 남겼다. 규모는 그리 크지 않았지만, 그 속에 담긴 고요함과 세련된 아름다움은 한껏 내 마음을 사로잡았다.

제주도 북서부 끝자락, 애월리 마을에서 곽지해수욕장까지 이어진 한담산책로. 그 길을 따라 걷는 동안, 여전히 따가운 9월 초순 햇볕이 우리의 얼굴을 비췄다. 그러나 그 열기마저 이곳의 바다와 하늘을 감싸는 따스한 품처럼 느껴졌다. 구불구불하게 이어지는 해안선을 따라 한 발 한 발 내딛을 때마다, 펼쳐진 바다의 에메랄드빛은 그 자체로 꿈결 같았다. 바다와 하늘이 맞닿은 그 경계는 마치 시간이 멈춘 듯한 느낌을 주었고, 그 아래 펼쳐진 희귀한 바위들은 마치 수천 년의 이야기를 간직한 듯 고요하게 자리 잡고 있었다. 우리는 그 아름다움을 마주하며 자연이 주는 경이로움에 감탄을 금할 수 없었다. 한 걸음 한 걸음, 걷는 동안 몸과 마음이 온전히 이곳의 풍경에 스며드는 것 같았다. 이 순간, 우리는 그저 그 아름다운 풍경 속에 머물며, 바람과 파도 소리에 마음을 맡겼다.

애월읍 곽지리에 위치한 곽지해수욕장은 그야말로 자연이 선물한 완벽한 휴식처였다. 길게 펼쳐진 백사장을 맨발로 걸으면 발바닥에 살며시 닿아오는 모래의 따뜻함이 온몸을 감싸주고, 그 주변의 바다는 맑고 잔잔해 우리의 마음까지 평온하게 만들어 주었다.

평균 수심 1.5m, 경사도 5~8도의 완만한 해변은 가족 단위 방문객들에게도 안성맞춤이었고, 물이 빠지면 해수욕장에서 차가운 용천수가 솟아나 그 신비로운 광경에 감탄하지 않을 수 없었다. 그곳에서 차가운 샘물은 몸을 씻는 것은 물론, 식수로도 이용할 수 있어 마치 자연의 품속에 안긴 듯한 기분을 선사했다. 더욱 특별했던 건 해변 한쪽에 자리한 남탕과 여탕, 이색적인 과물노천탕이었다. 시원한 바닷바람을 맞으며 하루의 피로를 풀 수 있었다. 자연과 하나가 되어 봄과 마음을 씻어 내는 순간이었다. 곽지해수욕장은 단순한 해수욕장이 아닌, 우리가 자연 속에서 찾을 수 있는 작은 평화의 공간이었다. 이곳에서의 시간은 마치 세상 모든 근심을 잠시 잊게 해주는 휴식처가 되어 주었다.

서귀포시 안덕면 사계리에 우뚝 솟은 단산은 높이 158m의 아담한 오름이지만, 그 형상은 실로 인상 깊었다. 거대한 박쥐가

날개를 활짝 편 듯한 실루엣, 혹은 정갈한 대바구니를 엎어놓은 듯한 모양새에서 이곳이 '바굼지오름' 혹은 '바굼지산'이라 불리는 이유를 자연스레 알 수 있었다. 산 입구에 들어서자마자 고요함이 사방을 감쌌고, 사람의 발길이 드물었던 탓인지 산길은 잡초가 우거져 제법 험하게 느껴졌다. 하지만 그 투박한 길조차도 자연의 본래 모습을 간직한 것 같아, 오히려 더욱 소중하게 느껴졌다. 세월이 덧입혀진 이 오름은 무언가 말없이 들려주는 듯한 침묵의 언어로 우리를 맞이했고, 우리는 그 속에서 자연의 숨결과 마주하는 시간들을 보냈다. 조금은 숨이 차오르는 짧은 산행이었지만, 오름 위에 올라 바라본 풍경은 그 어떤 수고로움도 잊게 할 만큼 아름다웠다. 드넓은 들판 너머로 펼쳐진 하늘과 바다, 그리고 한라산의 듬직한 실루엣까지 단산은 그 모든 것을 한 폭의 그림처럼 담아내고 있었다. 마치 오래된 전설이 숨 쉬고 있을 것만 같은 이 바굼지 오름은 조용히, 그러나 깊게 우리의 가슴에 남았다.

제주의 남서쪽 해안선을 따라 달리다 보면 우뚝 솟은 봉우리 하나가 시선을 사로잡는다. 바로 산방산이다. 평지 위에 홀로 솟은 이 기묘한 봉우리는 마치 하늘과 맞닿은 듯 장엄하고 신비로운 분위기를 풍기며, 오랜 세월 동안 수많은 이들의 발길을 이끌어왔다. 산방산 중턱엔 천연 동굴이 자리 잡고 있는데, 그 안에는 부처님을 모신 '산방굴사'가 있다. 동굴 안 천장에서 뚝뚝 떨어지는 물방울은 단순한 지하수일 뿐만 아니라, 전설 속 산방산을 수호하는 여신 '산방덕'이 세상을 향해 흘리는 눈물이라 전해지고 있다. 그 이야기를 들은 순간, 우리는 자연의 섭리 속에 깃든 이 땅의 신화와 전설을 새삼 경건한 마음으로 받아들이게 되었다. 아쉽게도 도착한 시간이 늦어 굴 안까지 탐방하진 못했지만, 우리는 산방산 입구에 서서 하늘을 향해 솟은 절벽과, 그 아래 자리를 지키고 있는 사찰의 고요함을 사진 속에 담았다.

짧은 머무름이었지만, 풍경은 오랫동안 가슴에 남아 있었다. 이곳은 단순한 관광지가 아닌, 제주의 혼과 믿음이 깃든 성스러운 장소였다. 언젠가 다시 찾아, 굴 안 깊숙이 새겨진 신비와 전설의 숨결을 직접 마주하고 싶다는 마음이 일렁인다.

한라산 사라오름 산정호수 / 백록담 산행

제주의 심장, 한라산을 오르는 아침. 이른 시각임에도 성판악 주차장은 이미 만차였고, 우린 도로 갓길에 차를 세운 채 발걸음을 옮겼다. 바람결 따라 흩날리는 잎새들 사이로 설렘과 다짐을 안고 성판악 식당에 들러 간단한 우동과 어묵으로 배를 채웠다. 따끈한 국물 한 모금이 산행의 첫걸음을 다독여 주는 듯했다. 08시 45분, 해발 750m 성판악 코스를 따라 산행을 시작! 숲길은 아침 햇살을 머금은 이슬로 촉촉했고, 고요한 산의 품속엔 이름 모를 식물들이 저마다의 자태로 길손을 반겼다. 초록의 향연은 그 자체로 힐링이었고, 새소리와 바람 소리가 서로 어우러져 자연이 들려주는 오케스트라처럼 감미롭게 다가왔다. 오르다 보니 어느새 속받대피소에 도착했다. 잠시 숨을 고르며 허공을 바라보니, 구름은 한 줌씩 하늘 아래로 내려앉고, 숲은 말없이 우리를 품어 주었다. 이토록 살아있는 자연, 그 속에 서 있는 나 자신도 어느덧 그 일부가 된 듯한 기분이다. 물 한 모금으로 목을 축이며 잠시 숨을 고른 후, 다시 힘을 내어 발걸음을 옮겼다.

그렇게 도착한 곳은 바로 사라오름 산정호수. 많은 비가 내려 호수처럼 변한 분화구엔 맑은 물이 가득 찼고, 찰랑찰랑 일렁이는 수면 위로 하늘과 숲이 고요히 반사되어 있었다. 호수를 감싸 안은 고즈넉한 나무숲, 그리고 바람결에 잔잔히 이는 물결이 어우러져 마치 한 폭의 수채화 같은 풍경이 펼쳐졌다. 그곳은 말없이 존재하지만, 그 자체로 깊은 울림을 주는 고요한 위로였다. 잠시 말을 잃고 자연의 품에 안긴 듯, 그 자리에 서 있는 것만으로도 가슴 깊은 곳이 맑아지는 기분이 들었다. 사라오름의 아름다움에 감동을 안고, 우리는 다음 코스인 백록담으로 향했다. 고도를 높여갈수록 산은 점점 더 깊어졌고, 그 속에는 고요한 생명의 숨결이 가득했다. 곳곳에 피어난 야생화들이 부드럽게 바람에 흔들리며 길손을 반겨주었고, 어제 내린 비 덕분에 계곡에는 맑은 물이 졸졸 흐르며 귓가에 잔잔한 음악처럼 들려왔다. 자연의 선율과 꽃들의 미소에 마음이 절로 편안해졌고, 발걸음은 결코 무겁지 않았다. 그렇게 걸음을 이어가다 보니, 어느덧 진달래밭 대피소에 도착한 시각은 11시 30분. 숨은 조금 가빴지만, 마음은 한없이 가벼웠다. 자연과 하나 되어 걷는 이 길, 그 자체가 이미 힐링이었고, 여행이 주는 깊은 선물이었다.

먼저 오른 등산객들이 곳곳에 삼삼오오 모여 여유를 즐기고 있었다. 간단한 간식을 나누며 웃고 이야기하는 모습들 속엔 이 산이 전해주는 평온함이 담겨 있었다. 우리도 한켠에 자리를 잡고 가져온 막걸리 한 잔으로 목을 축이려 했건만, 바위 옆에 걸린 '흡연 및 음주 금지'라는 현수막이 우리의 기대를 무색하게 했다. 산은 자연 그 자체, 순수한 공간이기에, 그 뜻을 존중하며 가져온 막걸리는 조용히 배낭 속으로 다시 넣었다. 에구, 아쉽지만 이 또한 산이 주는 배움이라 여겨본다. 잠시 물 한 모금으로 갈증을 달래고, 다시 백록담 정상으로 이어갔다.

해발이 높아질수록 공기는 점점 더 맑아지고, 주변 풍경은 마치 수묵화처럼 펼쳐진다. 야생화들이 바위틈마다 소담스럽게 피어나 있고, 오랜 세월을 이겨낸 고목들이 바람에 몸을 맡긴 채 묵묵히 서 있었다. 그리고 어느 순간, 발아래로 펼쳐지는 제주시의 전경. 파노라마처럼 흐르듯 내려다보이는 그 모습에 말없이 감탄하며, 그 풍경을 조심스레 폰카에 담아본다. 렌즈 너머로도 담기지 않는 감동이지만, 지금 이 순간의 마음만은 오래도록 남기를 바라며… 정상에 가까워질수록, 거센 바람이 얼굴을 스치고 지나간다.

회색빛 구름은 바람에 실려 빠르게 흘러가고, 그 흐름 자체가 하나의 장관이 아닌가! 발아래로 스쳐 지나가는 구름은 마치 영화의 한 장면처럼 느껴져, 지금 내가 어디쯤 서 있는지조차 잠시 잊게 만들고. 하늘과 땅 사이, 그 중간쯤 어딘가에서 바람과 안개, 구름과 햇살이 함께 어우러져 한 폭의 서정화 같은 순간. 어느새 우리는 안개를 헤치고, 바람을 마주하며 성판악 입구에서 백록담 정상까지 9.6km를 걸어 정상에 다다르자, 한라산의 빼어난 풍광이 눈앞에 펼쳐졌다. 백록담에는 짙은 운무가 잔잔히 깔려 있었고, 하늘과 땅의 경계는 희미해진 채 마치 신비로운 신화 속 한 장면처럼 우리 앞에 조용히 모습을 드러냈다.

바람은 여전히 거셌지만, 그 바람 속에서 들려오는 자연의 숨결은 마음을 맑게 씻어주었다. 정상에서 바라보는 제주의 풍경은 그야말로 장엄했고, 짙은 구름 사이로 스며드는 햇살 한 줄기조차도 경이로움으로 다가왔다. 그곳에 선 것만으로도 가슴 벅찬 성취감이 밀려들었고, 온몸으로 한라산의 숨결을 느낀 우리는 긴 여정의 끝자락에서 말없이 서로의 눈빛으로 그 감동을 나누었다. 그렇게 우리는 다시 발걸음을 돌려 하산길에 접어들었고, 구불구불 이어진 숲길을 따라 천천히, 그러나 가볍게 내려왔다. 발바닥은 저려 오고, 무릎은 휘청였지만 마음속엔 말로 다 담기 어려운 충만함이 고스란히 남았다. 총 9시간의 산행. 시간의 길고 짧음보다, 그 안에 담긴 자연의 깊이와 나 자신을 마주한 순간들이 이 여행을 특별하게 만들어 주었다. 한라산은 그렇게, 우리에게 또 하나의 이야기를 품에 안겨주었다.

제주 4.3 평화공원

한라산 산행의 여운이 채 가시기 전, 우리는 마음을 가다듬고 조용히 제주 4.3 평화공원을 찾았다. 제주시 봉개동, 푸른 들판과 산자락이 맞닿은 그곳엔 과거의 아픔을 기억하고, 오늘의 평화를 되새기려는 사람들의 발걸음이 이어지고 있었다. 이 공원은, 1948년부터 1954년까지 제주에서 벌어진 참혹한 4.3사건으로 희생된 수많은 무고한 민간인들의 넋을 위로하고자 조성된 평화와 인권의 공간이었다. 기념관에 들어서자마자 침묵 속에서 울려 퍼지는 역사의 메아리가 우리의 가슴을 조용히 두드렸다. 검은 사진 속의 눈망울, 잊히지 않은 이름들, 말 대신 흘러내리는 눈물이 이 땅에 남긴 상처를 전하고 있었다. 한때는 총성과 비명이 가득했던 이 땅이 이제는 바람에 흔들리는 억새풀 너머로 평화의 숨결을 전해주고 있었다. 그 아픔을 정면으로 마주하고, 우리는 묵묵히 걸었다. 눈앞에 펼쳐진 언덕이며, 비석 하나하나가 모두 깊은 기도를 품고 있는 듯했다.

제주 4.3 평화공원은 단순한 관광지가 아니었다. 그곳은 고통의 기억 위에 세운, 화해와 용서, 그리고 공존의 미래를 말하는 조용한 외침이었다. 돌아오는 길, 우리는 말없이 하늘을 올려다 보았다. 그저 맑기만 한 하늘 아래, 오늘 우리가 누리는 평화가 얼마나 큰 축복인지 새삼 깨닫게 되었던 시간. 그곳에서 우리는, '기억'이라는 또 다른 여정을 깊이 새겨 넣었다.

환상의 섬, 우도

제주의 품 안에서 또 하나의 아름다움을 품고 있는 우도. 편안히 누운 소의 형상을 닮았다고 하여 이름 붙여진 이 섬은, 실제로도 평온하고 너른 품을 가진 섬이었다.

제주도에 딸린 수많은 부속 섬들 가운데 가장 크고, 그만큼 가장 많은 이야기를 간직한 곳이기도 하다. 아침, 성산포 선착장에서 배에 올랐다. 잔잔한 물결을 가르며 20분 남짓, 드넓은 바다를 건너 도착한 곳은 하우목동항. 섬의 공기가 다르게 느껴졌다. 시간이 느리게 흐르고, 바람은 부드럽고, 풍경은 한 폭의 수채화 같았다. 우리는 우도 순환 관광버스를 타고 섬을 한 바퀴 도는 여정을 시작했다. 넓은 초원과 바다가 맞닿은 풍경, 붉은 흙길을 따라 드문드문 자리 잡은 돌담집들, 그리고 소라껍데기처럼 펼쳐지는 해안 절경 속에서 우리는 마치 꿈을 걷는 듯한 기분에 젖었다. 하우목동항을 떠나, 산호사 해수욕장을 지나 천진항으로 향했다. 우리의 발걸음은 우도의 대표적인 명소들로 이끌었다. 푸른 바다와 하늘이 맞닿은 곳, 그곳에서 펼쳐지는 우도봉의 아름다움은 말로 다 할 수 없을 정도였다. 소머리 오름의 완만한 경사를 올라가면, 우도의 전경이 한눈에 펼쳐진다. 바람에 흩날리는 풀잎들과 함께, 우도등대가 우뚝 서 있는 모습은 그 자체로 평화로웠다. 또한 바람의 언덕에 서서, 사방으로 펼쳐진 푸른 바다를 바라보며, 바람을 느끼는 그 순간이 잊히지 않았다.

검멀레 해변에서는 유독 고요한 파도가 흰 물보라를 일으키며 아름다운 자태를 뽐냈고, 비양도는 그 섬을 품은 바다가 더욱 깊이를 더한 느낌을 주었다. 이곳에서는 시간이 멈춘 듯, 우리가 온전히 그곳에 녹아드는 기분을 만끽할 수 있었다. 하고수동 해수욕장의 맑고 투명한 물에 발을 담그며, 세상의 모든 피로가 씻겨 내려가는 듯한 기분이 들었다. 그리고 전흘동 망루에서 마지막 코스를 마무리하며, 점심으로 먹은 해물라면이 그저 평범한 음식이 아니라, 이 섬에서만 느낄 수 있는 특별한 맛이었다.

우도가 자랑하는 서빈백사는 우리나라에서 유일한 산호 관광지로, 그곳에서 자란 산호 자갈은 여전히 자생한다고 한다. 서빈백사의 해변에서 바라본 한라산은 그 너른 품에 수많은 오름을 품고 있었고, 그 모습은 마치 제주가 가진 깊고 넓은 매력을 대변하는 듯했다. 우도의 아름다움을 온몸으로 느끼며, 우리는 성산포 선착장으로 돌아왔다.

그곳에서 바라본 바다는 여전히 눈부시고, 우리의 기억 속에 길게 남아 있을 것이다. 우도 8경이라 불리는 아름다운 명소들을 하나씩 둘러보며 사방으로 펼쳐진 바다를 배경으로 사진을 남기고, 뺨에 스치는 바람 속에서 이 섬이 왜 '환상의 섬'이라 불리는지, 절로 고개를 끄덕이게 된다. 섬의 끝자락에 이르면, 마치 세상의 끝에 와 있는 듯한 고요함이 흐르고, 바다 위로 퍼지는 햇살에 우리의 마음도 투명해졌다. 때때로 말을 아끼고, 그저 풍경에 나를 맡기는 것, 그것이 여행이 주는 선물 중 하나였다. 그렇게 우리는 우도에서, 잠시나마 '쉼'이라는 진짜 의미를 마주했다. 돌아오는 배에 오르기 전, 다시 한 번 고요한 수평선을 바라보았다.

아부오름

제주특별자치도 제주시 구좌읍 송당리 산164-1번지에 위치한 아부오름은 그 자체로 제주도의 고요한 아름다움을 담고 있는 곳이다. 차를 세운 주차장에서, 10분 정도만 걸어가면 아부오름의 정상에 도달할 수 있었다. 아주 짧은 산행이지만, 그 과정에서 마주하는 풍경은 시간이 멈춘 듯, 고요하고 평화로운 느낌을 선사한다. 정상에 도달하면, 아부오름의 분화구가 눈에 들어온다. 둥그런 모양을 이루며, 그 한가운데에 우뚝 서 있는 삼나무가 마치 그 자리를 지키고 있는 듯했다. 이 분화구는 자연이 만들어낸 경이로운 모습이면서도, 사람의 손길 없이 그대로 자연의 질서 속에서 숨 쉬고 있었다. '아부'라는 이름은 제주 방언에서 '아버지'나 '아버지처럼 존경하는 사람'을 뜻한다고 한다. 이곳에서 마주한 자연의 품속에서, 아버지의 넓은 품처럼, 아부오름은 우리에게 한껏 따뜻한 위안을 안겨 주는 듯했다. 아부오름은 또한, 이재수의 난과 연풍연가 촬영지로도 잘 알려져 있다.

그 흔적이 자연 속에 스며들어, 이곳을 찾는 이들에게 잊을 수 없는 기억을 선사했다.

선녀와 나무꾼

제주특별자치도 제주시 조천읍 선흘리 1997번지에 위치한 선녀와 나무꾼 테마파크는 시간 여행을 떠날 수 있는 특별한 공간이다. 이곳은 과거와 현재가 교차하는 여러 전시관을 통해 우리의 추억을 되살리고, 역사 속의 풍경을 생동감 있게 체험할 수 있는 장소다. 첫 번째로 서울역과 추억의 사진관에서는 그 시절의 옛날 사진을 통해 서울의 모습을 그리워하며 과거를 떠올리게 만들었다. 이어지는 지도관에서는 남북 분단을 나타내는 지도들이 전시되어, 우리의 역사와 그 아픔을 되새겨 볼 수 있었다.

옛 장터 거리는 과거의 시장 풍경을 그대로 재현해 놓아, 그 시절 사람들의 일상과 상거래의 모습을 엿볼 수 있었다.

또한, 추억의 영화 마을에서는 그 시절 인기 있던 영화를 무료로 관람할 수 있어, 잊고 지낸 추억들이 다시금 마음속에 피어났다. 달동네 마을과 도심의 상가 거리는 그때 그 시절, 사람들이 살았던 모습과 분위기를 사실적으로 재현하여, 마치 시간 속으로 걸어 들어간 듯한 느낌을 주었다. 추억의 학교관에서는 어린 시절의 교실이 그대로 재현되어, 많은 이들에게 추억을 자극하는 느낌이었다.

닥종이 인형관에서는 한국의 다양한 풍속을 주제로 한 닥종이 인형들이 전시되어, 과거의 일상적인 모습을 아기자기하게 보여주었다. 또한, 농업박물관과 민속박물관에서는 우리의 전통적인 농기구와 민속 생활용품을 살펴볼 수 있어, 우리 문화의 깊이를 다시 한번 느끼게 되었다. 하루 종일 이곳에서 과거의 시간을 되돌아보며, 추억 속으로 빠져들 수 있었다. 우리는 여행의 끝자락에서, 제주에서의 소중한 기억들이 하나씩 떠올라 마음을 따뜻하게 했다.

물과 숲, 마음이 머문 자리

한여름의 태양은 한순간도 쉬지 않고 대지를 달구며, 나뭇잎조차 생기를 잃은 듯 고요히 숨을 죽이고 있었다. 연일 이어지는 7월의 폭염 속에서 공기는 무거웠고, 뜨거운 열기가 피부를 감싸며 숨을 조여왔다. 그러나 우리는 '열은 열로 다스린다'는 옛말을 떠올리며 오히려 그 더위를 정면으로 마주하기로 했다. 자연의 품에서 흘리는 땀은 단순한 고됨이 아니라, 더위와 맞서는 생동감 있는 도전이었다. '이열치열'의 정신으로 나선 산행. 한누리 모임의 발걸음은 포항 보경사를 향해 힘차게 내디뎌졌다.

바람마저 지친 듯 조용한 여름의 정오, 우리는 양산에서 모여 출발했다. 오후 12시 20분. 태양은 머리 위에서 이글거리며 세상을 붉게 물들이고, 아스팔트는 끝없이 열기를 토해내며 마치 한증막 속을 걷는 듯한 착각을 불러일으켰다. 몸을 감싸는 무더위 속에서도 우리는 묵묵히 걸음을 옮겼다. 장장 두 시간이 넘는 이동 끝에, 오후 2시 45분. 멀리 짙푸른 숲이 모습을 드러내고, 뜨겁던 공기 속에 서서히 청량한 기운이 스며들었다. 마침내 보경사 초입 주차장에 도착했을 때, 가장 먼저 떠오른 것은 시원한 한 그릇의 면이었다. 여름철 허기진 속을 달래기엔, 역시 시원한 냉면이나 고소한 콩국수만 한 것이 없다. 그래서 우리는 주차장 근처에 자리한 냉면·콩국수 전문식당으로 발걸음을 옮겼다.

이곳은 여느 식당과는 조금 달랐다. 그릇조차 얼음으로 만들어내는 정성이 느껴지는 집이었다. 얼음 그릇 위에 담긴 냉면과 콩국수는 눈으로 보기만 해도 속까지 시원해지는 기분이었다. 입 안 가득 퍼지는 시원한 육수와 쫄깃한 면발까지, 한여름 뙤약볕 아래 지친 몸에 이보다 더한 보양식이 또 있을까 싶었다. 그 맛에 반해 여름이면 많은 사람들이 이 식당을 찾는다고 한다. 얼음 그릇이란 이야기를 들었을 때도 신기했지만, 실제로 눈앞에 놓인 그 모습을 보자 우리 모두는 감탄을 금할 수 없었다. 반짝이는 얼음 그릇 속에 담긴 콩국수. 보기만 해도 시원함이 전해졌고, 면발은 탱글탱글하게 쫄깃하고, 콩 특유의 구수한 향이 진하면서도 담백하게 퍼졌다. 무엇보다 얼음 그릇에서 전해지는 냉기가 두 손을 타고 가슴 깊숙이 스며드는 듯한 시원함을 안겨주었다. 땀이 식고, 몸과 마음이 서서히 가벼워지며 자연스레 나오는 탄성 "야아~ 정말 끝내준다!" 먹는 내내 감탄은 멈추질 않았다. 콩국수로 허기를 채운 것도 잠시, 누군가 "파전에 막걸리 한 잔 어때요?" 하자 모두가 웃으며 고개를 끄덕했다. 노릇노릇 부쳐낸 파전 한 조각에 막걸리 한 사발이 더해지니, 어느덧 마음과 몸이 숲처럼 푸근해졌다. 땀과 허기를 씻어낸 우리는 자연과 하나 되는 듯한 기분을 느꼈다. 이것이야말로 '물아일체物我一體'가 아닐까 싶었다. 기력을 충분히 회복한 우리는 식당을 나와 보경사 매표소로 향했다.

매표소에서 입장권을 구입하여 본격적인 탐방의 첫걸음을 내딛었다. 경내에 발을 들이니, 주변의 고요함과 깊은 산사의 기운이 금세 우리를 감쌌다. 그 순간, 문득 한 스님의 말씀이 떠올랐다. "거울에 얼룩이 묻으면 맑게 비칠 수 없듯, 삶의 이치를 바르게 보기 위해선 마음의 거울부터 깨끗해야 한다네." 이 오래된 가르침이 보경사의 풍경 속에 스며들어 마음에 조용히 울려 퍼졌다. 어쩌면 오늘의 이 여정은, 마음속 거울을 다시 들여다보는 건지도 모르겠다. 보경사의 경내는 고요했지만, 그 안에 담긴 시간은 천년을 거슬러 흐르는 듯 깊고 묵직했다. 길을 따라 걷다 보면 마주하게 되는 보물 제252호 원진국사비와 보물 제430호 원진국사 부도, 그리고 조선 숙종의 친필 각판과 오층 석탑까지, 역사의 숨결이 곳곳에 스며 있었다. 우리는 불상을 모신 적광전과 대웅전에 조심스레 발을 들였다. 향 냄새가 은은히 감도는 그 안에서, 저마다의 바람을 가슴에 담고 두 손 모아 간절히 기도드렸다. 만사가 형통하기를… 그 순간만큼은 세상의 소란도 마음의 갈피도 잠시 멈춘 듯했다. 이윽고 경내를 천천히 둘러보며 주변의 작은 전각들과 섬세한 조각들을 눈에 담았다. 해탈문 앞에 이르러선, 누구랄 것 없이 자연스레 인증샷을 남겼다. 그 문을 지나면 번뇌도 내려놓고 한층 가벼워지는 기분, 바로 그것이 해탈이 아닐까 하는 생각이 들었다.

다시 산길로 나섰다. 목적지는 연산폭포, 내연산 속에 숨은 보석 같은 폭포를 향해 발걸음을 옮기며, 우리는 다시 자연과 하나가 되었다. 숲은 짙은 초록으로 속삭이고, 계곡물은 투명한 노래를 흘렸다. 마음과 발길 모두 점점 더 깊은 곳으로 향하고 있었다. 발길을 옮기며 눈앞에 펼쳐지는 산세를 바라보다 보면, 이곳이 왜 '내연산'이라 불리게 되었는지 절로 고개가 끄덕여진다. 전해 내려오는 이야기에 따르면, 신라 51대 진성여왕이 적의 추격을 피해 이 산에 몸을 숨겼다가, 오히려 그 빼어난 절경에 마음을 빼앗겨 더 깊숙이 들어갔다고 한다. 그렇게 생겨난 이름이 바로 '내연산內延山' 산이 속으로 속으로 연延하여 펼쳐진다는 뜻이다. 그 설화처럼, 실제로 산세는 깊고 아름다웠다. 봉우리는 부드럽게 겹을 이루며 겸손하게 솟아 있고, 숲은 햇살과 바람을 품은 채 고요하게 우리를 감쌌다. 한 걸음 한 걸음 내딛을수록 세속의 소란은 점점 멀어지고, 마음은 오히려 더 넓고 맑아지는 기분이 들었다. 마치 진성여왕이 그러했듯, 우리 역시 그 아름다움에 이끌려 어느새 내연산 깊숙한 곳까지 발을 들이게 되었던 것이다. 산길을 따라 걷다 보면, 어느새 산기슭을 타고 흐르는 광천의 상류가 모습을 드러냈다. 그 물길을 따라 형성된 협곡은 세월의 손길이 깎아낸 듯 깊고 날카로우며, 그 사이로 솟은 기암괴석과 떨어지는 폭포들이 어우러져, 장대한 풍광을 이룬다. 계곡은 말 그대로 수려한 풍경이었다. 물은 바위를 부드럽게 감싸며 흐르고, 절벽은 하늘을 찌를 듯 우뚝 솟아 산세는 마치 한 폭의 동양화처럼 눈앞에 펼쳐진다. 이 아름다움을 두고 예로부터 사람들은 이곳을 '소금강小金剛'이라 불러왔다.

금강산에 비견될 만큼 아름다운 열두 개의 폭포가 흩어져 있는 이곳은, 그 이름값 그대로 자연이 빚어낸 걸작이었다. 그 가운데에서도 상생폭포, 관음폭포, 연산폭포는 발걸음을 멈추게 만드는 특별한 기운이 있었다. 굽이굽이 이어지는 물길 끝에서 쏟아지는 물줄기는 시원한 물보라를 일으키며, 무더위에 지친 몸과 마음을 말없이 어루만져 주었다. 우리는 자연이 품은 고요와 위엄, 그리고 시간의 깊이를 오롯이 마주할 수 있었다. 고즈넉한 보경사 경내에서 마음을 가다듬고, 장쾌하게 흐르는 내연산의 폭포들 속에서 세속의 번잡함을 씻어냈다. 함께 걸었던 회원님들 한 분 한 분과의 웃음과 배려, 따뜻한 대화는 그 어느 폭포의 물소리보다도 깊고 아름다웠다. 산을 오르며 흘린 땀방울 속엔 우정이 녹아 있었고, 잠시 머물며 마주한 풍경들 속엔 삶의 여유가 깃들어 있었다.

우리는 단순히 산을 오른 것이 아니라 자연의 품 안에서 마음의 쉼표 하나를 담고 돌아온 듯하다. 보경사와 내연산의 그 아름다움은 이제 사진이 아닌, 가슴 깊이 새겨진 기억으로 남게 되었다.

그 여름, 우리는 두타산을 올랐다

어느덧 봄을 밀어내고 여름으로 성큼 다가섰다. 장미가 화려하게 피고, 산에는 초록이 짙어지는 6월의 끝자락, 우리는 오랜만에 LG 근무 시절의 동료들과 함께 강원도 삼척과 동해를 찾았다. 오랜만의 만남은 반가웠고, 함께 걷는 여행길은 소중한 추억을 차곡차곡 쌓았다. 첫날은 삼척과 동해의 명소들을 둘러보고, 다음 날에는 두타산 정상을 향해 발걸음을 내디뎠다.

첫 여정은 울진 매화면의 이현세 만화 벽화 골목에서 시작되었다. 정감 가득한 만화 속 캐릭터들과 함께 사진도 찍으며 추억 속 감성을 불러일으켰다. 다음은 삼척 천만송이 장미공원. 5월이 절정이라지만, 6월 말에도 여전히 싱그럽게 피어 있는 장미들이 정성스럽게 가꿔진 정원에서 우리를 반겼다. 꽃들 사이를 거닐며 마음마저 붉게 물들어가는 기분이었다. 또한 삼척 미로공원은 특별한 공간이었다. '늙지 않는다'는 의미의 미로未老를 이름에 담은 이곳은 방갈로, 수영장, 카페 등 다양한 체험이 가능한 쉼터였고, 한때 분교였던 공간을 자연과 조화롭게 재탄

생시킨 모습이 인상적이었다. 동해로 넘어와 찾은 논골담길과 묵호등대(바람의 언덕)는 화려하진 않지만 사람 사는 따뜻한 풍경이 남아 있는 골목이었다. 벽화들이 그려진 담장을 따라 오르면 전망대에서는 바다와 바람이 우리를 반겨주었다. 전망대 카페에서 마신 커피 한 잔은 작지만 소중한 힐링의 시간으로 남았다.

다음 날 아침, 간단히 호텔에서 식사를 마치고 짐을 단단히 챙긴 우리는 8시 30분, 무릉계곡 주차장에 도착했다. 상점에서 전통 막걸리(옥수수 술)와 감자떡을 챙기며 하루 산행의 에너지를 준비하고 본격적인 산행에 나섰다. 초입부터 마주한 병풍처럼 둘러친 산세, 계곡물 흐르는 소리, 새소리, 숲 내음이 몸과 마음을 가볍게 만들어 주었다. 무릉반석에 도착하니 양사언과 김시습 등 명필가의 글귀가 새겨진 넓은 반석이 펼쳐졌다. 그 위에 누워 하늘을 바라보니 세속을 벗어난 신선이 된 듯한 기분이었다. 삼화사를 지나 본격적으로 가파른 산길을 따라 오르기 시작했다. 전날 내린 비로 인해 길이 더욱 미끄러웠고, 정상까지 이어지는 가파른 오르막은 고된 도전이었다. 그러나 깎아지른 절벽, 기암괴석, 노송의 조화는 자연의 위엄과 아름다움을 절실히 느끼게 해 주었다. 1,353m 두타산 정상에 섰을 때, 숨이 가쁘고 땀이 흘렀지만 그 자리에 함께 선 동료들과 나눈 눈빛 하나로 그 모든 노고는 보람으로 바뀌었다.

두타산 정상에서 먹는 도시락은 어떤 맛일까. 아침부터 이어진 오름에 지친 몸이지만, 탁 트인 풍경과 산들바람이 피곤함을 씻어내듯 스며든다. 우리는 바위 위에 둥그렇게 둘러앉아 준비해온 음식을 나누었다. 따뜻한 햇살 아래에서 한입 베어 문 도시락은 평소와는 다른 특별한 맛이 났다. 땀과 노력, 그리고 자연이 어우러져 만들어낸 깊고도 소박한 풍미. 김밥 한 줄도, 나뭇잎 사이로 내려오는 바람과 함께 더욱 감칠맛이 나는 듯했다. 서로의 배낭에서 꺼낸 간식을 나누며 웃음꽃을 피웠고, 그 순간만큼은 세상의 번잡함도 모두 잊고 오롯이 자연 속에 녹아드는 듯했다.

고된 하산, 그러나 값진 기억이었다. 하산길은 박달재에서 박달령을 지나며 이어졌다. 급경사 구간, 줄을 잡고 기어내려야 하는 험한 코스에 다리가 후들거리기 시작했다. 하산만 무려 4시간 20분… 무릎엔 통증이, 몸엔 피로가 몰려왔지만 그래도 끝까지 함께 해준 동료들 덕분에 힘든 시간도 웃음으로 남았다. (왕복 산행 시간: 8시간 30분) '울고 넘는 박달재'라는 노래가 생각날 정도로 힘들고 아찔했던 하산길. 그 끝에서 다시 돌아본 두타산은 단지 높아서가 아니라 함께한 사람들이 있었기에 더 높고 깊게 느껴졌다. 여운 남긴 산행, 마음의 번뇌를 걷다. '속세의 번뇌를 버리고, 불도를 닦는 산'이라는 이름의 두타산. 우리는 그 이름처럼 잠시나마 세상의 소음을 내려놓고 자연과 자신을 마주하는 시간을 가졌다.

아름다운 동해와 삼척의 풍경들, 힘겨운 오르막과 웃음 가득했던 하산길까지 이틀의 여정은 우리 삶 속에서 오래도록 간직될 따뜻한 기억이 될 것이고 산은 높았고, 길은 멀었지만 함께한 동료가 있어 따뜻한 여름날이었다.

추억은 울산바위에서 다시 피어난다

늦가을, 나무 끝마다 잎들이 마지막 불꽃처럼 타오르던 계절. 바람은 조금 서늘했지만, 하늘은 맑고 투명하던 날이었다. 우리는 설악산 울산바위를 향해, 젊은 날의 추억과 함께 또 하나의 추억을 쌓기 위해 오랜만에 산행에 나섰다. 전날 밤, 양양 낙산 해수욕장 근처(해마루)에서 1박을 하고 아침 7시 40분, 설악산 주차장에 도착했다. 고등학교 수학여행으로 울산바위를 찾았던 그때 이후, 무려 40년 만에 다시 걷는 이 길은 벌써부터 가슴을 설레게 했다. 산행 준비물을 점검하고 동료들과 함께 매표소로 이동, 입장권을 구매하고 설악산 소공원 안으로 들어서자 웅장하게 솟아오른 설악의 봉우리들이 마치 기다렸다는 듯 장엄한 자태로 우리를 맞이했다. 기묘한 바위들과 단풍이 어우러진 절경 앞에 팀원 모두가 "와~" 하는 탄성을 터뜨렸다. 카메라는 쉴 틈 없이 작동하며, 설악의 풍광을 담는 데 여념이 없었다.

신흥사 일주문 앞에서는 인증샷을 찍으며 웃음꽃을 피웠고, 가을의 맑고 시원한 공기를 마시며 시간의 여유 속에서 천천히 오르기 시작했다. 신흥사를 지나 계조암에 도착하니 넓은 반석이 마치 100명쯤은 앉을 수 있을 듯한 공간 그 위에 놓인 유명한 흔들바위. 우리 모두 두 손으로 밀어보았지만 꿈쩍도 하지 않는다. "옛날엔 흔들리던 것 같은데~" 하는 농담에 웃음이 터지고, 옛 기억이 되살아난다.

계조암 석굴 안에는 고요히 봉안된 부처님과 삼성각의 나반존자상이 영험한 기운을 뿜어내는 듯하다. 우리는 무사고 산행을 기도 드리고, 비치된 따뜻한 차 한 잔으로 몸과 마음을 달랜 뒤 다시 길을 이어갔다. 산길은 점점 가팔라지고, 왼편으로 열리는 전망대에서 바라본 풍경은 병풍처럼 펼쳐진 울산바위, 멀리 대청봉과 공룡능선까지 한눈에 담았다. 그 순간, 저절로 나오는 환희의 탄성 "우와… 세상에…" 사진을 너무 많이 찍었는지, 핸드폰 배터리가 소진되어 급히 새 건전지로 교체하고 다시 출발했다.

가파른 철계단을 오를수록 숨은 차오르고, 힘이 들 때마다 뒤돌아보면 펼쳐지는 풍경은 그 어떤 보상보다 값졌다. 그리고 마침내 도착한 울산바위 정상. 거대한 바위들이 줄지어 하늘로 치솟아 있는 모습은 그야말로 장엄함 그 자체. 눈앞에 펼쳐진 동해, 속초 시내, 한화리조트, 뒤로는 대청봉과 공룡능선이 파노라마처럼 펼쳐져 말로는 다 할 수 없는 감동이 밀려들었다. 전망대 한쪽에 돗자리 대신 신문지를 깔고 앉아 준비해온 음식과 도토리묵, 막걸리를 먹는 즐거움이 산행의 묘미가 아니겠는가, 막걸리 한 잔에 감동은 배가 되었고, 서로의 웃음소리는 산 정상의 바람보다 따뜻했다. 이번 산행은 단순한 운동이 아니라 마음속에 오래도록 남을 향기 같은 축복이었다.

돌아오는 길, 발걸음은 가볍지 않았다. 울산바위가 멀어질수록 오늘 하루 함께했던 풍경과 순간들이 마음속에 차곡차곡 쌓였다. 바람이 스치고 나뭇잎이 속삭이는 소리, 산길에 깃든 고요함이 온몸에 스며들었다.

가끔 멈춰 서서 뒤돌아본 설악산은 여전히 위엄을 잃지 않은 채, 그 깊은 품으로 우리를 감싸주었다. 저 멀리 동해의 수평선과 속초의 아침 햇살이 어우러져 잔잔한 평화를 선사했다. 서로의 얼굴에 번진 미소는 말하지 않아도 오늘의 여정이 얼마나 특별했는지 전해졌다. 다시 일상으로 돌아가도 이 순간의 울림은 마음 한켠에 오래도록 남아 있을 것이다. 산행이 끝나고 어스름 저녁노을이 설악산을 물들일 때, 우리는 비로소 오늘 하루가 주는 선물에 감사함을 느꼈다. 자연과 동료들과 함께한 이 시간이야말로 삶이 주는 가장 소중한 기억이라는 것을, 가슴 깊이 새기며 천천히 발걸음을 옮겼다.

길 위에 핀 이야기

유권식 수필집

제3부

동호회同好會

여름 바람과 함께 찾아온 반가운 얼굴들

한여름답지 않게 북서쪽에서 불어오는 바람이 더위의 기세를 누그러뜨리던 날이었다.

햇살은 여전히 강렬했지만, 그 바람 덕분에 무덥기만 하던 여름 속에서도 조금은 숨쉴 틈이 느껴졌다.

오늘의 모임은 며칠 전부터 약속되어 있던 시간이었다. 서로 바쁜 일상 속에서도 한 달에 한 번쯤은 얼굴을 보고, 안부를 나누는 그 소중한 자리. 약속 시간보다 조금 이른 11시 15분쯤 도착한 나는, 늘 그렇듯 익숙한 시립박물관 주차장에서 친구들의 환한 얼굴을 맞이했다.

먼지 와 있던 이들의 눈빛은 햇살보다도 따뜻했고, 오랜만의 재회는 말보다도 묵직한 온기로 마음을 물들였다. 정기 님은 며칠 전까지만 해도 청송의 처가에 머물고 있었다. 산자락 아래 고즈넉한 고장에 잠시 몸과 마음을 맡겼던 그는, 어제 도착했다며 환한 미소로 인사를 건넸다. 짙게 그을린 얼굴에는 피곤함보다는 여유가 배어 있었고, 청송의 공기가 그를 한층 더 평온하게 만든 듯했다. 그리고 오늘 가장 먼저 눈길을 끈 이는 단연 상환 님이었다. 익숙한 세단 대신 SUV 승용차를 타고 도착한 그에게서, 어딘지 모르게 새로움과 설렘이 묻어났다. 몇 개월 동안 원하는 색상의 차량을 찾기 위해 전국 주요 도시를 찾아다녔다던 그는, 마침내 마음에 쏙 드는 차를 만나게 되었다며 그 과정을 마치 보물찾기처럼 들려주었다.

그의 말에는 나이 들어도 사라지지 않는 소년의 꿈결 같은 기쁨이 스며 있었다. 점심시간이 가까워지자 우리는 자연스럽게 상환 님의 새 차에 몸을 실었다. 에어컨 바람이 뺨을 스치자, 그제야 도로 위를 내려쬐던 열기가 얼마나 무거웠는지 깨달을 수 있었다. 석계 산단으로 향하는 길, 도로는 한여름의 열기로 일렁였고, 양옆의 가로수들조차 숨죽인 듯 침묵하고 있었다.

하지만 차창 너머로 흘러가는 풍경 속에서 우리는 계절의 무게를 잠시 잊고, 친구와 함께하는 시간의 소중함에 집중했다. 열기와 웃음이 뒤섞인 그 길 위에서, 우리는 또 하나의 추억을 조심스레 접어 가슴에 넣고 있었다. 어느새 목적지인 식당 앞에 다다랐다. 이곳은 마음이 지칠 때마다 생각나는, 우리만의 작은 안식처 같은 단골식당이다. 오래된 기억처럼 정겨운 간판과 익숙한 향기가 반갑게 맞아주는 곳. 무엇보다도 넉넉한 반찬 그리고 합리적인 가격은 매번 놀라움을 준다.

식탁 위에는 정갈하고 깔끔한 반찬들이 가지런히 놓였고, 그 사이로 여름의 열기를 잊게 해주는 우무냉콩국이 시원하게 자리 잡았다. 투명하고 부드러운 우무묵이 고소한 콩국 속에서 유영하듯 떠다니며, 마치 더위 속 잠깐의 피서를 선물하는 듯했다. 우리는 식판을 가득 채운 여름의 정취를 음미하며, 크게 특별할 것 없는 대화였지만, 그런 일상마저도 함께 나누는 이 시간이 있어서 더 깊고 따뜻하게 느껴졌다. 식당 안에는 우리의 미소가 조용히 퍼졌고, 밖의 무더위와는 달리 마음엔 잔잔한 평온이 스며들었다. 짧지만 깊은 그 순간은 하루를 특별하게 만들어주는 작은 축복이었다.

식사를 마치고 식당을 나서자, 한여름의 태양은 여전히 뜨겁게 이글거리고 있었다. 식당 안의 시원한 공기와 달리, 밖은 숨이 턱 막힐 정도로 햇살이 매서웠다. 그럼에도 불구하고 우리 발걸음은 무겁지 않았다.

어쩐지 이대로 헤어지기엔 아쉬움이 남았고, 자연스럽게 10여 분 거리에 있는 대형카페 '트리폰즈'로 함께 가기로 마음을 모았다. 차가 세워진 방향으로 천천히 걸어가는 동안, 우리 눈길은 다시 한 번 상환 님의 새 차에 머물렀다. 태양빛을 고요히 머금은 듯한 그 차의 색상은, 어쩌면 그가 그렇게 오랫동안 찾고자 했던 이유를 우리 모두 알게 해주는 듯했다. 단순한 색 이상의 감정이 배어 있는 푸른빛. 그것은 마치 각자의 마음속에 품고 있던 어떤 빛과도 겹쳐지는 우리의 색깔 같았다. 색은 말이 없었지만, 오늘의 공기와 분위기, 그리고 우리가 함께 만든 장면을 고스란히 담고 있었다. 그렇게 우리는 다시 차에 올라, 트리폰즈를 향해 나아갔다. 한여름의 열기 속에서, 더없이 따뜻한 오후가 조용히 흘러가고 있었다. 우리는 카페 주차장에 도착했다. 이 카페는 넓은 정원과 루프탑, 다양한 베이커리와 음료를 즐길 수 있는 공간으로 알려져 있으며, 카페 이름은 'Tree'(나무)와 'Ponds'(연못)를 조합한 것. 자연과 어우러진 힐링 공간을 표현한 네이밍이었다.

트리폰즈에 도착한 우리는 무더위 속에서도 여유를 잃지 않고, 카페 안으로 들어섰다. 진한 커피향과 갓 구운 베이커리의 고소한 냄새가 어우러져, 입구에서부터 따뜻한 환영을 받는 듯한 기분이었다. 우리는 각자 취향에 따라 아이스커피를 주문했고, 곧이어 페이저 무선 호출벨이 부드럽게 울렸다.

그 잔잔한 진동과 함께 나는 조용히 계산대로 향했고, 상환 님은 그 사이 갓 구워져 나온 다양한 베이커리 앞에서 빵을 고르고 있었다. 진열대 위엔 고소한 향기를 품은 바삭한 페스츄리 등이 가지런히 놓여 있었고, 그는 능숙하게 쟁반 위를 채워갔다. 보기만 해도 마음이 포근해지는 풍경이었다. 우리는 처음엔 2층을 택했다. 넓고 탁 트인 시야 속에서 주변 풍경을 한눈에 담을 수 있었고, 잠시나마 도시의 소음과 무더위를 잊을 수 있을 것 같았다. 하지만 그 순간의 평온함도 오래 가지는 못했다. 막 마감한 듯한 인테리어의 강한 페인트 냄새가 바람에 실려와 우리를 어지럽혔다. 우리는 말없이 서로를 바라보았고, 이내 조용히 다시 1층으로 내려왔다.

그렇게 마침내 도착한 1층의 창밖이 내려다보이는 자리. 그곳은 마치 오늘의 우리를 위해 비워두었던 듯, 한적하고 안락했다. 창밖으로는 연못 위에 분수대가 시원하게 물줄기를 뿜어내고 있었고, 그 곁으로는 키 작은 나무들과 초록 식물들이 바람에 몸을 흔들고 있었다. 분수의 소리는 조용한 음악처럼 마음을 달래주었고, 그 장면은 여름날 오후의 엽서처럼 오래도록 기억에 남을 풍경이 되었다. 서늘한 실내에서 아이스커피를 한 모금씩 들이킬 때마다, 묵직하게 쌓였던 일상의 피로가 조금씩 가라앉는 듯했다.

그 시간, 정기 님은 청송에서의 자연 속 나날들을 조용히 들려주었다. 정자에 앉아 마시던 아침의 맑은 공기, 산자락을 타고 내려오던 바람, 그리고 그 속에서 하나씩 떠올린 묵은 시간의 조각들. 그의 말에는 자연이 주는 위로와 삶에 대한 성찰이 고요히 스며 있었다. 상환 님은 오랫동안 갈고닦아온 주식 실력에 대한 이야기를 풀어놓았다. 그리고 정년퇴직 후 공인중개사로 일하던 시절, 크고 작은 선택의 갈림길에서 마주했던 순간들, 그리고 그 때마다 내린 판단이 시간이 지나 얼마나 오묘하고도 절묘했는지를 되새기게 했다. 그들의 말들 사이에는 각자가 품고 살아온 인생관이 은은하게 흐르고 있었고, 우리는 고개를 끄덕이며, 때로는 웃으며 그 이야기들을 마음 깊이 담아두었다. 창밖으로 펼쳐진 연못과 분수, 그 곁의 초록 식물들이 조용히 숨 쉬는 풍경 속에서, 말없이 바라보는 것만으로도 충분한 시간이 흘러갔다. 그리고 친구라는 이름만으로도 따뜻해지는 침묵 속에서, 우리는 각자의 삶에 지친 어깨를 잠시 내려놓을 수 있었다. 그렇게 여름날 오후의 한 조각은 말없이 다가와, 조용히 우리 마음속에 스며들었다.

오늘의 햇살과 바람, 커피 향과 웃음소리는 어느 여름날보다도 깊고 부드럽게, 오랫동안 잊히지 않을 소중한 기억으로 남게 되었다.

노래처럼 흐른 한여름의 모임

오늘은 알추사 모임이 있는 날. 장소는 양산역 인근에 자리한 진미식당이다. 6월의 하순이건만, 바람 끝에 여운 없이 스미는 더위는 이미 한여름을 닮아 있었다. 거리의 나뭇잎도 숨죽인 듯 고요했고, 한낮의 기온은 32도까지 치솟았다.

모임의 약속 시각은 오후 6시 30분. 나는 조금 일찍, 오후 5시 30분 집 앞 정류장에서 버스에 몸을 실었다. 창밖으로 스쳐 지나가는 풍경을 바라보며 천천히 여름 속으로 들어갔다. 시계 바늘이 6시를 가리킬 무렵, 목적지에 닿았다.

익숙한 듯 익숙하지 않은 상가건물 안으로 네이버 지도에 의지해 한 걸음씩 걸었다. 그리고 마침내, 간판이 은은하게 빛나는 진미식당 앞에 도착했다. 여름 저녁의 온기가 그곳에 고요히 머물러 있었다. 문을 열고 들어서니, 식당 안은 조용히 비어 있었다. 잠시 후 주인 아주머니께서 다가오셨다. 나는 6시 30분 예약 물으니 맞다고 했다. 아주머니께서는 "아직 상차림이 덜 되었어요."라고 말하며 고요한 공간에 주인장의 목소리가 부드럽게 퍼졌다.

약속 시간까지는 아직 30분이 남아 있었다. 나는 잠시 다른 곳에 들렀다가 오기로 했다. 식당을 나서 주변을 둘러보니, 멀지 않은 곳에 대형 마트가 눈에 들어왔다. 발걸음을 그곳으로 옮겼다. 에어컨 바람이 시원하게 느껴지는 매장 안에서 이것저것 둘러보며 아이쇼핑으로 시간을 보냈다. 쇼핑카트를 끌고 걷는 이들의 일상, 진열대에 고운 색으로 쌓여 있는 물건들 사이로 나는 조용한 여유를 누렸다. 그렇게 시간을 흘려보내다 보니 어느새 30분이 지나 있었다. 시계를 보며 다시 발걸음을 돌렸고, 여름 햇살의 여운이 남은 저녁 공기를 가르며 진미식당으로 돌아왔다. 식당 안은 아까와는 전혀 다른 풍경으로 바뀌어 있었다. 벌써 도착해 계신 총무님과 성화 님, 종학 님께서는 삼겹살을 지글지글 굽고 있었다. 환한 불판 위로 고소한 냄새가 피어오르고, 반가운 웃음소리가 어깨를 감싸 안았다. "오랜만입니다." "반갑습니다." 서로의 얼굴을 바라보며 나누는 인사 한마디에 지난 시간들이 스르르 녹아내렸다.

오랜만의 만남이기에 더욱 정겨웠고, 무더운 여름날 저녁은 그렇게 따뜻한 사람들 속에서 천천히 물들어가고 있었다. 삼겹살이 지글지글 익어가는 소리와 함께 모임의 분위기가 한층 무르익어갈 무렵, 뒤를 이어 창옥 님과 영진 님이 식당에 도착했다. 문을 열고 들어서는 두 분을 향해 우리는 반가운 손짓과 따뜻한 인사를 건넸다. 오랜만에 얼굴을 마주한 우리는 자연스레 웃음꽃을 피웠고, 한 자리에 모인 여섯 명의 알추사 회원들이 술잔을 들며 조용히 외쳤다. "건강을 위하여, 건배!" 비록 몇몇 분들이 사정상 참석하지 못해 아쉬움이 남았지만, 자리를 함께한 이들의 마음만큼은 꽉 찬 여름 저녁이었다. 고기 굽는 연기 너머로 흘러나오는 웃음소리, 유쾌한 농담과 진지한 이야기 사이사이에는 어느새 LG 근무 시절의 추억이 조심스레 고개를 내밀었다.

그 시절 함께 땀 흘리며 즐거웠던 그 모든 기억들이 와인처럼 익어 우리 앞에 놓인 술잔 속으로 천천히 스며들었다. 그렇게 시간은 유유히 흘러, 어느덧 2시간이 지나 있었다. 식당의 불빛이 한결 부드러워질 무렵, 누군가 아쉬움을 털어놓듯 제안했다. "2차로 노래 한 곡 어떻습니까?" 모두가 고개를 끄덕였다. 창옥 님은 익숙한 듯 말했다. '내가 아는 노래방이 있다'고 했다. 잘 아는 여성분이 직접 운영하는 곳인데, 여기서 가깝다고 했다. 식당에서 걸어서 3분 남짓, 큰 도로변을 따라 걷다 보니 조용한 상가 건물 앞에 도착했다.

노래방은 3층에 있었다. 엘리베이터를 타고 3층에 올라 노래방 문을 열자, 입구에서 여사장님이 우리를 반겼다. 창옥 님을 보자마자 그녀는 환하게 웃으며 "오랜만이네요! 잘 지내셨어요?" 그 짧은 인사말 속에는 오랜 세월의 간극을 메우는 다정한 온기가 실려 있었다. 사람 사이의 인연은 그렇게, 시간 속에서도 잊히지 않고 남아 있었던 것이다. 우리는 자연스레 방 안으로 들어섰다. 노래방 안은 은은한 조명 아래 아늑하게 꾸며져 있었고, 이미 준비된 마이크와 스피커가 우리를 기다리고 있었다. 여사장님도 우리와 함께 자리에 앉았고, 자연스럽게 이날의 DJ가 되어 주었다. 리모컨을 손에 쥔 그녀는 우리 신청곡을 직접 챙겨주며 즐거운 분위기를 한층 띄워주었다. 조용하던 공간은 곧 생기를 띠기 시작했다. 첫 번째 마이크는 창옥 님이 잡았다.

선곡은 강문경의 팽이. 인생은 팽이처럼~. 그 익숙한 가사가 마이크를 타고 흘러나오자, 모두의 어깨가 들썩였다. 창옥 님은 곡의 리듬에 맞춰 능숙하게 박자를 타며 신명나게 노래를 불렀고, 우리들 또한 박수와 합성으로 화답했다. 팽이처럼 돌고 돌아도 중심을 잃지 않고 살아가는 인생… 그 가사가 마치 우리 각자의 삶을 이야기하듯 가슴 깊은 울림으로 다가왔다. 다음은 총무님의 차례였다. 고른 곡은 감미로운 멜로디의 더원의 '사랑아'. 차분하면서도 진심이 담긴 음색은 금세 공간을 따뜻하게 물들였고, 모두가 잠시 눈을 감은 채 그 감정의 결에 귀를 기울였다.

노래 한 곡에 사랑이 담기고, 세월이 담겼다. 이어 마이크를 잡은 이는 영진 님. 선곡은 윤수일의 '터미널'. 목소리에 실린 담담한 감성과 가사 속 이별의 정취가 겹쳐지며, 마치 오래된 영화 한 장면을 보는 듯한 분위기가 연출되었다. '터미널에 내리는 비처럼' 노랫말 속에서 우리는 저마다의 추억을 떠올렸고, 한때 헤어졌던 길 위의 감정들이 다시금 피어났다. 세 곡의 노래가 이어지자, 노래방 안의 공기는 한결 무르익었다. 각자의 삶과 추억, 지나온 시간들이 멜로디를 타고 흘러나왔고, 우리는 음악 속에서 말보다 더 깊은 마음을 나누고 있었다.

이 여름밤, 노래는 단순한 흥을 넘어 우리를 하나로 이어주는 다리였다. 그렇게 알추사의 모임은 노래 속에서 진하게, 조용히, 아름답게 익어갔고, 그 따뜻했던 순간을 오래 간직하고 싶어 이렇게 글로 남겨본다.

바다 위에서 낚은 우정

우린 몇 주 전부터 이 순간만을 손꼽아 기다려왔다. 가덕도의 바닷바람과 파도의 숨소리를 만나려고 한밤중에도 심장은 한결 빠르게 뛰었다. 깊은 어둠과 고요함만이 세상을 감싸고 있던 새벽 2시 30분. 다른 식구들의 단잠을 방해하지 않도록 숨소리 하나하나에도 주의를 기울이며 살금살금 몸을 일으켰다. 새벽의 고양이처럼 아주 조용하게 낚시채비 하나하나를 빠뜨리지 않았는지 확인했다. 그 순간 마음 한구석에는 벌써 바닷바람의 감각과 파도의 리듬이 일어나고 있었다.

시계바늘이 3시를 막 넘어갔을 무렵, 벨소리가 한밤의 고요를 깼다. 도착했다는 학선 님의 한마디 인사에 심장이 더욱 빠르게 뛰었다. 배낭과 낚시가방 하나하나 어깨에 걸치고 아파트 계단 하나하나를 밟아내려갔다. 어둠에 잠긴 아스팔트를 한 걸음 한 걸음 걸어나올 때, 한밤의 세상은 또 다른 매력으로 우리 앞에 펼쳐지고 있었다. 우린 그렇게 만났고, 반갑다는 인사 한마디에도 오랜 우정과 신뢰가 느껴졌다. 깜깜하게 펼쳐진 도로 위를 한 줄기의 빛처럼 빠르게 내달렸다. 차 안에서는 세상사는 이야기들이 하나하나 풀려나왔다. 올해 유난하게 심한 가뭄 때문에 학선 님의 농장에도 어려움이 많았다는 이야기, 다양하게 심어진 작물 하나하나가 얼마나 소중하게 느껴지는지… 펌프 하나만 설치되어도 한결 나아질 텐데… 조건과 비용이라는 현실 앞에 쉽지 않다는 소리에 한동안 마음이 무거워지기도 했다. 그 이야기들이 오갔지만, 어느새 도로 옆 '낚시야' 간판 앞이었다. 시계는 3시 30분. 우린 아침 식사를 하고 움직일 생각이었다. 하지만 식당은 아직 문 앞에 빗장을 걸고 있었다. "식당은 5시 이후에나 문을 엽니다." 낚시점 주인의 한마디가 아쉬움을 더욱 실감하게 했다. 우린 허기를 마음 한 켠에 살며시 접어 넣고 낚시가게 안으로 한 걸음 한 걸음 들어갔다. 낚시점 안에서 다양한 장비를 구경하며 시간을 보냈다.

얼마 후, 연산동, 물금에서 출발한 회원님께서 도착했다. 반갑게 인사를 나누고, 오늘 낚시에 필요한 밑밥과 소주, 고추장 같은 필수품들을 챙기고 드디어 본격적인 출발을 했다. 아슴푸레한 새벽, 외양포 주차장에 도착했을 때는 하늘이 서서히 밝아오고 있었다. 어스름하게 밝아오는 동녘 하늘 너머로 희끄무레하게 빛이 서서히 올라올 무렵이었다. 우린 낚시 운항배 사무실에 하나 하나 이름을 또렷하게 적어나갔다. 승선 신고서에 한 사람 한 사람의 이름과 연락처를 빠짐없이 적을수록 마음 한구석의 설렘과 기대감은 더욱 또렷하게 솟아올랐다. 다 작성 후 우린 사무실 한 켠에 걸려 있던 구명조끼를 하나하나 입으며 만선의 희망과 바닷길의 모험을 만끽할 만반의 준비를 하고, 선착장으로 걸어나갔다. 우릴 맞이한 배는 파란 바닷빛과 어우러진 흰 선체가 한결 믿음직하게 느껴졌다. 우린 낚시가방과 쿨러, 그리고 만찬처럼 풀어나올 간식 꾸러미를 하나하나 배 앞쪽에 실었다.

선장은 인근 바닷바람처럼 느긋하게 한 걸음 한 걸음 움직이며 "다른 팀이 아직 도착하지 않았으니 조금만 더 기다려달라"고 말을 했다. 우린 또 한동안 방파제 옆에 서서 밀려오는 파도의 숨소리를 느끼며, 바닷바람이 살며시 뺨끝을 어루만지는 감각 하나 하나에도 마음이 한결 풀어진 듯했다. 그 순간 심장 한구석에서 한 줄 한 줄 낚시의 희망과 만선의 희열이 서서히 차올랐다. 바닷바람과 파도의 리듬, 동료들과 주고받는 짧은 한마디… 우리 이 모든 만남과 감각 하나 하나가 오늘 낚시 여행의 일부임을 느끼며, 더욱 간절하게 만선의 순간과 우정의 시간을 기대하게 되었다.

그 후 다른 팀이 하나하나 승선하게 되었고, 드디어 우린 만선의 희망과 우정이라는 또 하나의 보물을 실은 낚시배에 올라탔다. 선장은 만선과 무사귀환의 염원을 한 마음 한 뜻으로 확인한 후, 서서히 모터의 힘과 파도의 탄성을 받으며 바다를 가르며 한가운데로 배를 몰았다. 그 순간 우린 한동안 세상 만사를 잊고 오직 바다만 바라보기로 했다. 바닷바람과 파도의 숨소리, 갈매기의 희끄무레한 비행… 그 하나 하나가 새로운 이야기의 서장처럼 느껴지는 아침이었다. 우린 또 한 페이지의 여행 이야기를 만들려고 하고 있었다.

바닷바람과 파도의 숨소리, 그리고 동료들과의 우정과 만남… 가덕도의 아침은 그렇게 서서히 밝아왔다. 우린 등대가 우뚝 서 있는 한 갯바위 아래에 자리를 잡았다. 바위 위에 하나 하나 낚시 채비를 풀어나갔다. 낚시대 하나 하나에 마음과 희망을 실어 바다 위로 줄끝의 미끼를 던지는 순간, 우린 한결같이 설레는 마음이었다. 누가 먼저 한 마리를 낚아올릴지, 또 얼마나 실하게 올라올지… 그 기대감 하나만으로 심장이 쿵쿵 뛰었다. 그 사이 허기를 달래려고 낚시대는 그대로 바닷바람에 맡긴 채 우린 준비해온 김밥과 라면 하나를 풀었다. 소주 한 잔 곁들여 나누며 웃음꽃과 이야기꽃이 만개했다. 그 순간만큼은 세상 만사 고민과 근심이 파도소리에 실려 흩어진 듯했다. 바닷바람 한 줄기에 우정과 낭만이 실려오는 아침이었다.

우린 허기를 채우고 난 후 더욱 마음을 한데 모아 낚시에 몰입했다. 어느 순간부터 낚시대 끝의 움직임이 심상치 않더니, 한 치 한 치 줄끝에서 느껴지는 파장에 흥분감이 감돌았다. 그 순간 낚시의 핵심 포인트를 간파한 듯 한 치 한 치 낚아올리는 이가 있었다. 바로 명철 님이었다. 그는 주변 동료들에게 “비싼 배삯

주고왔는데 나정도는 돼야지!" 던지는 농담 속에 웃음이 묻어났다. 우린 한마음으로 축하의 말을 보내며 인정을 아끼지 않았다. 어깨에 한층 힘이 실린 그는 심지어 한동안 연속으로 낚아올렸다. 마치 바닷속의 용왕님과 사전 약속이라도 한 듯 낚시대 끝에서 매끄러운 움직임과 함께 한 치 한 치 올라왔다. 그 사이 어느덧 시간은 흘러갔고, 한나절 낚시의 희열과 만선의 희망 속에 점심시간이 찾아왔다. 회 뜨기의 대가이신, 병욱 님께서는 우리가 낚아올린 전갱이, 볼락 등을 능숙한 솜씨로 하나하나 회 떠서 한 접시 가득 채웠다.

우린 낚시꾼이라는 이름보다 더욱 우애깊은 '독수리 5형제'라는 마음으로 한자리에 모여 소주 한 잔을 치켜들었다. "우정과 만선, 그리고 오늘 이 만남과 인생의 한 페이지를 위하여!" 건배하며 우린 한 점 한 점 쫄깃하게 씹히는 자연의 맛과 매콤하게 풀어진 고추장, 소주 한 모금을 함께 넘겼다. 바닷바람과 파도의 숨결, 우정과 낭만이 한데 어우러진 이 만찬 앞에서 세상 어느 것도 부럽지 않았다. 그 후 간조 시간이 찾아왔고, 낚시대 끝의 움직임이 하나둘 줄어들자 우린 낚시에서 고둥 잡기로 놀이를 변경했다. 바위 사이를 하나하나 살피며 고둥을 잡아 올리는 순간에도 웃음과 희열이 넘치며 또 다른 낚시의 매력에 빠져들었다. 그 즐거움도 잠시, 멀리서 배가 서서히 우리가 있는 곳으로 들어오는 모습이 보였다. 그 순간 우린 만선보다 더욱 소중한 만남과 우정이라는 보물을 낚아올린 듯했다.

가덕도의 바다는 그렇게 또 하나의 아름다운 이야기를 우리 마음 한 켠에 남겼다.

푸른 하늘 아래, 봄빛을 함께 걷다

오늘은 파크골프 모임이 있는 날이다. 아침 공기가 제법 부드러워졌다. 시간은 어느덧 6월 초, 계절은 봄의 끝자락을 지나 여름으로 향하고 있었지만, 아직은 초여름이라 부르기엔 이른, 그런 하루였다.

나는 오전 7시 50분쯤, 약속된 장소인 시립 박물관 입구에 도착했다. 조금 이른 도착이었지만, 오히려 그 시간이 고맙게 느껴졌다. 기다리는 10여 분 동안 주변을 천천히 둘러보았다. 바람에 흔들리는 나뭇잎은 마치 누군가의 속삭임처럼 조용히 귓가를 스쳤다. 그 위로 맑고 높은 하늘이 펼쳐져 있었고, 봄 햇살이 내 어깨를 가만히 쓰다듬고 있었다. 그렇게, 하늘에서 쏟아지는 따뜻한 빛과 나란히 서 있는 느낌. 순간은 짧았지만, 오늘이라는 하루의 평화가 시작될 것이다. 8시 정각, 조 사장님이 도착하셨다. 반가운 얼굴과 함께 나눈 인사는 짧았지만 마음은 훈훈했다. 우리는 서로의 안부를 묻고, 조 사장님의 차를 타고 다음 약속 장소인 시청 육교 아래, 이 사장님이 있는 곳으로 향했다. 조 사장님은 운전 중 문득 한 건물을 가리키며 말했다. "여기, 예전에 보신탕집이 있었는데, 없어졌네."

조 사장님과 나는 그 모습을 바라보며 담담한 목소리로 시대의 변화를 이야기했다. "이제는 염소탕이 보신탕을 대신하게 될지도 모르겠네요." 내 말에 조 사장님은 예전에 염소고기를 먹었던 기억을 떠올리며, 그 맛에 대해 썩 내켜 하지 않는 표정을 지었다. 사람들의 삶도, 음식 문화도, 거리의 풍경도 그렇게 조용히 바뀌어가고 있다는 걸 느꼈다. 마치 우리가 걸어가는 길처럼, 아무것도 그대로 머물러 있지 않고, 시간의 흐름 속에서 조금씩 다른 방향으로 흘러가고 있었다. 이야기를 나누다 보니 어느새 시청 육교 아래에 도착했다.

이 사장님이 환한 미소를 머금고 우리를 기다리고 있었다. 차에 올라타고 세 사람이 되자, 그 동행의 온기가 차 안을 한결 더 따뜻하게 감싸주었다. 황산공원 파크골프장으로 향하던 중, 조 사장님의 핸드폰이 울렸다. 전화의 주인공은 지인이었다. 목소리 너머로 전해진 사정은 안타까웠다. 부득이한 이유로 오늘 참석하지 못하게 되었다는 이야기였다. 조 사장님은 짧게 전화를 마쳤다. 마음 한편이 아쉬웠지만, 그 대신 전해지는 정성이 있었다. 우리는 황산공원으로 향하기 전, 아파트 앞 스타벅스 주차장에 잠시 들렀다. 주차된 차 안으로 지인이 준비한 커피와 스테비아단마토, 수박 등 간식을 조 사장님이 받아왔다. 참석은 못했지만, 그 마음만은 함께하고 있음이 느껴졌다. 커피의 온기처럼, 봄날의 햇살처럼, 그 작은 정성이 우리 아침에 향긋한 풍경 하나를 더해주었다. 마침내 도착한 황산공원. 신록이 짙어가는 초여름의 공기가 우리를 반겼다. 바람은 상쾌했고, 골프장 주변을 둘러싼 나무들은 말없이 잎을 흔들며 우리를 환영하는 듯했다.

황산공원에 도착했을 때, 우리는 기대에 부풀어 있었다. 초록 잔디와 파란 하늘, 살랑이는 바람까지 파크골프 하기엔 이보다 더 좋을 수 없는 날씨였다. 그런데 주차장에 들어서자 예상치 못한 풍경이 우리를 맞았다. '파크골프 대회 출입 통제 중'이라는 주차장 출입구를 지키는 주차장 관리원의 미소는 친절했지만, 그 미소 속엔 단호함도 숨어 있었다. 대회가 있어 일반인은 이용이 어렵습니다. 순간, 셋은 말없이 서로를 바라보았다. 가벼운 탄식이 나왔고, 어쩔 수 없이 발길을 돌려야 했다. 기대가 실망으로 바뀌는 순간이었지만, 그래도 우리는 금세 웃으며 차를 돌려 가산 파크골프장으로 향했다.

가산 파크골프장에 도착하자, 이미 이른 아침의 분주함은 어느 정도 잦아든 상태였다. 우리는 주차장에 차를 세우고 관리사무소에 들러 라운드 비용을 지불한 뒤, 라운딩을 준비하며 커피 한 잔씩 나누었다. 커피 한 잔으로 마음이 느긋해졌고, 잔잔한 여유 속에서 A코스를 향해 발걸음을 옮겼다.

A코스를 돌기 시작할 즈음, 한 남성분이 다가오며 "혹시 저도

같이 팀을 이뤄도 될까요"? 물음에 우리는 흔쾌히 수락했고, 그렇게 즉석에서 4인조 팀이 완성되었다. 낯선 인연이지만 어색하지 않았다. 공을 치고, "나이스!"를 외치며 웃음을 나누는 사이, 그와 조 사장님은 금세 가까워졌다. A코스~ B코스까지 라운딩하며 나이, 고향, 체중, 사교댄스, 카지노 출입 등의 다양한 소소한 이야기들이 오가며 더욱 자연스러운 분위기로 바뀌어 갔다.

잠시 휴식을 취한 뒤, 우리는 커피 한 잔을 나누며 다시 C코스로 향했다. 부드러운 바람이 여전히 불었고, 팀원이 셋에서 넷으로 늘어나면서 분위기는 더욱 활기찼다. 그러던 중, 분위기가 묘하게 흐르기 시작했다. C코스를 마무리하며 헤어지기 직전, 조 사장님이 이 사장님에게 새로 합류한 분과 전화번호를 교환하라고 권했다. 그러자 이 사장님의 표정이 순간 굳어졌다. 마지못해 전화번호를 교환했지만, 돌아오는 길에 이 사장님은 의아한 듯 말했다. "아니… 여자도 아니고 남자끼리 전화번호를 왜 주고받죠? 그것도 오늘 처음 본 사이인데…" 조 사장님은 별것 아니라는 듯 한마디를 툭 던지며, 새로 합류한 분이 이 사장님과 같은 아파트에 산다고 설명했다. 이 사장님은 어이없다는 표정으로 피식 웃었고, 우리는 미묘한 분위기 속에서 또 하나의 에피소드를 남겼다. 생각해보면, 오늘은 파크골프보다, 이 소소한 이야기들이 더 깊은 인상을 남겼는지도 모르겠다. 뜻밖의 인연은 언제나 예기치 못한 방향에서 피어난다. 어느덧 점심시간이 다가왔다.

아침을 거른 채 맞이한 점심. 우리는 조 사장님의 지인이 운영하는 식당으로 향했고, 물회를 주문했다. 켜진 TV에서는 정책 뉴스가 흘러나왔고, 우리는 자연스레 그에 대한 불만을 나누었다. 그러나 물회가 나오자 말은 잠시 멈추고, 조용히 식사에 집중했다. 계산은 조 사장님이 너그럽게 마무리해 주셨다.

이후, 준비해온 간식을 들고 시립박물관 주변에 차를 세운 뒤 산책로를 따라 언덕 지점의 정자에 올랐다. 초여름의 푸르름이 짙어진 숲길에는 뻐꾸기 소리가 울려 퍼졌고, 그 자연의 숨결 속에 앉아 우리는 과일을 나누고, 따뜻한 커피를 마시며 일상 속의 소소한 이야기를 주고받았다. 그 순간만큼은 세상의 소란도, 걱정도 모두 잊은 채, 한낮의 햇살처럼 고요하고도 따스한 행복이 우리 곁에 머물러 있었다.

늦봄, 갈치조림과 낚시의 약속

5월의 저녁, 흐린 하늘 아래 산들바람이 불고, 간간이 빗방울이 떨어질 듯 말 듯한 기운이 감돌았다. 따스하면서도 싱그러움을 머금은 늦봄의 끝자락. 우리는 낚시 모임을 위해 양산고용센터 앞에 오후 5시 30분에 모이기로 했다. 명철 님은 일찍 도착해 있었고, 학선 님은 주차 공간을 찾지 못해 결국 도로변에 차를 세웠다. 병욱 님은 아직 도착하지 않아 확인 전화를 걸었고, 개인적인 사정으로 늦어진다는 소식을 들었다. 우리는 저녁 식사 장소를 고민하다 아귀찜을 선택했다. 지도 앱을 통해 가까운 아귀찜 식당을 검색한 끝에, 도보로 7분 거리의 식당으로 발길을 옮겼다. 그러나 점점 멀어지는 거리감에 병욱 님이 오기 어려울 수도 있겠다는 생각이 들어 다시 방향을 틀어 원래 위치 근처에서 식당을 다시 찾기로 했다. 그러다 거의 원래 위치에 다다랐을 때, '갈치조림'이라는 간판이 눈에 들어왔고, 우리는 망설임 없이 그곳으로 향했다.

병욱 님께 새 위치를 알렸지만, 결국 오기 어려운 상황이라는 답이 돌아왔다. 우리는 "다음에 보자"는 인사를 남기고 갈치조림 식당으로 들어섰다. 갈치조림 3인분을 주문하고, 시원한 소맥으로 만남의 건배를 나누며 대화를 시작했다. 늦봄의 공기를 가득 머금은 시간, 흐린 하늘마저도 우리 만남에 아늑한 분위기를 더해주었다. 5월의 바람은 싱그럽고도 부드럽게 불어와, 그 순간을 더욱 편안하게 감싸주었다. 시간이 흐르며 식당 안은 점점 더 정겨운 기운으로 물들었다. 주방 이모가 밑반찬을 하나하나 테이블에 올려주며, 갈치조림은 조금 더 기다려야 한다고 전했다. 우리는 느긋한 마음으로 자리를 잡고, 서로의 근황을 나누기 시작했다.

학선 님은 자신의 농장에서 찍은 사진들을 보여주며 흐뭇한 미소를 지었다. 푸릇한 작물들, 가지런히 놓인 장독대, 손수 가꾼 농장의 모습들이 화면 속에 생생히 담겨 있었다. 이어 기장에서 저렴하게 멸치 두 상자를 구입해 장독에 담가 놓았다는 이야기까지, 그의 삶 속 정성이 고스란히 전해졌다.

명철 님은 작년에 함께 근무한 두 반장님과 간장게장을 먹었던 이야기를 전했다. 맛깔스러운 음식과 정다운 대화가 어우러진 그 자리의 분위기가 고스란히 전해졌다. 이어 광호 님이 요양원에서 근무하며 여유로운 시간을 보내고 있다는 반가운 소식까지 덧붙였다. 싱그러움이 감도는 5월의 저녁, 어둠이 짙어지는 밤하늘 아래 우리는 따뜻한 음식과 정겨운 이야기로 마음을 채워갔다. 웃음과 대화가 이어지며 늦봄의 여운은 더욱 깊어졌다.

드디어 기다리던 갈치조림이 테이블에 올랐다. 붉은 양념 속에서 갈치가 모습을 드러내고, 피어오르는 뜨거운 김이 식욕을 자극했다. 명철 님이 먼저 갈치를 접시에 덜어 건네는 따뜻한 배려에 우리는 감사한 마음을 전했다. 숟가락을 들기 전, 잔을 채우고 쨍그랑 잔이 부딪히는 소리가 분위기를 더욱 무르익게 했다.

우리는 소소한 이야기를 나누며 맛있는 음식으로 허기를 채웠고, 일상의 단편을 나누며 웃음 짓는 시간을 보냈다. 식사를 마친 후 가까운 카페로 자리를 옮겨 차 한 잔 앞에 두고 다시 이야기를 이어갔다.

자연스럽게 다음 낚시 일정이 화제로 떠올랐고, 병욱 님은 5월 27일을 제안했다. 하지만 학선 님은 이미 여행 약속이 있어 참석이 어렵다고 했다. 우리는 전체 낚시 가는 일정을 다시 조율해 보기로 했다.

밤은 어느새 깊어지고, 이별의 시간이 다가왔다. 남은 차 한 모금으로 따뜻한 여운을 음미하며 우리는 다음 만남을 기약했다 짧은 시간이었지만, 정겨운 대화와 음식 속에 녹아든 온기는 오래도록 마음에 남았다. 흐린 하늘 아래 시작된 저녁은 깊어가는 밤으로 이어졌고, 우리는 각자의 집으로 돌아갔다. 그러나 마음 한편에는 다시 만날 날을 기다리는 설렘이 조용히 자리 잡고 있었다.

길을 잃은 택시, 웃음을 찾은 한누리

봄날의 따스한 기운처럼! 오후 2시 30분, 사상역 출구 앞. 정기모임 집결지! 나는 예정 시간보다 30분 먼저 도착했다. 거센 바람이 불어와 주변의 큰 건물 안으로 잠시 대피한 후, 약속 시간이 되자, 사상역 출구 앞에서 총무님, 김 회장님, 그리고 미옥 여사님과 차례로 마주했다. 얼굴을 마주하며 반가운 인사가 오갔고, 미소 속에는 따뜻한 온기가 가득했다. 봄이 찾아왔음에도 강한 바람이 거리를 휘돌며 마치 겨울의 끝자락에 선 듯한 느낌을 주었다. 우리는 몸을 움츠리며 가까운 커피숍으로 발걸음을 옮겼다.

커피숍 안은 사람들로 가득 차 있었고, 적당한 자리를 찾기 어려웠지만, 군데군데 놓인 이동식 의자를 가져와 우리의 작은 공간을 마련했다. 고소한 아메리카노와 부드러운 카페라떼의 향이 은은하게 퍼지며, 우리만의 아늑한 공간을 포근하게 감싸주었다. 따뜻한 커피 한 모금에 마음이 녹아내리듯, 우리는 정기모임 때마다 나누던 추억과 지난 여행의 이야기들을 자연스럽게 꺼내놓았다. 또한 트레킹 후 음식점 장소는 구포시장 내에서 정하는 걸로 하고 우린 이곳을 나왔다. 커피숍을 나와 괘법동으로 이어지는 명품 가로공원에는 봄을 맞아 다채로운 색상의 튤립들이 아기자기하게 피어 있었다. 붉고 노란 꽃송이들이 살랑이는 바람에 몸을 맡긴 채 우리를 반기듯 흔들렸고, 그 화사한 풍경은 우리의 발걸음을 더욱 가볍게 만들었다. 마치 자연이 봄의 인사를 건네는 듯했다.

그러나 예상치 못한 강한 바람이 우리의 트레킹을 가로막았다. 우리는 잠시 고민 끝에 보다 아늑하고 따뜻한 장소를 찾기로 하고, 목적지를 대저 생태공원의 유채꽃 축제장으로 변경했다. 일요일답게 대저생태공원은 상춘객들로 붐볐고, 사람들 사이로 눈부신 노란 유채꽃이 황금빛 바다처럼 펼쳐져 있었다. 바람결에 흔들리는 꽃들이 봄의 활력을 온몸으로 발산하며 아름다운 풍경을 연출했다. 유채꽃밭을 거닐며 자연의 향기를 만끽하는 순간, 강풍 속에서도 우리의 마음은 따뜻하고 평온했다.

우리는 이 아름다운 봄날을 오래도록 기억하기 위해 기념사진을 남기며 즐거운 순간을 한 페이지 더 채웠다.

생태공원에서의 힐링 시간을 마친 후, 구포시장으로 이동하기 위해 지하철을 탈 수도 있었지만, 마침 우리 앞을 지나가는 택시를 잡아 조금 더 편안하게 이동하기로 했다. 운전기사에게 목적지를 알리고 걱정 없이 대화를 나누고 있었는데, 예상치 못한 방향으로 택시가 달리기 시작했다. 창밖을 보니 익숙한 구포대로가 아닌, 어느새 대저에서 대동을 거쳐 양산 방면으로 이어지는 고속도로를 달리고 있었다. 황당한 상황에 우리 모두 멍해졌고, 기사님도 내비게이션 안내를 제대로 인지하지 못해 당황한 기색을 감추지 못했다. 어리둥절한 기사님의 모습에 우리는 짜증보다는 웃음이 터질 뻔했지만, 다행히 우리는 시간적 여유가 있었기에 이 예상치 못한 고속도로 드라이브를 또 하나의 즐거운 해프닝으로 받아들이기로 했다. 목적지에 도착했을 때는 모두 한바탕 웃음을 터뜨렸고, 이런 에피소드 하나쯤은 한누리 정기모임의 재미있는 이야기로 남기기에 충분했다.

모임 장소인 구포시장 도로변의 '장어구이' 식당에서는 양념곰장어, 바다장어, 홍합을 주문해 소맥 한 잔과 함께 즐거운 건배를 나눴다. 맛있는 음식과 함께 모임은 더욱 화기애애해졌고, 웃음꽃이 피어나며 소중한 추억이 하나씩 쌓여갔다. 마지막으로 우리는 투썸플레이스 카페에서 차 한잔하며 담소를 나눴고, 다음 정기 모임을 강원도에서 하기로 결정하며 오늘의 행복한 시간을 마무리했다.

파크골프 한 라운드의 위로

도시의 바쁜 일상 속에서, 공원의 푸른 숨결을 가꾸며 보내온 7개월. 그동안 마음속엔 크고 작은 갈등이 쌓였고, 때때로 나를 돌아보는 시간이 필요했다. 그러던 중, 몇 주 전부터 동료들과 함께 약속했던 파크골프 라운딩의 날이 밝았다. 이른 아침, 공원의 숨결과 나의 이야기가 엉켜 흐르던 시간 속에서, 여전히 바람처럼 스쳐 가는 일상의 고민들을 뒤로 하고 어쩌면 오늘만큼은 그 모든 것을 잊고, 그린 위에서 몸과 마음을 가볍게 날려버릴 기회가 될지도 모른다.

나는 입문 이틀째의 초보였지만, 왠지 모를 기대와 설렘이 앞섰다. 양산 시청역 육교 아래, 오전 9시. 상일 님과 만나 반가운 인사를 나누었다. 그러나 만남의 기쁨은 잠시, 상일 님의 표정에는 깊은 피로가 묻어 있었다. 근린공원에서 관수 작업 중 생긴 동료와의 갈등, 그리고 그곳 관리원의 비협조까지 겹치며 마음속 응어리가 깊다고 했다. 대화는 낮은 강물처럼 잔잔히 흘러갔고, 이야기에 몰입한 사이 우리는 어느새 증산 구두공원 입구에 도착해 있었다. 이곳은 또 한 명의 일행, 상구 님과의 만남이 예정된 장소였다. 도착 시간은 오전 9시 15분, 약속 시간보다 조금 이른 시간이었다. 어쨌든 오늘의 파크골프 라운딩이 상일 님의 스트레스를 시원하게 씻어주기를 바라며, 상구 님에게 전화를 걸어 미리 도착했음을 알리고 기다리고 있었다. 그러던 중 문득 차 안의 온도계를 보니 33도를 가리키고 있었다. 선선한 바람이 불어야 할 계절임에도 불구하고, 여전히 폭염의 기세는 꺾이지 않고 있었다. 자연이 점차 달라지고 있음을 새삼 느낄 수 있었다. 통화 후 약 5분쯤 지났을까. 창문을 두드리는 노크 소리에 돌아보니, 상구 님이 환한 얼굴로 서 있었다.

우리는 오는 길에 중부동 컴포즈 커피점에서 사온 커피 세 잔 중 하나를 건넸다. 시원한 커피 한 잔에 아침의 피곤이 스르르 풀려갔다. 반가운 인사를 나누며, 공원 관리의 일상을 이야기하는 사이 우리는 황산공원 파크골프장 주차장에 도착했다. 무더운 날씨에도 골프장은 마니아들로 북적였다. 파크골프의 매력이 무엇이기에 이토록 많은 이들이 찾는 걸까. 도심 속 접근성, 저렴한 이용료, 건강, 사교, 그리고 세대를 초월해 누구나 함께할 수 있는 유연함. 그 모든 것이 이곳의 매력이리라. 우리는 관리사무소에서 등록된 카드로 결제하고, 나는 아직 3회 남은 이용 가능 횟수를 확인했다. 스티커를 받아 모자에 부착하고 코스로 향했다.

A코스부터 D코스까지, 천천히 라운딩을 이어갔다. 9번 홀에서는 승부욕을 자극하는 내기가 걸려 있었다. 점심을 내기로 했던 9번 홀. 긴장감 속에서도 웃음은 이어졌다. 라운딩을 마친 우리는, 땀에 젖은 몸을 식히러 물금의 유명한 국수집으로 향했다. 잔치국수(냉)를 시키고, 시원한 맥주 한 잔으로 갈증을 달랬다. 잠시 후 나온 냉국수는 쫄깃한 면발과 시원한 육수가 어우러져 '꿀맛'이라는 표현이 어색하지 않을 정도였다. 첫 라운딩의 실력은 비슷비슷했고, 우리는 서로의 작은 실수에도 너그럽게 웃으며 대화를 나눴다. 공원에서의 일상, 관리원의 고충, 그리고 삶의 소소한 이야기들까지. 음식보다 이야기가 먼저 마음을 채웠다. 식사를 마치고 헤어지기엔 아쉬움이 컸다. 결국, 우리 셋은 재경기를 하기로 의견을 모았다. 이번에는 수육과 소맥을 내기로 했다.

기온은 더욱 높아졌지만, 구름이 햇빛을 가려주는 덕에 경기에는 큰 지장이 없었다. A~D 코스를 다시 돌며, 또 한 번의 9번 홀 승부. 운 좋게 나는 패하지 않았다. 소소한 승리에 기분이 좋았다. 다시 찾은 식당에서 수육과 함께한 소맥 한 잔. 우리는 각자의 이야기로 난초처럼 향기를 피워냈고, 파크골프 라운딩이라는 하루 속에서 또 하나의 소중한 추억을 피워냈다. 도시공원에서 쌓였던 마음의 먼지들은 골프채를 휘두르며 하나씩 흩어졌다. 우리 셋의 웃음은 마치 가을 하늘처럼 높고 투명했다. 공원의 초록은 여전히 나를 기다리고 있을 것이다. 내일도, 사람들과의 조율과 협의는 계속되겠지만, 오늘의 이 바람 한 줄기와 웃음 한 조각이 그 모든 일상에 작은 위로가 되어주리라 믿는다. 돌아오는 길, 나는 다시 창밖을 바라보았다. 황산공원 파크골프장에서 흘린 땀방울, 그리고 그 속에서 나눈 정과 웃음이 오늘을 아름답게 만들었다. 삶이란 결국, 이렇게 흘러가는 하루 속에서 작은 기쁨을 길어 올리는 일인지도 모르겠다.

비룡사에서 봉화마을까지

물안개처럼 부유하던 그날의 기억을 떠올리며, 짧지만 깊은 울림을 남긴 1박 2일의 여행이 시작되었다. 우리의 목적지는 경남 진주시 대곡면 와룡리에 위치한 비룡사. 그곳에서 남강 강변을 따라 함안 대산과 봉화마을, 노무현 대통령의 생가까지 이르는 가을의 길 위에 우리를 실었다. 어느새 깊어져 있던 가을. 산과 들이 붉고 노란 빛으로 물들어 가는 풍경 속에서, 우리는 마음속 빈 공간을 계절의 풍요로 가득 채워보자는 의도로 길을 나섰다. 황금 들녘을 스치며, 늦가을 바람이 고요히 비룡사 산기슭을 쓰다듬고 있었다.

친구의 형님이 주지스님으로 계시는 그곳, 비룡사에 우리가 도착한 시각은 밤 8시 10분경이었다. 깊어가는 가을밤, 어둠이 조용히 산을 덮고 있었고, 고즈넉한 절 마당엔 세월의 결이 스며든 듯한 정적이 감돌았다. 산기슭을 타고 내려온 바람은 마치 오래된 이야기를 들려주는 듯했고, 우리는 그 바람 앞에 말없이 서서 조용히 숨을 골랐다. 절터를 감싼 그 적막한 고요는 마음의 파도를 잠재우고, 어느새 일상의 번잡함을 내려놓게 만들었다. 평온함이란, 아마도 이런 순간을 두고 하는 말인가 보다. 보살 접견실에서 우리는 마치 오래전부터 기다려온 재회처럼, 곡주 한 잔하며 자연스럽게 지난 이야기들을 꺼내 놓았다. 서로의 얼굴에 묻은 세월의 흔적을 조용히 확인하며, 한마디, 한마디가 추억의 문을 열어주었다. 웃음 속엔 풋풋했던 시절의 장난기가 묻어 있었고, 한숨 사이로 지나온 날들에 대한 안타까움과 아련한 그리움이 고요히 배어났다.

그렇게 우리의 이야기는 마치 모닥불처럼 은근히 타올라, 절정의 가을밤을 따스하게 밝혀주었다. 창밖의 밤하늘엔 별빛이 소곤거렸고, 그 아래 우리는 말보다 마음으로 서로를 나누고 있었다. 달빛은 산허리를 넘어와 우리의 이야기를 듣는 듯했고, 소리 없이 내리는 이슬은 마음 깊은 곳의 추억을 적셔주었다. 그날 밤, 우리는 잠을 자는 대신, 스쳐 지나간 세월의 파편들을 마주하며 시간의 강을 건넜다.

이튿날 아침, 남강 강변으로 향했다. 짙은 물안개가 아직 걷히지 않은 강가에 낚싯대를 조심스럽게 펼쳐놓고는, 조용히 흐르는 물줄기를 바라보았다. 고요히 출렁이는 물결 위로 햇살이 흩뿌려지듯 내려앉았고, 낚싯줄 끝엔 물고기보다 더 아릿한 기억들이 걸려 올라오는 듯했다. 잡히는 고기 하나 없었지만, 오히려 낚싯대 너머로 흘러나온 지난 날의 조각들이 우리를 더 깊은 사색으로 이끌었다. 그리움이라는 이름의 물결이 강물처럼 마음속에서 출렁거렸다. 그리고 우리는 다시 길을 따라 함안 대산으로 향했다. 가을 햇살이 부드럽게 논과 밭 위로 내려앉고, 창밖으로 스치는 풍경은 마치 오래된 수채화처럼 따스하고 평화로웠다. 이른 아침부터 움직였던 여정에 출출함이 밀려올 즈음, 친구의 동생이 미리 예약해 둔 전문 매운탕 식당에 도착했다.

식당 앞에 이르자 벌써부터 매운탕의 얼큰한 향이 코끝을 간질였다. 넉넉한 인심이 느껴지는 시골 식당 안으로 들어서니, 구수한 국물 내음과 함께 땀을 훔치며 식사를 즐기고 있는 사람들이 정겨운 풍경을 만들고 있었다. 우리는 따끈한 매운탕 한 그릇에 지친 몸을 풀고, 깊은 국물 맛에 절로 감탄사를 흘리며 점심을 맛있게 먹었다. 진한 국물 속에 푹 익은 채소와 큼직한 민물고기는 속을 든든하게 채워주었고, 숟가락이 오갈수록 식탁 위엔 다시 웃음과 이야기꽃이 피어났다. 아마도 그 맛은 음식 그 자체뿐 아니라, 함께한 시간과 정이 더해졌기에 더욱 특별했으리라. 식사를 마치고 나서도 한참을 앉아 이야기를 나누다, 우리는 다시 길 위로 나설 채비를 했다.

식당을 나서자, 햇살이 한결 부드러워져 있었다. 든든한 한 끼로 마음까지 푸근해진 우리는 다시 길을 따라 봉회마을로 향했다. 차창 너머로 펼쳐진 가을 들녘은 누렇게 물들어 있었고, 그 위를 가로지르는 바람은 한 시대의 뒷이야기를 들려주듯이 조용히 불어왔다. 봉화마을에 들어서자, 먼저 눈에 들어온 것은 고 노무현 대통령의 생가였다. 소박하고 정갈한 흙담과 기와지붕, 그리고 단단한 표정으로 서 있는 그의 동상이 우리를 맞이했다. 마을 전체가 하나의 기억처럼 고요했고, 그 고요함 속에는 오래도록 간직된 어떤 진심이 잔잔히 흐르고 있었다. 우리는 마당 한켠에 서서 말없이 그 자리를 바라보았다. 거창하지도, 인위적이지도 않은 그 공간은 오히려 더 큰 울림으로 다가왔다. 그가 걸어온 삶의 무게와 사람 냄새 나는 정치, 그리고 그를 그리워하는 이들의 마음이 마치 공기처럼 마을에 퍼져 있었다.

바람은 이따금 나뭇잎을 흔들며 우리 주위를 맴돌았고, 가을햇살은 그 흔들림 위로 따뜻하게 내려앉았다. 우리 모두는 그 순간, 과거와 현재가 겹쳐지는 듯한 어떤 묘한 경건함 속에 잠겨 있었다. 그저 한 사람의 삶을 기억하는 것만으로도 우리가 더 나은 사람이 될 수 있을 것 같은 마음이 들었다. 봉화마을을 나서며 우리는 말없이 고개를 끄덕였다. 짧은 발걸음이었지만 오래도록 마음에 남을 여운이 되었고, 그것이 아마도 이 여행의 진짜 의미였을 것이다.

이번 1박 2일의 여행은 단지 새로운 장소를 밟는 여정이 아니라, 지나온 삶을 돌아보고, 곁에 있는 사람들과 마음을 나누는 따뜻한 시간이었다. 진성 대곡면의 깊은 산자락에서 시작된 여정은 비룡사의 고요함으로 우리를 안아주었고, 남강 강변에서는 흐르는 물결 위에 잊고 지낸 기억들을 하나둘 떠올리게 했다. 물고기는 낚지 못했지만, 삶의 깊이를 낚아올리는 순간이었다. 함안 대산의 소박한 식당에서 함께 나눈 한 끼, 봉화마을에서의 조용한 성찰까지, 여행의 조각들은 어느새 마음 깊은 곳에 다정하게 쌓여갔다. 자연의 품 안에서, 사람과 사람 사이의 정을 다시금 확인할 수 있었고, 바쁜 일상 속에서 잊고 있던 '함께'라는 말의 소중함을 다시금 깨닫게 되었다. 짧지만 진한 여운을 남긴 이 가을의 길 위에서, 우리는 또 한 걸음 성장했고, 또 하나의 추억을 소중히 품었다. 그리고 그 따스한 기억은 언젠가 마음이 지칠 때, 다시 꺼내어 위로받게 될 우리의 작은 쉼표가 되어줄 것이다.

제 4 부

가족家族

돌솥 아귀 불고기와 가족의 시간

오늘은 낮과 밤의 길이가 같아지는 날, 추분이다. 이제부터는 밤이 길어지기 시작하며, 자연은 서서히 긴 휴식에 들어간다. 들녘의 곡식은 여물어가고, 나뭇잎은 바람을 따라 조금씩 물들 준비를 한다. 계절은 그렇게, 조용하고도 단단하게 다음을 향해 걸어가고 있었다. 이 특별한 날, 창원에 사는 작은 딸 내외가 양산 물금 백호로에 위치한 영프라자 2층 식당을 사전 예약해 두었다. 추석에 가족 모임에 함께하지 못한 아쉬움을 조금이라도 달래고자, 미리 마음을 담아 준비한 자리였다. 함께하는 식사와 웃는 얼굴, 오랜만에 맞닿을 따뜻한 손길을 생각하니, 흐린 하늘 아래서도 마음만은 환하게 부풀어 올랐다.

어제는 14호 태풍 '풀라산'의 간접 영향으로 많은 비가 내렸지만, 다행히 오늘은 비구름만 잔뜩 낀 흐린 날씨였다. 창문을 스치는 바람 소리는 여전히 거세었지만, 오히려 그 소리마저도 오늘만큼은 설렘을 부추기는 듯했다. 아침 일찍부터 아내는 분주했다. 작은 딸에게 줄 생선을 준비하면서, 스티로폼 박스 안에 아이스팩을 하나하나 정성껏 끼워 넣고, 꼼꼼히 테이프로 밀봉했다. 단순한 포장이 아니라, 멀리서도 변함없는 마음을 전하고 싶은 작은 배려였다. 포장이 끝난 박스는 아들 승용차 트렁크에 조심스럽게 실렸다. 준비를 마친 우리는 11시 30분, 약속 장소를 향해 집을 나섰다. 아들은 내비게이션에 식당 이름을 입력하고, 부드럽게 엑셀을 밟았다. 출발하는 순간부터 차 안에는 어쩐지 따뜻한 온기가 가득했다.

도로 위를 달리며 창밖을 바라보니, 회색빛 구름이 낮게 깔린 하늘 아래, 바람에 나부끼는 나뭇잎들이 분주히 움직이고 있었다. 여름과 가을의 경계에 선 이 풍경은, 마치 우리 가족의 오늘을 축복이라도 하듯 조용히 길을 안내해주는 듯했다. 흐린 하늘 아래, 차는 묵묵히 도로를 달렸다. 창밖으로 보이는 하늘은 구름이 잔뜩 끼어 잿빛으로 가라앉아 있었고, 거리의 풍경도 어쩐지 조용했다. 휴일이어서인지 사람과 차량의 움직임이 뜸했고, 그 한산한 풍경 속을 우리는 느릿하게 지나갔다. 차 안에 흐르는 잔잔한 대화와 가끔씩 피어오르는 웃음소리만이, 흐린 날씨를 밝히는 작은 등불 같았다.

어느새 도착한 목적지. 11시 50분, 야외 공영 주차장에 도착했다. 멀리서도 한눈에 들어오는 영프라자 2층 건물이 우리를 맞이하고 있었다. 약속 시간은 12시. 시간을 맞추기 위해 발걸음을 재촉했다. 흐린 하늘 아래서도 가족과 함께하는 이 짧은 여정이 어쩐지 소중하게 느껴졌다. 차가운 바람이 옷깃을 스치고 지나갔지만, 마음은 오히려 따뜻하게 달아올랐다. 건물 안으로 들어서자 식당 사장님이 밝은 미소로 우리를 반겨주었다. 예약된 룸으로 안내해 주시는 사장님의 손길에, 작은 배려와 따뜻한 환대가 느껴졌다. 우리는 그렇게, 무사히 가족이 모두 모이는 자리에 도착했다. 잠시 후면, 기다리고 기다리던 따뜻한 밥상과 반가운 얼굴들이 우리 앞에 펼쳐질 것이다. 우리가 먼저 도착해 예약된 룸에 자리를 잡고 기다리고 있을 때, 우리는 작은 딸의 위치가 궁금해졌다. 아내는 휴대폰을 들고 딸에게 전화를 걸었다. 잠시 후 통화가 연결되었고, 아내의 얼굴에 환한 미소가 번졌다. "작은 딸이 주차장에 도착했대." 아내의 말에 우리 모두의 얼굴에도 절로 미소가 번졌다. 긴 기다림 끝에 가족이 하나둘 모이는 순간, 흐린 날씨에도 마음만큼은 환하게 밝아졌다.

잠시 후, 작은 딸과 사위가 밝은 얼굴로 들어섰다. 오랜만에 보는 딸의 얼굴에는 먼 길을 달려온 흔적이 묻어 있었지만, 반가움이 그 모든 피로를 덮어버린 듯했다. 우리는 자연스럽게 서로를 맞이하며 미소 지었다.

자리 잡고 앉은 우리는 벽에 붙은 메뉴판을 둘러보았다. 여러 가지 음식들이 눈길을 끌었지만, 그중에서도 유독 '돌솥돌판 이구 불고기(순살)'가 맛있게 다가왔다. 군침이 돌 만큼 먹음직스러운 이름이었다. 우리는 먹을 양을 고민하다가 중자 두 개를 주문하기로 했다. 식당 안에는 음식이 조리되는 고소한 냄새가 은은하게 퍼져 있었다. 한참을 기다린 끝에, 드디어 우리가 주문한 아귀 불고기는 테이블 앞에 놓였다. 식당 사장님이 환한 웃음과 함께 말했다.

이미 다 구워져서 나왔습니다. 바로 드시면 됩니다. 말씀처럼 아귀 불고기는 돌판 위에서 지글지글 소리를 내며 먹음직스럽게 익어 있었다. 우린 아귀 불고기를 바라보는 순간, 오랜만에 온 가족이 둘러앉은 이 자리가, 세상 어떤 만찬보다도 귀하고 따뜻하게 느껴졌다. 아귀찜은 간혹 먹어본 적 있었지만, 아귀불고기는 이번이 처음이었다. 기대 반, 호기심 반으로 젓가락을 들어 조심스레 한 점을 집어 맛을 보았다. 한입 베어무니, 약간 매콤한 맛과 함께 쫄깃하면서도 고소한 풍미가 입 안 가득 퍼졌다. 곧바로 맥주를 따라 잔을 채우고, 오랜만에 가족이 함께한 자리를 축하하며 가볍게 건배를 했다. "우리 모두 건강하고 행복하자!" 짧지만 진심이 담긴 건배사를 나눈 뒤, 우린 맛있게, 그리고 배부르게 식사를 즐겼다. 식사를 마친 뒤 식당을 나서니, 바람은 여전히 거세게 불고 있었다.

소화를 시킬 겸, 우리는 건너편에 보이는 스타벅스 카페로 발걸음을 옮겼다. 따뜻한 커피 한 잔이 간절하게 생각나는 순간이었다. 카페에 들어서자, 커피 향으로 가득했고, 이미 많은 커피 마니아들로 1층은 붐비고 있었다. 잔잔한 음악과 커피 내음이 흐르는 공간 속에서, 우리는 따뜻한 시간을 이어가려 했다.

우린 2층 테라스 쪽에 빈곳이 있어 그곳에 자리를 잡고, 주문해 온 따뜻한 커피 한 잔씩을 손에 쥐고, 우리는 창밖으로 흐릿하게 지나가는 회색 하늘을 바라보며 이런저런 이야기를 나누었다. 오랜만에 온 가족이 한자리에 모이니, 자연스레 여행 이야기가 화제로 올랐다. 그때 작은 딸이 조심스레 제안했다. "이번에는 다 같이 해외로 한 번 떠나보는 거 어때요?" 그 한마디에 모두의 얼굴이 환하게 밝아졌다. 언젠가 한 번 가족여행을 해외로 가자던 말이 생각났고, 지금이 그 약속을 실현할 좋은 기회처럼 느껴졌다. 모두가 작은 딸의 제안에 기쁘게 공감하며, 이왕이면 가까운 곳보다는 비행기를 타고 해외로 나가보자는 데 뜻을 모았다.

각자의 일정과 사정을 하나하나 맞춰가며 대화를 이어갔고, 결국 11월 초순쯤에 떠나는 것으로 결정했다.

창밖으로는 여전히 바람이 거세게 불고 있었지만, 우리 마음속에는 이미 따뜻한 기대와 설렘이 조용히 불어오기 시작했다. 모처럼 가족 모두가 함께 떠나는 여행, 그날을 떠올리는 것만으로도 벌써 마음이 들떠있었다. 커피잔을 다시 한 번 들어 가볍게 부딪치며, 또 하나의 추억을 만들기로 약속했다. 11월 초순, 우리 가족의 새로운 여행이 시작될 것이다. 그날의 바람결처럼, 마음도 한껏 가볍고 상쾌했다. 오늘의 따뜻한 만남을 소중히 간직하며, 우리는 다시 차에 올랐다. 창밖으로는 여전히 바람이 창문을 두드리고 있었고, 하늘은 변함없이 잿빛이었다. 하지만 차창 너머로 스치는 풍경은 아까와는 사뭇 달라 보였다. 가로수는 여전히 바람에 몸을 흔들고 있었지만, 이제 그 모습은 낯설지 않고 익숙한 리듬처럼 다가왔다. 잔잔한 대화와 함께, 차 안에는 웃음이 천천히 퍼져갔다. 도착한 집 앞, 차문을 여는 순간, 싸늘한 바람이 다시금 옷깃을 스쳤지만 그 바람마저도 낯설지 않았다. 오늘 하루 함께한 따뜻한 순간들이 우리를 감싸고 있었기에. 그렇게 우리는 각자의 일상으로 돌아갔지만, 마음속에는 같은 그림 한 장이 그려지고 있었다. 11월의 어느 날, 다시 마주할 새로운 풍경과, 새로운 추억의 시작. 창백한 하늘 아래에서 피어난 이 작은 온기 하나가, 오래도록 우리 마음을 비추는 등불이 되기를. 그리고 그 빛 따라, 우리는 다시 길 위에 설 것이다.

그날, 한 노래가 나를 안아주었다

나무들의 잎사귀에 햇살이 부서지듯 내려앉고, 거리마다 생명의 빛깔로 가득 채워지는 신록의 계절 5월. 어느덧 중순을 지나며 초여름의 기운이 서서히 발끝을 스치기 시작한다. 작년 연말, 가슴 뭉클했던 임영웅 콘서트의 여운을 기억하며, 오늘은 다시금 가슴 뛰는 설렘을 안고 나훈아 라스트 콘서트를 직접 관람하는 특별한 날이다.

둘째 딸 부부가 어버이날을 맞아 정성껏 준비해 준 선물, 울산에서 열리는 나훈아 라스트 콘서트 티켓. 그것도 무려 무대와 가까운 로열석(R) 자리라니, 선물을 건네던 딸아이의 따스한 눈빛과 환한 미소가 아직도 눈앞에 선하다. 공연장을 향하는 발걸음은 들뜬 마음을 감추지 못하고, 찬란한 햇살 아래 부드럽게 흔들리는 나뭇잎처럼 가볍고 설레기만 하다. 오늘 하루, 오래도록 마음속에 남을 소중한 추억 한 페이지를 천천히, 깊이 새겨 넣을 것이다. 덕분에 나에게는 이번 공연이 나훈아 공연을 처음 직관하는 자리이자, 그분의 마지막 무대라는 점에서 더욱 깊은 의미로 다가왔다. 평생 한 번 있을까 말까 한 소중한 순간. 나훈아라는 거장의 마지막 노래를 직접 들을 수 있다는 설렘은 온몸을 가득 채웠다. 라스트 콘서트인 만큼 인파가 몰릴 것을 예상하며, 설레는 마음을 꾹 눌러 담고, 13시 30분, 아내와 함께 집을 나섰다. 공연은 2회차로, 저녁 시간대에 예정되어 있었기에 우리에겐 한껏 여유로운 시간이 주어졌다.

그 시간, 그냥 흘려보내기엔 아쉬워 기장군 장안읍 임랑 해수욕장 앞으로 향했다. 고운 모래사장과 잔잔한 바다를 마주한 그곳, 카페에 들러 아내와 함께 따뜻한 커피를 마시며 소소한 일상 이야기를 나눴다. 창밖으로는 잔잔히 출렁이는 푸른 바다가 시야 가득 펼쳐지고, 부드러운 파도 소리가 우리 대화를 은은히 감싸 안았다. 오랜만에 아내와 둘만의 시간을 갖는 이 순간이, 마치 바닷가에 흩어지는 햇살처럼 따스하고 평화롭게 마음속에 번져 갔다.

바다뷰가 있는 카페는 언제나 나에게 마음의 평화를 가져다주는 특별한 공간이다. 푸른 물결을 바라보고 있으면 마음 깊은 곳까지 맑아지고, 삶의 작은 굴곡조차 너그러이 품을 수 있을 것 같은 넉넉함이 찾아온다.

그래서 시간이 허락될 때면 가능하면 바다가 보이는 카페를 찾아 조용히 머물곤 한다. 바다를 마주하는 그 순간만큼은 세상의 소란도, 마음속 작은 근심도 모두 잊을 수 있으니, 그야말로 행복 그 자체다. 카페에서 아내와 따스한 시간을 보낸 뒤, 우리는 자리에서 일어나 울산 동천체육관 주차장을 향해 길을 나섰다.

내비게이션을 검색해보니 약 55분 거리. 외곽 고속도로를 따라 달리면서, 차창 밖으로 스치는 풍광을 감상하는 동안 어느새 시간은 흘러, 오후 5시 정각, 우리는 주차장에 도착했다. 잔잔한 기대와 설렘을 품고, 드디어 나훈아의 마지막 무대가 열릴 동천체육관을 눈앞에 두게 되었다.

예상보다 일찍 도착한 우리는, 아직 1회 공연이 한창 진행 중인 시간에 도착했다. 공연장 앞에는 나훈아를 기념하는 여러 개의 포토존이 설치되어 있었으며, 우리는 그 앞에서 다양한 포즈를 취하며 즐겁게 인증샷을 남겼다.

바람결에 실려오는 사람들의 웃음소리와 셔터 소리가, 설렘 가득한 축제의 분위기를 더욱 북돋웠다. 아직 공연 시작까지는 두 시간 반이나 남아 있었다. 느긋한 마음으로 주변 음식점을 검색한 끝에, 도보로 17분 거리에 있는 순대국밥 식당을 찾아 저녁을 해결하기로 했다. 따끈한 국물 한 숟갈에 긴장도 풀리고, 배도 든든해졌다. 식사를 마치고 공연장으로 돌아오는 길, 조금씩 붉어지기 시작한 하늘빛이 어느덧 저녁 노을로 물들어가고 있었다. 우리는 공연 시작 전까지 공연장 앞 광장에서 여유롭게 대기했다. 하나둘 모여드는 사람들, 북적이는 인파 속에서도 오늘만큼은 모두가 같은 기대와 설렘으로 하나가 되어 있었다. 드디어 공연 시작 시간이 가까워지자, 우리는 공연장 게이트를 통과해 로열석 1층으로 입장했다. 설레는 마음을 안고 예약된 좌석에 앉는 순간, 눈앞에 펼쳐진 무대와 그리 멀지 않은 거리에서, 이 특별한 밤을 함께할 준비가 모두 끝난 듯했다. 드디어 공연 10초 전 카운트다운 시작. 첫 곡부터 무대 광폭 스피커에서 웅장한 기적소리가 울려퍼지면서 나훈아 등장 고향역 첫곡으로 18세 순이, 남자의 인생, 가시버시, 영영, 인생은 미완성, 울어라 열풍, 공, 기장갈매기, 아름다운 이별 등의 곡이 바뀔 때마다 여러벌 옷을 번갈아 입으며 열정을 토할 정도로 정말 대단했다.

앵콜은 영어이기 때문에 우리말로 고민 끝에 찾아낸 용어 '또또또' 라면서 앵콜을 '또'로 하자는 나훈아다운 발상이 아닌가. 공연 내내 '또또또'를 외치며 관중들이 열광하는 함성에 공연장은 떠나갈 정도였다. 공연의 마지막 무대가 다가오자, 나훈아는 관객들을 바라보며 담담하면서도 힘 있는 목소리로 말을 이어갔다. "지금은 저출산 시대입니다. 젊은 청년들이 결혼도, 출산도 꺼리는 시대가 되어버렸지요."

그는 인도에서 74세 고령의 할머니가 쌍둥이를 낳은 놀라운 사례를 들며, "이제는 우리라도 나서서 애를 낳고, 출산율을 해결해야 하지 않겠습니까?" 하고 웃으며 재치 있게 말을 이었다. 그리고는 특유의 위트 넘치는 말투로 덧붙였다. "내가 여러분에게 청춘을 돌려줄끼니까!" 그 순간, 무대 위 조명이 환하게 밝아지며, 마지막을 장식할 노래 '청춘을 돌려다오'의 선율이 울려 퍼졌다. 객석은 다시 한 번 거대한 물결처럼 일어나, 노래에 맞춰 박수치고 따라 부르며 열광했다. 이어진 마지막 곡은 '고장난 벽시계'. 익숙한 멜로디가 공연장을 가득 메우고, 모두가 하나가 된 듯한 순간, 나훈아는 깊은 눈빛으로 관객들과 마지막 인사를 나눴다. "오늘 이 순간, 여러분과 함께해서 행복했습니다. 감사합니다!" 그 한마디와 함께 무대 위 조명이 서서히 어둡게 내려앉고, 긴 여운을 남긴 채 공연의 막이 내렸다. 아쉬움과 감동이 교차하는 가운데, 관객들은 쉽게 자리를 뜨지 못하고, 뜨거운 박수와 환호로 오랫동안 그를 배웅했다.

1967년에 데뷔해, 2024년 올해로 무려 58년 동안 한길만 걸어온 나훈아. 그는 오랜 세월 동안 가수로서 살아온 삶을 담담하게 돌아보며 말했다. "58년 동안 노래하며 살아왔습니다. 이제는 그동안 못 해본 것, 못 먹어본 것, 못 가본 곳, 다 해보려 합니다. 다닐 수 있을 때, 해야지요." 그의 말은 단순한 소회가 아니었다. 세월 앞에 조금도 주저하지 않고, 남은 시간을 더욱 뜨겁게 살겠다는 다짐처럼 들렸다. 그의 담담하면서도 단단한 목소리는 공연장을 가득 채운 수많은 사람들의 가슴에 깊은 울림을 남겼다. 무대 위에서 마지막 인사를 남기고 천천히 퇴장하는 그의 뒷모습은, 마치 한 시대를 장식했던 거장의 퇴장을 보는 듯해 가슴 한쪽이 먹먹해졌다.

가족이 준비한 감동, 영웅과 함께한 저녁

가을바람이 한층 선선해진 2023년의 어느 저녁, 황금빛 햇살이 길게 드리우는 가을의 문턱에서, 우리는 특별한 설렘을 안고 집을 나섰다. 오늘은 임영웅 콘서트가 열리는 날. 말로만 듣던 임영웅 콘서트장의 열기와 환호를 직접 느끼게 되는 순간이 다가왔다. 콘서트장 안은 상상 그 이상이었다. 팬들의 물결은 하나같이 하늘빛으로 물들어, 마치 별들이 모여 만든 은하수처럼 찬란했다. 다행히도 우리도 그 흐름에 자연스럽게 녹아들 수 있었다. 딸과 사위가 사전에 치밀하게 준비해 준 덕분이었다. 그들은 임영웅 콘서트 프로젝트를 오랫동안 구상해왔다. 특히 사위는 어렵기로 소문난 티켓팅을 성공해냈고, 응원봉과 하늘색 티셔츠를 갖춰야 한다며, 지난주 대구 콘서트장을 미리 찾아가 필수품을 챙겨오는 열정을 보여주었다. 당일, 사위가 승용차로 우리 부부를 데리러 오면서, 우리는 모두 하늘빛 티셔츠를 입고 들뜬 마음으로 벡스코로 향했다. 창밖으로 스치는 가을 하늘은 어느 때보다도 높고 푸르렀다.

우리가 입은 하늘빛 티셔츠와 자연스럽게 어우러져, 오늘 하루가 특별한 의미로 기억될 것임을 예감하게 했다. 설렘과 기대, 그리고 소중한 사람들과 함께하는 행복이 가을 저녁 공기 속에 은은히 퍼지고 있었다. 부산 벡스코 광장에 도착하니, 벌써부터 수많은 팬들로 북적였다. 곳곳에 설치된 임영웅 공식 포토존 앞에는 길게 줄이 늘어서 있었고, 팬들은 저마다 설렘 가득한 얼굴로 차례를 기다리고 있었다. 우리도 그 흐름 속에 자연스레 녹아들었다. 하늘빛 티셔츠를 맞춰 입고, 포토존마다 다양한 모션이 연출되는 곳으로 이동하며 추억을 남기듯 하나하나 인증샷을 찍어갔다. 잠시 지치기도 했지만, 딸과 사위가 준비한 이번 임영웅 콘서트 프로젝트를 충실히 따르기로 한 우리는 마치 하나의 모험을 떠난 듯, 들뜬 마음으로 이곳저곳을 누볐다. 광장을 가득 채운 푸른 물결, 팬들의 환한 미소, 그리고 들려오는 임영웅 노래의 선율까지… 공연 시작 전임에도, 이미 축제는 시작된 듯했다.

우리는 행사장 곳곳을 누비며 서로의 사진을 찍어주고, 웃고, 또 소소한 이야기들을 나누며 공연을 기다리는 그 시간마저도 또 하나의 소중한 기억으로 차곡차곡 쌓아갔다. 저녁 햇살이 벡스코 광장 위로 부드럽게 내려앉으며, 그날의 설렘을 더욱 빛나게 했다. 오늘 하루, 가슴 가득 행복이라는 이름의 추억을 품게 될 것만 같았다. 그리고 MC의 공연 카운트다운 멘트로 시작하여 콘서트장 내 임영웅의 열기는 하늘을 찌르듯했다.

스크린 영상에서는 우주에서 바라본 모래 알갱이 같은 지구를 보여주면서 어느 순간 우주선을 타고 내려오는 임영웅의 모션!!! 그리고 드디어, 무대의 조명이 어둠을 가르고 찬란히 빛나면서 공연이 시작되었다.

임영웅은 안무팀과 함께 경쾌한 댄스로 화려하게 오프닝을 열었고, 이내 발라드와 트로트를 넘나드는 다양한 장르의 노래로 팬들의 마음을 단숨에 사로잡았다. 그의 목소리는 잔잔하게 스며들다 어느 순간 폭포수처럼 쏟아지기도 하고, 한 곡 한 곡마다 감정을 꾹꾹 눌러 담아 공연장을 가득 메운 팬들의 가슴에 울림을 주었다. 특히, 팬들의 앵콜 요청이 끊이지 않아 예정된 무대를 넘어 3시간 동안 쉼 없이 이어진 열정의 무대는 말 그대로 영웅이라는 이름에 걸맞는 감동 그 자체였다. 춤추고, 노래하고, 진심을 다해 관객과 소통하는 임영웅의 모습은 그날 벡스코를 찾은 모든 이들에게 오랫동안 잊지 못할 뜨거운 추억을 선물해 주었다.

공연장이 떠나갈 듯한 함성 속에서 우리도 함께 노래를 따라부르고, 손을 흔들며, 하늘색 물결의 한 조각이 되어 그 행복한 순간을 온몸으로 느꼈다. 그리고 공연이 끝날 때까지 밖에서 묵묵히 기다려준 딸과 사위에게 참으로 고맙고, 감사한 마음이 절로 들었다. 콘서트장까지 태워다주고, 끝난 뒤에도 지친 우리를 배려해 집까지 안전하게 배웅해 주고, 게다가 맛있는 저녁 식사까지 대접해 주었으니, 그 배려와 정성에 마음 한켠이 따뜻해졌다. 오늘 하루는 그 무엇과도 바꿀 수 없는 가족의 사랑과 행복을 진하게 느꼈던 소중한 시간이 되었다. 하늘색 물결 속에서 함께 웃고, 노래하고, 감동했던 그 순간, 그리고 가족의 품에서 느낀 깊은 감사와 따스함은 두고두고 가슴속에 아름다운 기억으로 남을 것이다. 행복이란, 결국 이렇게 평범한 하루 속에서 서로를 아끼고 다독이는 마음으로 완성되는 것임을 다시 한 번 느낀 날이었다.

가을빛에 물든 우리, 태임가족

깊어져 가는 가을 향기 속에서… 아침저녁으로 스치는 선선한 바람은 계절의 변화를 고요히 속삭이고, 들녘에선 오곡백과가 햇살을 머금고 알알이 익어가는 풍요의 시간을 맞이했다. 그런 계절의 너그러움 속에서, 우리는 '태임가족사랑방'이라는 이름으로 따뜻한 만남의 시간을 갖게 되었다. 먼저 먼 거리에서 이곳까지 참석해 주신 이모님, 큰외삼촌, 그리고 울 태임 가족님들께 진심으로 감사드리고, 한 번 더 고마운 마음을 전하고 싶었다. 오늘 처음 갖는 태임가족 모임이었기에 설렘도 있었고, 그 설렘만큼이나 뜻깊은 순간이었다. 특히나 이곳 정상 질머리는 어린 시절의 발자취가 고스란히 남아있는 곳이라 그 의미가 더욱 깊게 다가온다. 빛바랜 가을날, 우리가 함께한 이 순간은 마치 시간이 멈춘 듯한 느낌을 주었다. 이곳에서 함께한 소중한 시간들이 우리 가족에게 얼마나 큰 의미가 있는지, 마음속 깊이 새겨두고 싶었다. 앞으로도 이런 소중한 자리를 계속해서 만들어가며, 서로에게 힘이 되어주는 시간이 되기를 바란다.

순간 동심으로 돌아간 듯한 기분에서 시작된 첫 모임이라, 개인적으로는 그 감회가 더더욱 새로웠다. 각자 다른 삶의 궤적을 걸어온 태인 가족님들이 한 자리에 모여, 개개인의 인사와 소감을 나누는 시간이었기에 그 뒷받침이 된 취기와 무르익어가는 가을날의 풍경 속에서, 마치 홍시처럼 익어가며 서로의 인간미가 물씬 풍겨났다. 이렇게 자연스럽게 펼쳐진 따뜻한 정과 함께, 가족 간의 소중한 이야기가 속속들이 나오는 이 순간은 그 자체로 너무나 특별하고 소중한 시간이었다. 각자의 끼와 재능이 빛난 밤, 특히 순연이의 목소리는 가수로 데뷔해도 손색이 없을 정도로 매혹적이었다. 그녀의 노래는 모임의 분위기를 한층 더 끌어올렸고, 그 순간을 더욱 특별하게 만들었다.

큰외삼촌의 깊이 있는 기타 선율이 울려 퍼지며, 봄날은 간다와 청춘 같은 명곡들이 밤하늘을 감싸 안았다. 그 음악에 맞춰 정상가든의 밤은, 아니 새벽까지도 뜨겁게 타올랐다. 마치 불꽃이 춤을 추듯, 웃음과 노래가 어우러진 그 순간은 한 편의 축제 같았다. 우리는 함께 노래하고, 웃고, 춤추며 평범한 일상을 넘어선 특별한 시간을 만들어 갔다.

마음이 움직이는 순간은 음악과 어우러져 피어나며, 우리들 마음에 오래 기억이 될 것이다.

다음날 아침, 상쾌한 공기 속에서 우리는 정상가든의 뒷산에 위치한 작은 외할아버지 산소로 향했다. 차가운 이슬이 풀잎에 맺혀 반짝이는 그 길을 따라가며, 산소 주변에는 홍시와 보리수 열매가 알맞게 익어가며 가을의 풍경을 한껏 빛내고 있었다. 그 풍경 속에서 우리는 고요히 외할아버지께 인사를 드리며, 시간이 멈춘 듯한 평온한 느낌을 가졌다.

그 순간, 문석이 아재가 자랑스럽게 재배한 노각을 따와서 우리에게 나누어 주었다. 손길이 가득 담긴 그 노각은 단순한 채소를 넘어, 마음까지 따뜻하게 하는 인심이 묻어났다. 마치 가을의 풍경처럼 그 아침의 분위기는 평화롭고 정겹게 스며들어, 우리 마음속에 가을의 정취를 더 깊이 새겨주었다. 그리고 그 고요한 아침, 주변을 둘러보며 자연이 주는 아름다움 속에서 작은 행복을 느꼈다. 햇살이 부드럽게 내리쬐고, 산과 들이 고요히 숨을 쉬는 듯한 순간이었다. 그곳에서 우리는 자연과 하나 되는 기분을 느끼며, 다시 한 번 소중한 시간을 나누었다.

귀가 중에 우리는 외조부모님 산소를 찾아 고요히 인사를 드렸다. 그곳은 여름내내 작은 외삼촌의 정성 어린 손길로 돌봄을 받아 산소 주변이 깔끔하게 보수되었고, 밭에선 푸른 호박들이 자랑스럽게 자리를 잡고 있었다.

작은 외삼촌의 땀과 노력이 담긴 그 호박들을 우리는 챙겼다. 그리고 주변엔 제피나무 군락지가 우거져 있었다. 그 항긋한 제피나무 군락지에서 우리는 또 하나의 소박한 수확을 했다. 제피 열매를 따느라 시간 가는 줄도 모르고 웃음꽃을 활짝 피운 우리

가족들의 모습은, 그날의 가을 햇살처럼 따사롭고 정겨웠다. 작은 비닐 봉지에 하나둘 담기는 제피열매보다 더 소중했던 건, 그 순간을 함께 나누는 우리의 웃음과 온기였다. 아마도 그날의 풍경과 기분 좋은 수확의 기쁨은, 가슴 한켠에 오래도록 따뜻한 추억으로 남아 있을 것입니다. 제피나무의 향기가 가득 퍼진 그곳은 마치 자연이 준 선물처럼, 우리의 발걸음을 이끌어 주었다. 이렇게 작은 것들이 모여 풍성한 가을을 완성해가는 느낌이었다.

그리고 우리는 산내 이모 댁 근처 중화요리 식당에서 점심을 함께했다. 큰외삼촌께서 사주신 짬뽕과 짜장면은 정겨운 대화와 웃음이 어우러져, 어느 때보다 더 깊고 맛있게 느껴졌다. 식사 후에는 산내 이모 댁에 들러, 불편한 몸으로도 정성껏 농사지은 다양한 농작물들도 얻어왔다. 이모님 댁에서 가져온 농작물을 먹을 때면, 이모님의 따뜻한 정성과 사랑이 고스란히 전해질 것 같다.

이번 만남은 마음 한켠에 오래도록 따뜻하게 남아, 앞으로의 일상에도 잔잔한 힘이 되어줄 것 같았다. 저물어 가는 한 해의 가을을 바라보며, 문득 우리의 인생도 나뭇잎처럼 흘러가고 있다는 생각이 절로 난다.

여름, 바다, 그리고 엄마

해마다 뜨거워지는 여름, 기온은 어느새 36도를 넘으며, 밤이면 열대야가 잠을 앗아간다. 이 무더위의 근원을 생각하다 보면 기후 변화라는 거대한 이름과 마주하게 된다. 지구의 신음은 멀리 있는 것이 아닌, 내 삶의 창문 밖에서 숨을 몰아쉰다. 도시의 뜨거운 숨결, 밤에도 식지 않는 아스팔트 열기 속에서 오늘 하루도 그렇게 시작되었다.낮 동안의 강렬한 자외선을 피해 집에 머물며 조용히 시간을 보내다가, 휴가철의 여유를 맞아 우리는 바다로 향하기로 했다.

오늘은 어머니를 모시고 동생들 부부와 함께, 수영요트장에서의 야간 프라이빗 요트 투어가 예정된 날. 작년에 이어 올해도 여동생의 사위가 미리 예약해 주었고, 덕분에 우리 가족은 또 한 번 특별한 여름밤을 맞이할 수 있게 되었다. 광안리에서는 드론 축제가 한창이라 요트 투어는 밤 10시 이후로 미뤄졌고, 그 사이 동생들과 일상의 이야기를 나누며 시간을 보냈다. 삶이란 이런 소소한 대화 속에서 제자리를 찾는 것 같았다. 밤 10시

20분, 우리는 광안대교를 건너 수영요트장 주차장에 도착했다. 밤하늘을 찌를 듯 솟아오른 마린시티와 아이파크 마천루들이 환상적인 조명으로 불을 밝히고 있었고, 그 불빛은 출렁이는 바다 위에 흔들리는 그림자를 드리웠다.

바다와 도시가 맞닿은 이 공간에서, 우리는 이미 또 하나의 꿈을 꾸기 시작한 듯했다. 드디어 프라이빗 요트에 올라탔다. 출항과 동시에 마주한 광안대교의 휘황찬란한 조명, 달빛에 은은히 반짝이는 파도, 동백섬 누리마루에서 뿜어내는 부드러운 빛… 모든 것이 영화 속 장면처럼 눈앞에 펼쳐졌다. 카눈 태풍의 간접 영향으로 일렁이는 너울 파도 속에서 요트는 마치 바다와 하나 되어 춤을 추는 듯했고, 우리 또한 그 춤에 기꺼이 동참했다. 시간은 빠르게 흘렀고, 어느새 1시간이 지나 있었다. 마음속에는 말로 표현할 수 없는 충만함이 차올랐다. 빛과 바람, 물결이 함께 만든 이 여름밤은 그 자체로 선물이었다. 요트 투어가 끝난 후에도 마음이 쉽게 가라앉지 않았다. 여동생의 한마디에 우리는 다시 광안리 밤바다로 향했다. '오늘이 가장 좋은 날'이라는 유행가 가사처럼, 우리는 그 말에 담긴 진심을 믿으며 발길을 돌렸다.

해변 근처 회 센터 뒷길의 한적한 도로변에 차를 세우고, 우리는 광안리 밤거리를 걸었다. 여전히 붐비는 인파, 반짝이는 간판 불빛, 젊음이 머무는 그 열기 속에 우리는 과거의 기억과 현재의 설렘을 동시에 껴안았다. 자정이 넘었지만, 이곳은 여전히 낮처럼 밝고 뜨거웠다. 그렇게 우리는 여름의 한가운데서, 빛나는 바다와 사랑하는 사람들 사이에서, 잊지 못할 하계 휴가의 한 페이지를 써내려갔다. 광안리의 밤바다를 걷는 그 순간, 여름은 가장 깊은 색으로 우리 곁에 머물러 있었다. 자정이 훌쩍 넘은 시간, 광안리 밤바다의 설렘을 가슴에 안은 채 우리는 다시 어머니 댁으로 향했다. 낯설지 않은 공간, 정겨운 온기 속에서 가족은 또 다시 하나가 되었고, 여운 깊은 하루의 끝자락을 함께 마주했다. 짙은 밤, 창밖으로 바닷바람이 스쳐 지나가고, 반짝이는 불빛들이 서서히 꺼져가는 가운데 어머니의 평온한 숨결, 아내의 잔잔한 미소, 동생들의 속삭임이 따뜻한 이불처럼 마음을 덮었다. 다음 날 아침, 소박한 아침 식사 후 각자의 일상으로 돌아가기 위해 하나둘씩 짐을 챙겼다. 짧지만 깊었던 여름밤의 추억, 그 밤의 바다처럼 오래도록 잔잔하게 가슴속에 남아 우리 삶을 다시 환히 비춰줄 등대가 되어줄 것이라 믿는다. 이번 하계휴가는 그 어떤 특별한 장소보다 서로의 마음을 나누고 함께 웃었던 시간이 있었기에 더없이 소중하고 따뜻한 기억으로 오래도록 남을 것이다.

장맛비 너머 가족의 온기를 찾아

입추가 지났건만, 아직도 여름은 물러날 기미가 없다. 오늘은 둘째 딸의 저녁 식사 초대를 받고 창원으로 향하는 날. 아침부터 거센 천둥과 번개를 동반한 소나기가 장대비처럼 쏟아졌지만, 다행히도 점심 무렵 베란다 밖으로 나가 보니 하늘은 먹구름 사이로 실핏줄 같은 가느다란 비를 흘릴 뿐이었다. 그래도 다행이네, 이 정도면 무사히 갈 수 있겠다.

아내는 말하며 주섬주섬 짐을 챙기고, 나는 트렁크를 열고 하나씩 차에 실었다. 장거리 외출은 늘 그렇듯 약간의 긴장과 잔잔한 설렘이 뒤섞인다. 창원으로 곧장 가지 않고 김해 마트에 잠시 들르기로 했다. 아내는 김해점 수산코너 진열 상태가 궁금해서 확인하고 싶은 마음이 있었기 때문이다. 김해 IC를 빠져나와 마트에 도착했을 때, 1층엔 김해점 마트가, 그 위층엔 요양병원이 자리해 있었다.

우리는 지하 주차장에 차를 대고 엘리베이터를 타고 마트로 올라갔다. 수산코너에서 아내는 진열된 생선 포장 상태를 유심히 살폈고, 담당 직원과 잠시 대화도 나누었다. 나는 한 걸음 물러서 그 모습을 바라보았다. 일에 있어 꼼꼼하고 성실한 그녀의 태도는 늘 감탄스럽다. 그런 와중에도 딸 집에 가져갈 과일을 잊지 않았다. 골드키위와 잘 익은 수박을 골라 바구니에 담고, 우리는 다시 길을 나섰다. 비는 다시 조용히 창밖을 적셨다. 때로는 그쳤다가, 때로는 가늘게 뿌리며, 여름 끝자락의 정취를 실어 나르며, 계절의 문턱을 알리고 있었다. 딸내, 아파트 단지에 도착한 시간은 오후 4시. 출입문 차단기 앞에서 잠시 멈춘 뒤 경비원과 통화 후, 차량 방문증을 받아 유리창 앞에 비치하고 지하 주차장으로 내려갔다.

엘리베이터를 타니, 자연스레 마음이 설렜다. 문을 열고 반겨주는 딸의 웃음은 마치 환한 등불 같았다. 거실 한켠에 앉아 차를 마시며 이런저런 이야기를 나눴다. 딸의 생활, 요즘 날씨, 일터 이야기, 그리고 소소한 일상들까지. 그저 함께 있는 것만으로도 따뜻한 시간. 밖에 비가 오든 말든, 거실 안은 웃음소리로 가득했다. 어느새 시계는 6시 10분을 가리키고 있었고, 사위의 퇴근 시간에 맞춰 예약해둔 식당으로 향할 시간이 되었다. 식당 이름은 '풍성한 고을'. 번화가와는 조금 떨어진 변두리지만, 맛집으로 입소문이 자자한 곳이라 한다. 주차장은 너른 공터였고, 우리보다 먼저 온 손님들로 식당 안은 북적였다. 다행히 우리는 미리 예약을 해두었기에, 직원의 안내를 받아 룸으로 들어갔다. 조금

후, 사위도 급히 도착했다. 퇴근길의 피곤함 속에서도 얼굴엔 미소가 묻어 있었다.

자리에 앉자 곧 메인 메뉴인 아귀불고기가 불판에 구워져 나왔다. 생소한 음식이었지만, 생각보다 입에 착 감겼다. 탱글탱글한 아구살은 씹을수록 쫄깃했고, 양념은 맵지 않게 깔끔하게 입맛을 돋웠다. 무엇보다도 남은 양념에 비벼 나온 비빔밥은 별미 중의 별미였다. 매콤한 불맛과 고소한 참기름 향이 어우러져, 누구랄 것도 없이 감탄이 이어졌다.

우리 가족 모두 둘러앉아 젓가락을 오가며 밥을 나누고, 웃음을 주고받는 저녁. 이런 순간은 참 오래도록 마음에 남는 법이다. 비 오는 날, 따뜻한 밥상 앞에서의 정겨운 풍경은 내 마음속 한 페이지를 부드럽게 적셔주었다. 다시 딸내 집으로 가는 중에, 아내가 조용히 말했다. "요즘 자주 못 봤는데, 이렇게라도 다 같이 밥 먹으니 참 좋네." 나는 고개를 끄덕이며 답했다. "그래, 이게 사는 거지." 창원까지 가는 길은 멀지 않았다. 하지만 그 길 위에서, 우리는 삶의 온기를 한아름 안고 돌아올 수 있었다. 오늘의 소나기는 우리에게 더없이 따뜻한 하루를 선물해 주었다.

햇살 머문 계곡, 사랑 머문 하루

숨이 턱 막히게 더운 여름, 본격적인 휴가철을 맞아 동생들 부부와 함께 어머니 모시고 밀양얼음골 계곡으로 1박 2일! 여행 전 특유의 설렘이 가슴 깊이 차올랐고 아침 7시, 동틀 무렵 집을 나서 여동생들과 어머니를 모시기 위해 부산 용호동으로 향했다.

부산 도심을 가로지르며 달리는 길, 차창 너머로 스쳐 지나가는 풍경은 어느새 출발의 설렘과 기대를 더욱 깊게 만들었다. 용호동 어머니 댁에 도착한 8시, 어머니를 마주한 순간엔 따뜻한 온기가 스며들었다. 하루의 시작이 이렇게 소중하게 빛날 수 있다는 사실을 새삼 깨닫게 되는 순간이었다. 아침 식사는 어머니께서 정성껏 끓여주신 구수한 된장찌개 한 그릇으로 시작되었다.

손수 만든 된장의 깊은 맛과 손질하신 채소에서 어머니의 따뜻한 손길이 고스란히 전해져, 그 무엇과도 바꿀 수 없는 사랑의 온기가 속 깊이 스며들었다. 9시 30분, 집 앞에서 여동생들과 만나 반가운 인사를 나누고, 하루를 함께할 설렘을 안고 휴가의 본격적인 시작을 알렸다. 휴가지에서 함께 나눌 끼니의 정을 준비하고자 양산 농산물 센터로 향했고, 10시 20분 무렵 싱그러운 농산물의 향기가 반기는 그곳에 도착했다. 채소와 과일, 고기며 양념까지 하나하나 꼼꼼히 살피며 서로의 취향을 나누고 이야기꽃을 피우는 동안, 소박하지만 따뜻한 밥상을 준비하는 마음이 더운 여름날의 풍경 속에 고운 추억으로 새겨졌다.

일반 매장과 사업장 매장을 옮겨 다니며, 준비해둔 항목을 하나씩 살피며 필요한 재료를 구입하다 보니 어느새 시간은 훌쩍 흘러, 배도 살짝 고파왔다. 함께 발맞춰 걸어온 발걸음 위에 살포시 얹힌 피로를 잠시 내려놓고, 매장 내 식당에 들러 간단하게 김밥으로 점심을 해결했다. 김밥 한 줄 속에 담긴 소박한 재료들이 서로의 웃음과 정겨운 말 한마디로 더욱 맛있게 느껴지는 시간이었다. 이제 본격적으로 휴가의 설렘을 안고, 시원한 계곡물과 푸른 숲이 기다리는 목적지, 밀양 영남알프스 펜션으로 향했다. 차창 밖으로 스쳐가는 여름 풍경들이 우리의 마음을 한층 더 들뜨게 하고, 멀어지는 도시의 소음 대신 자연의 품으로 들어가는 기대가 가슴 가득 번져갔다.

그리고 잠시 후, 울산에 사는 동생에게서 먼저 도착했다는 반가운 연락이 왔다. 우리가 도착하기 전, 미리 주변을 둘러보고 시원한 계곡 물가 가까이에 휴양하기 좋은 자리까지 세심히 살펴본 뒤, 평상까지 정성스레 예약해두었다는 전갈이었다. 동생의 그런 세심한 배려와 준비 덕분에 더운 여름날 한낮의 고단함도 싹 씻기는 듯했고, 곧 마주할 계곡의 물소리와 나무 그늘 아래에서의 여유로움이 벌써부터 마음 한켠을 시원하게 적셔준다. 우리는 양산 농산물 센터에서 출발하여, 서울산 IC를 지나 언양을 거쳐 밀양으로 향하는 국도를 따라 천천히 달렸다. 가지산 터널을 통과하자, 숲의 향기와 계곡의 서늘한 기운이 차창 너머로 느껴지며 어느새 여름 피서지로 향하는 설렘이 짙어졌다.

그렇게 오후 1시 10분, 드디어 밀양 영남알프스 펜션에 도착! 펜션 앞 계곡에는 이미 많은 사람들이 더위를 식히며 한가로운 피서를 즐기고 있었고, 맑고 투명하게 흐르는 얼음골 계곡물은 햇살을 머금고 반짝이며 자연이 선물한 보석 같은 풍경을 자아내고 있었다. 계곡 곳곳에는 가족 단위 피서객들이 평상을 펴고 앉아, 물장구를 치는 아이들의 웃음소리가 울려 퍼졌고, 그 모습 속에서 계절의 정취와 사람들의 따뜻한 일상이 어우러져 진정한 '여름'의 풍경이 완성되고 있었다. 우리도 짐을 풀고는 곧장 계곡으로 향했다. 주변을 감싸는 빼어난 풍경과 유유히 흐르는 맑은 물줄기 속에 발을 담그는 순간, 온몸에 퍼지는 청량감에 절로 미소가 번졌다 시원한 물살이 종아리를 감싸며 무더위를 말끔히 씻어주었고, 그 순간만큼은 세상 근심 모두 잊고 자연 속에 온전히 녹아드는 기분이었다. 해가 서서히 서산 너머로 기울 무렵, 계곡 바람은 더욱 서늘해지고, 나뭇잎 사이로 불어오는 그 바람결에 여름날의 감사함이 묻어났다. "아, 정말 시원하다"는 감탄이 절로 흘러나왔다.

저녁이 되자 미리 준비한 삼겹살과 장어, 통통한 홍새우를 평상 위에서 구워내며 어머니와 동생, 조카들과 함께 둘러앉아 도란도란 이야기꽃을 피웠다. 숯불 위에서 지글지글 익는 소리, 고소한 냄새는 여름날의 한 페이지처럼 우리 기억 속에 천천히 스며들었다.

고요한 계곡에 울려 퍼지는 정겨운 웃음소리, 서로 주고받는 다정한 이야기들이 밤공기 속에 아늑하게 녹아들며 시간은 어느덧 조용히 깊어만 갔다. 하루의 즐거운 여운을 가슴에 안고, 계곡 바람을 이불 삼아 피로에 젖은 몸을 뉘었고, 자연의 숨결에 안기듯 조용히 잠자리에 들었다. 이른 아침, 계곡물 소리와 산새들의 노래에 눈을 떴다. 밤새 내려앉은 이슬은 숲의 향기를 더 짙게 만들었고, 맑은 공기를 깊게 들이마시며 조용히 하루를 열었다. 어머니와 동생들, 조카들과 함께한 식탁 위에는 정성껏 챙겨온 아침 식사가 소박하게 놓였고, 도란도란 나누는 이야기 속엔 아쉬움과 고마움이 함께 담겨 있었다.

이제 다시 일상으로 돌아갈 시간. 차에 짐을 싣고, 아쉬운 마음으로 펜션을 뒤로한 채 계곡의 마지막 풍경을 마음속에 꾹 눌러 담았다. 짧았지만 깊은 쉼이었던 1박 2일의 여정. 자연과 가족이 선물해준 이 소중한 시간을 기억하며 우리의 여름은 그렇게 따뜻하게 마무리되었다.

봄날, 어머니께 드리는 노래 한 곡

어버이날을 며칠 앞두고, 어머니께 드리는 노래 한 곡의 마음. 어제는 다가오는 어버이날을 앞두고, 미리 준비한 가족 모임이 있었다.

부산 용호동에 있는 '그램그램' 식당에서 자식을 위해 평생을 애써오신 어머니께, 작지만 진심 어린 고마움을 전하고 싶어 사전에 예약한 자리였다. 이제는 자식들이 어머니를 위해 무엇을 준비하고, 한 자리에 모여 마음을 나누는 날이 되었다는 것만으로도 조금은 뭉클한 기분이 들었다. 자리에는 웃음이 가득했고, 정겨운 이야기들이 오갔다. "만수무강 하세요!" 우리가 건넨 축하의 건배사는 어느 해보다도 절실하고 따뜻했다. 고생 많으셨다는 말 한마디보다도, 웃으며 함께하는 이 시간이 어머니에겐 더 큰 선물이 아닐까 싶었다. 식사를 마친 뒤, 우리는 2차로 노래방에 들렀다.

사실 이날의 하이라이트는 바로 어머니의 무대였다. 평소 노래 교실에 다니시며 즐겁게 노래를 배운다는 말씀을 들었지만,

이렇게 무대 조명 아래에서 진심을 담아 부르시는 모습은 또 다른 감동이었다. 한 곡, 한 곡 부르실 때마다 어머니의 지난 시간이 노래 가사처럼 떠올랐다. 고단했던 세월, 묵묵히 견뎌오신 시간, 그리고 이제야 비로소 웃으며 노래하시는 모습은 우리 모두에게 말 없는 가르침이자 감동이었다. 마이크를 들고 환하게 웃으며, 멋들어지게 부르시던 그 모습. 언젠가 먼 훗날에도 우리 기억 속에 오래도록 남을 장면일 것이다. 그날의 어머니는 노래를 부르시며 누구보다 빛나고 있었다. 그 노래는 단순한 멜로디가 아니었다. 어머니가 우리에게 들려주는 사랑의 언어이자, 평생의 마음이었다.

노래방을 나선 우리는 자연스럽게 어머니 집으로 발길을 돌렸다. 안락한 거실, 따뜻한 공기, 그리고 어머니의 숨결이 고요히 퍼져 있는 밤이었다. 울산에서 올라온 동생이 가져온 필리핀산 양주 '탄두아이' 한때 해적들이 마셨다던 그 낯선 술은 오히려 이날 밤의 특별한 분위기를 더했다. 여동생은 외삼촌 댁에서 어렵게 구한 백 년 된 도라지 액즙을 믹스해 도라지주를 만들고, 탄두아이 양주를 곁들이며 한 잔씩 돌렸다. 도토리묵과 어머니표 반찬을 안주 삼아 나눈 이야기에는 웃음도, 그리움도, 그리고 고마움도 함께 스며 있었다. 시간은 어느새 깊은 밤을 넘어갔지만, 그 밤은 참 따뜻하고 포근했다. 가족이 함께 있다는 것, 그리고 그 중심에 늘 어머니가 계셨다는 사실이 왠지 모르게 가슴을 뜨겁게 했다.

어제는 그렇게, 오래도록 기억될 봄밤이었다. 노래방의 흥겨운 노랫소리와 어머니의 따뜻한 미소, 그 위에 도라지 향이 가득한 술 한 잔이 더해져 한층 더 깊은 정과 사랑이 술상 위를 넘실거렸다. 가족이라는 이름으로 마주 앉았던 그 밤, 우리는 서로의 존재만으로도 충분히 감사했다. 어제는 어머니와 함께 노래하고, 웃고, 따뜻한 술 한 잔을 나누며 정을 나눈 하루였다면, 오늘은 또 다른 깊은 마음을 품고 길을 나섰다. 매년 이맘때가 되면 잊지 않고 찾는 자리. 영천 대창 오길리, 부친께서 잠들어 계신 선산이다.

해마다 그러하듯, 올해도 어김없이 어머니를 모시고, 동생들과 함께 봄 햇살을 머리에 이고, 살랑살랑 부는 봄바람을 대동해 선산으로 향했다. 땅기던 마음도, 풀리지 않던 생각들도 햇살과 바람 사이로 하나씩 풀어지는 길이었다. 차창 너머로 보이는 연둣빛 산야는 어쩐지 오늘따라 더 따뜻하게 느껴졌다. 자연은 한 해 한 해 반복되는 듯하면서도 매번 다른 계절을 우리에게 선물해 준다. 우리는 그 흐름에 맞춰 다시 아버지를 찾아뵌다.

묘소 앞에 도착하자, 잠시 말이 머뭇거렸다. 그저 묵묵히, 아버지의 이름이 새겨진 비석 앞에 서서 조용히 속삭인다. "아버지, 저희 왔습니다." 푸르름이 짙어진 세장산의 소나무 사이로 바람이 스치며, 기력보강에 좋다는 송홧가루가 가볍게 흩날린다. 마치 자연이 내려주는 은은한 축복처럼, 그 가루는 온몸과 마음속 깊이 스며들며 포근한 기운을 더해 준다. 아버지가 내려 주신 환영 송홧가루… 마치 오래된 기억 속 따뜻한 손길처럼 저희를 감싸 안는다.

정성을 다해 여동생들이 준비한 술과 음식을 올리며 예를 드리고, 정자로 자리를 옮겨 음복을 나누었다. 송홧가루가 부드럽게 흩날리는 가운데, 동생들과 함께 나누는 이야기에는 오래된 추억과 새로 피어나는 웃음이 깃들었다. 점심은 경주시 무열왕릉 근처에 자리한 소박한 음식점 '두부천지'에 들렀다. 이름처럼 두부가 주인공인 이곳에서 우리는 두부정식과 두부전골을 주문했다.

전골 냄비 안에서 은은하게 퍼지는 국물 향기처럼, 형제 간에도 오랜 시간 끓여온 따뜻한 정이 숟가락마다 배어들었다. 부드러운 두부 한 점을 입에 넣을 때마다 마치 세월 속에 서로가 살아낸 일상의 조각들을 나누는 기분이었다. 따끈한 국물은 속을 데워주고, 말없이 함께한 젓가락질은, 오랜 침묵마저도 서로를 이해하게 했다.

이렇게 삶의 한 끼를 나누는 순간에도 형제란 참 묘하게, 따로 또 같이 우러나는 존재임을 느낀다. 겉보기엔 투박하지만 깊이 있는 두부전골처럼, 우리도 함께한 시간이 깊어질수록 더 진한 우애로 남는 법이리라. 돌아오는 길, 배뿐 아니라 마음까지 따스해진 느낌이었다. 두부 한 그릇으로도, 우리는 충분히 서로의 온도를 나눌 수 있었던 그런 봄날의 점심이었다.

남해에서 피어난 가족의 시간

온 산천을 곱게 물들인 단풍이 우리의 가슴을 설레게 하던 가을. 이 계절이 주는 따스한 감성은 사람과 사람 사이를 더욱 가깝게 만든다. 그렇게 우리는 사랑하는 가족들과 함께 모친의 팔순을 기념하며 아름다운 남해로 1박 2일의 여행을 떠났다. 황토의 따스함, 고향의 냄새! 오후 3시 35분, 아내와 나는 가장 먼저 송정황토펜션에 도착했다. 펜션 주인과 인사를 나누고, 미리 예약한 104호실로 안내받아 들어섰을 때 마치 오래전 고향집에 들어선 듯한 편안함이 느껴졌다.

황토 벽으로 꾸며진 거실과 방, 그리고 유리창 너머로 펼쳐진 자연의 풍광이 아늑하면서도 운치 있는 공간을 만들어주었다. 짐을 정리한 후, 동생들을 기다리는 동안 창밖 풍경을 바라보며 커피 한 잔의 여유를 즐겼다. 주방에서 바라본 남해의 자연은 마치 그림처럼 정겨웠고, 한 모금 한 모금 마시는 커피에는 힘겨웠던 인생의 고비들이 스며든 듯했다. '우리의 삶도 커피처럼 잔잔하고 따뜻한 여운으로 남기를' 그렇게 작은 기도 같은 마음으로 여행의 시작을 알렸다. 밤의 향기, 바비큐의 온기! 어둠이 깔릴 무렵, 늦게 출발한 동생들도 도착했다. 우리는 펜션 내 바비큐장으로 이동해 숯불에 가리비, 장어, 삼겹살을 구워 먹으며 소주잔을 기울였다. 해물과 고기가 익어가는 향기, 잔을 부딪히며 웃음꽃 피운 시간들 "우리 모두 건강합시다!" 짧지만 깊은 건배가 가족의 정을 가득 채웠다.

다음 날, 떠나기 전의 아쉬움을 담아 펜션 화단에서 꽃과 나무를 배경으로 가족사진을 남기고는 금산 보리암으로 향했다. 해안도로를 따라 펼쳐진 풍경은 짙은 가을빛과 어우러지며 마음 깊은 곳까지 감성을 자극했다. 푸른 바다, 붉은 단풍, 햇살 아래 반짝이는 물결이 서로 어울려, 모든 것이 완벽한 조화였다. 보리암 입구에 도착한 우리는 셔틀버스를 타고 산길을 올라 기도의 명소로 알려진 보리암에 올랐다. 관음보살이 소원을 하나 들어준다는 전설 탓인지 사람들로 북적였지만, 법당 앞에 앉아 두 손 모은 순간, 마음은 그 어느 때보다 평온했다.

조선 태조 이성계가 이곳에서 기도하며 왕조를 세웠다는 이야기는 이 산의 이름에 '금錦'자가 더해진 역사적 의미를 더해준다. 법당 아래 해수관음상 앞에서 참배를 올리고, 가족 모두가 마음 속 깊이 소원을 빌었다. 마음에 담긴 풍경, 그리고 행복! 보리암 정상에서 바라본 남해 바다는 그야말로 장관이었다. 해안선과 작은 섬들, 기암괴석들, 푸르른 바다를 바라보는 그 순간 우리의 가슴은 시원하게 트였다. 이후 우리는 여유 시간을 활용해 독일 마을과 원예예술촌을 들렀다. 직접 꽃을 가꾼 정원은 아기자기하고 사랑스러웠으며, 누구나 살고 싶어질 만큼 아름다운 공간이었다.

이 가을, 우리는 함께 행복했다 이 말 한마디면 충분한 여행. 그리운 기억의 책갈피 속에 소중한 추억 하나를 곱게 끼워 넣는다. 여행의 끝에서 얻은 깨달음! 가족이란, 함께 웃고 먹고 걷고 기도할 수 있는 가장 따뜻한 여행의 동반자이다. 단풍처럼 짧고도 진한 이 시간들이 인생이라는 앨범 속에서 영원히 빛나기를 바란다.

가을, 산소 앞에서 나눈 온기

어제까지 내리던 비는 언제 그랬냐는 듯 자취를 감추고, 오늘은 마치 우리를 기다렸다는 듯, 맑은 하늘이 펼쳐졌다. 구름 한 점 없는 파란 하늘 아래로 시원한 가을바람이 가볍게 옷깃을 스친다. 이런 날은, 마음까지 맑아지는 전형적인 가을 날씨다. 벌초하기에는 더할 나위 없이 좋은 날. 오래 전부터 약속되어 있던 오늘, 우리는 조용히 한 자리에 모였다. 산성 언저리 할아버지의 산소 앞에서 사촌들과의 재회가 있었고, 그곳엔 땀 냄새보단 사람 냄새가 먼저였다. 먼저 도착한 사촌 형과 동생들, 그리고 형수, 제수씨가 환한 웃음으로 반겨준다. 자주 만나지 못했지만, 짧은 인사 속에도 따스함이 가득하다. 푸르른 숲과 햇살이 맞닿듯, 우리 사이는 그렇게 오랜만에도 전혀 어색함이 없었다.

산소에 내리는 정성! 차 뒷트렁크에 실린 예초기, 낫, 음식물들 각자 손에 하나씩 들고 산소에 도착했다. 무성한 잡초는 누군가를 기다리듯 조용히 숨죽이고 있다. 예초기의 날이 돌아가며 풀을 베어낼 때마다 산소 주위는 점점 환해지고, 가지치기한 나뭇가지 사이로 햇살이 비추며 올해 추석도 평안하고 풍요롭게 보내라는 할아버지의 미소가 느껴지는 듯하다. 작은 정성을 담아 예를 올리고, 함께 준비한 음식을 나누며 음복한다. 잠시 동안의 고요 속에서, 우리는 할아버지를 다시금 떠올리고, 그분이 살아계실 때의 말투와 미소, 손짓 하나하나를 이야기 속에 꺼내놓는다. 사촌 간에 웃음꽃이 피고, 세월의 결이 스며든 우애는 이 짧은 시간이 더욱 깊어지게 만든다.

벌초를 마치고 나오는 길, 산성 주막촌에 들러 점심을 먹기로 했다. 고소한 파전 냄새, 따뜻한 국수의 김, 그리고 매콤한 땡초 하나에 들어 있는 가을의 향기까지 더해지니 허기진 속이 따스하게 채워진다. 음식이 나오길 기다리며 찍은 인증샷 한 장. 누군가는 웃고, 누군가는 장난을 치며 사진 속 표정 하나하나가 오늘의 추억을 더욱 또렷이 새겨준다. 돌아가는 발걸음은 가볍지만, 헤어짐엔 언제나 아쉬움이 묻어난다. 그래도 이 가을 하루, 가족과 함께한 이 짧고도 긴 시간이 우리 마음속 오래오래 따뜻한 장면으로 남았으면 좋겠다.

마음으로 세운 묘소, 그리고 우리들의 시간! 벌초는 단지 풀을 베는 일이 아니다. 그건 기억을 가꾸고, 그리움을 닦아내고, 사람과 사람 사이의 마음을 다지는 일이다. 할아버지의 산소 곁에서, 우리의 가을이 깊어가고 있었다. 할아버지 산소 벌초를 마치고 내려오는 길, 조금 지친 발걸음이었지만 마음은 따뜻했다. 그 여운을 안고 우리는 조용히 '화명 수목원'으로 향했다.

마치 약속된 순서처럼, 오늘의 마지막 여정은 자연이 주는 쉼표였다. 도심 속 작은 숲, 화명 수목원은 단지 나무 몇 그루 있는 공원이 아닌, 자연과 문화, 생태가 어우러진 살아있는 배움터이자, 치유의 공간이었다. 우리 주변에선 쉽게 보기 어려운 희귀한 식물들, 계절을 타며 붉게, 혹은 짙푸르게 빛나는 나뭇잎들. 숲길을 따라 걷는 동안, 물소리는 속삭이고, 산새는 잔잔한 멜로디처럼 귀를 간질인다. 그 모든 것이 오늘의 여정을 더욱 아름답게 장식해준다.

아내와 나, 둘만의 수채화!

아내와 함께 걷는 수목원의 숲길. 그 길은 마치 하얀 도화지 같았다. 그 위에 우리의 발자국은 붓이 되었고, 웃음과 이야기, 소소한 대화 하나하나가 물감이 되어 조심스럽게 오늘의 풍경을 색칠해 나갔다. 수변 쉼터에 잠시 앉아 햇살 사이로 흔들리는 나뭇잎을 바라보며 우리는 사색에 잠긴다. 말없이 바라보는 눈빛만으로도, 그동안 바쁘게 흘려보낸 일상 속의 피로가 조금씩 녹아내린다.

걷던 길 한편, 아내가 땟죽나무의 붉은 열매를 가리킨다. "이거... 벌초할 때 봤던 나무랑 같지 않아?" 고개를 갸웃거리는 모습이 어쩐지 사랑스럽다. 나는 그저 웃으며 "모르이~" 하고 장난처럼 넘기지만, 그 순간마저 우리에겐 작은 추억이 된다. 메타세쿼이아 나무 아래, 가짜 잠자리 모형과 나무껍질에 붙어 있는 하늘소 장난감. 그 작은 디테일 하나에도 아내와 나는 피식 웃으며 어느새 동심 속으로 빠져든다. 손에 카메라를 들고 인증샷 한 장 남기며 오늘 하루의 행복을 고스란히 담는다. 수목원의 공기 속엔 사람의 욕심이 없다. 오직 자연이 주는 숨결과 향기, 그리고 고요한 위로만이 흐를 뿐이다. 이곳에서 우리는 진짜 '쉼'이 무엇인지 깨달았다. 복잡한 도시의 소음과 바쁜 일상도 잠시 내려놓고 자연의 품에서 마치 깨끗한 물에 몸을 담그듯 마음까지 정화되는 기분. 오늘, 이곳에서 받은 휴식은 내일을 더 행복하게 살아갈 수 있는 용기를 안겨주었다. 그것만으로도 충분히 값진 하루였다.

하루의 끝자락에 만난 화명 수목원. 이 산책은 단순한 발걸음이 아닌 우리 부부가 함께 나눈 대화, 미소, 그리고 공감의 시간이었다. 마음 깊숙이 울림을 주는 이 자연의 선물. 그 안에서 우리는 다시 살아갈 이유를, 그리고 더 사랑할 이유를 찾았다.

영포리의 밤, 물소리로 잠들다

떠나는 날, 무더운 도심을 뒤로한 채 우리는 특별한 여정을 시작했다. 연일 이어지던 폭염주의보 속에서도 마음만은 시원했다. 아내와는 휴가 일정이 맞지 않아 아쉬웠지만, 그 빈자리는 동생들과의 정다운 웃음으로 채워보기로 했다. 목적지는 사촌동생이 소유한 조용한 별장. 떠나기에 앞서 들른 농산물 센터에서는 싱그러운 제철 채소와 과일, 바비큐에 어울릴 고기들을 고르고, 미리 준비한 아이스박스에 하나하나 정성스럽게 담아 넣었다. 마치 한 끼의 식사가 아닌, 소중한 순간을 준비하는 기분이었다.

모든 준비를 마치고 출발한 시간은 오후 4시 50분. 내비게이션에 찍힌 거리는 약 21km, 도착 예정 시간은 오후 5시 30분. 창밖으로 저녁 햇살이 기울기 시작했고, 도심의 소음이 점점 멀어질수록 마음은 한층 가벼워졌다. 창문 너머로 흘러드는 바람 속엔 잠시 잊고 지냈던 여유와 설렘이 섞여 있었다. 도시의 숨막히는 더위를 뒤로하고, 빽빽하게 들어선 풀과 나무 사이로 이어진 숲길을 따라 시원하게 달렸다. 가로지르는 바람은 마치 초록빛 물결처럼 차창 너머로 스쳐갔고, 그 속에서 우리는 점점 일상에서 멀어지고 있었다. 차 안에서는 아이스크림 하나로 갈증을 달래며, 창밖으로 펼쳐지는 여름 풍경에 넋을 놓았다.

물금 범어를 지나 원동로에 접어들자, 예전 매화축제의 풍경이 불현듯 떠올랐다. "저기서 국수를 먹었지" 누구랄 것도 없이 웃으며 그날의 정경을 되새겼다. 오래된 추억은 그렇게 불쑥, 여행의 대화 속에 스며들었다. 굽이굽이 흐르는 낙동강은 햇살을 머금어 반짝였고, 매화나무 너머로 살짝 고개를 내민 철길은 조용한 리듬처럼 풍경 속에 녹아들었다. 드문드문 이어지는 시골길의 가로수들은 환영하듯 가지를 흔들고 있었다.

푸르고 청명한 하늘 아래, 이 모든 풍경이 하나로 어우러져 마음 깊은 곳에서부터 설렘이 차오르기 시작했다. 아직 도착하지도 않았건만, 이미 우리는 여행 속에 들어와 있었다.

영포리 계곡 도착, 휴식의 시작!

오후 5시 30분, 드디어 도착. 사촌동생이 입구에서 반갑게 우리를 맞아준다. 차에서 내리는 순간, 계곡물 흐르는 소리와 시원한 바람이 온몸을 감싸며 우리를 환영했다. 양쪽 산이 계곡을 포근히 감싸 안은 이곳은, 자연이 만든 완벽한 안식처였다. 짐을 야영장 입구까지 옮긴 후, 커피 한 잔을 나누며 여유로운 농담을 주고받는다. 먼저 도착해 있던 사촌동생의 지인들은 이미 텐트를 치고 피서를 즐기고 있었다.

삼겹살 파티, 그리고 계곡의 밤! "배부터 채우자"는 말에 곧바로 식사 준비에 돌입했다. 지글지글 구워지는 삼겹살 소리, 고소한 향, 그 위에 소주 한 잔이 더해지니 금상첨화였다. 옆 팀은 술잔을 돌리며 웃고 떠들고, 우리도 자연스럽게 그 분위기에 스며들었다. 매운 연기 사이로 피어오르는 웃음, 풀벌레 소리와 함께 점점 깊어지는 영포리 계곡의 밤. 도시의 소음은 들리지 않고, 자연의 소리만이 밤을 채우고 있었다. 오랜만에 느껴보는 정적 속의 풍요로움이었다.

둘째 날, 산책!

이른 아침 6시, 까치 소리와 계곡물 흐르는 소리에 잠에서 깼다. 상쾌한 공기가 스며들며, 하루의 시작을 축복하듯 맞이했다. 오늘의 일정은 야영장에서 상운사까지의 산행이다. 왕복 약 1시간 30분 정도, 마음은 이미 설렌다. 영포마을 북쪽, 금오산 자락에 둘러싸인 어영마을. 마을 입구에 서 있는 붓돌바위와 두꺼비바위는 마치 오랜 시간 마을을 지켜온 수호신처럼 느껴진다. 묵묵히 자리를 지켜온 바위들을 바라보며, 나는 자연이 주는 고요함 속에 마음을 천천히 내려놓는다.

잡초가 무성한 석운사 표지석 앞에 잠시 걸음을 멈추었다. 표지석 너머로 이어진 산길과 주변 풍경 속에서 자연과 나 자신이 조용히 마주하는 느낌이 전해진다.

짧은 산행이지만, 발걸음마다 마음은 가벼워지고, 온몸에 스며드는 아침 햇살과 맑은 공기에 하루가 풍성하게 열리는 듯하다.

야영장에서의 산행을 마무리하고, 다시 계곡물에 풍덩, 시원함에 모든 걱정이 씻겨 내려가는 듯했다. 형제들과 함께 물놀이를 즐기며 사진을 찍는 순간들… 아마도 이런 인증샷은 처음일지도 모른다.

옆 팀에서 건넨 부침개를 수영 중에 한입에 넣는 웃긴 장면까지, 모든 순간이 한 폭의 그림처럼 마음에 새겨졌다. '오늘따라 왜 이러지' 웃음이 끊이지 않았던 그 순간들이다.

돌아오는 길, 남은 여운!

모든 짐을 정리하고 야영장을 철수했다. 콘크리트 건물들에서 벗어난 이틀간의 휴식, 푸른 숲과 계곡, 자연의 품 안에서 몸과 마음이 정화되는 듯한 시간이었다. 계곡물에 몸을 던지며 삶의 무게를 잠시 내려놓고, 형제 간의 우애도 더욱 깊어졌다. 사람과 자연이 공존하는 이곳, 영포리는 휴양지로 손색이 없는 장소였다.

즐거운 휴가의 여운은 지금도 마음 속에서 맴돈다.

길 위에 핀 이야기

인쇄일 2025년 10월 15일
발행일 2025년 10월 20일

지은이 유권식
펴낸이 박철수
펴낸곳 도서출판 **해암**

등록번호 제325-2001-000007호
주소 부산시 중구 대청로 138번길 9 (대원빌딩 302호)
전화 051)254-2260
팩스 051)246-1895
메일 haeambook@daum.net

ISBN 978-89-6649-266-4 03810

값 20,000원